以太奇襲

卡蜜拉・盧索——著　洪慧芳——譯

一位19歲天才
一場數位與金融革命

THE INFINITE MACHINE

How an Army of Crypto-hackers Is Building the Next Internet with Ethereum

BY
CAMILA RUSSO

我母親常說：「你最重要的身分，是作家。」

這本書是獻給她的。

名家專業推薦

作者用緊湊的節奏，無冷場的一氣呵成。無論你已經在幣圈、鏈圈，或是在資訊、創業圈，還是在金融、政策領域，抑或是關心人類文明與經濟史的大勢，我想，這個故事都會給你很多領悟。

～林之晨（台灣大哥大總經理、AppWorks 董事長暨合夥人）

還原以太坊發展史，調研認真，文筆流暢，峰迴路轉更勝小說。

～高重建（LikeCoin 及 #decentralizehk 發起人、《區塊鏈社會學》作者）

你我都在見證歷史，而這本書，就記載了這場科技革命的起源。

～許明恩（區塊勢創辦人）

太精采！本書記錄相當詳盡的產業發展史，可以清楚看到幾乎所有人（包括布特林）都是從不相信加密貨幣，變成跳入「兔子洞」深淵的狂熱從業者。

～TK 陳泰谷（NFT 發行平台 Fansi 執行長）

加密社群是駭客與冒險家的樂園，是革命者與投機客的江湖，也是一個人性的總部。這本書寫出加密社群中間最有行動力的一個故事：以太坊和他背後的人們，如何把論文變成行動，如何建構一個他們認為的「更好的互聯網世界」，如何掀動欲望、埋下夢想、帶來改變。這種改變才剛剛開始，人們甚至還很難以定論評價。無論它之後會在什麼力量的推動下，變成什麼樣，本書作者留下了這個世界初生、起跑的樣子。

～張潔平（Matters 創辦人）

卡蜜拉・盧索寫了維塔利克・布特林（Vitalik Buterin）和以太坊的故事——我還需要多說什麼嗎？先睹為快！

～泰勒・柯文 Tyler Cowen（邊際革命 Marginal Revolution 部落格共同創立者）

比特幣的起源已有廣泛的報導，如今拜卡蜜拉・盧索之賜，我們得以了解以太坊同樣驚人的緣起。隨著加密貨幣及無界數位金融席捲全球，每位科技愛好者與金融狂熱者都應該拜讀此書，這是我們迅速接近未來的捷徑。

～艾瑞克・福爾希斯 Erik Voorhees（加密貨幣交易平台 ShapeShift 執行長）

以太坊有潛力改變社會的運作方式，卡蜜拉・盧索帶我們一窺以太坊誕生及醞釀過程的祕辛。以太坊如能實現其願景，本書將成為大學必讀教材。即使那願景未能實現，這本書也精采萬分。

～邁克・諾沃格拉茲 Michael Novogratz（加密貨幣投資銀行 Galaxy Digital 共同創辦人）

目次

第3部　上線

第4部　考驗

第5部　飆漲

| 推薦序。許明恩 |

回頭尋找區塊鏈的發展脈絡

比特幣是最早的區塊鏈，而以太坊則是用途最廣泛的區塊鏈。二〇一七年之後，絕大多數的區塊鏈創新應用都是建立在以太坊之上。

不過以太坊的概念相當抽象，我嘗試以你我都熟悉的電信商、網路開始說起。

從轉帳到匯款，都像傳 LINE 那麼方便……

你應該還記得，以前人們傳簡訊、打電話都會先看對方的電話號碼，預判這通電話是網內還是網外。網內通話比較便宜，網外比較貴，越洋電話更貴。但不知道你是否還記得，有一段時間人們開始聽說有一種工具叫做 LINE，下載之後，就可以讓你傳簡訊、打電話都不用錢。有些長輩還曾擔心，會不會等收到電話帳單才知道要繳錢？

現在我們當然都知道，像 LINE 這種軟體讓人們免費傳訊息、打電話的小祕密，就是透過網路傳送資訊。用 LINE 打電話不分網內外，甚至也不分國內外，只要有網路就可以。現在人們習以為常的生活，對當時的絕大多數人來說，都是一種創新。

別小看這種創新。今天我們都自認為生活在網路的年代，但其實有很多東西還沒那麼網路化。銀行就是一個例子。曾經使用過銀行轉帳的人都知道，目前銀行仍然區分行內轉帳、跨行轉帳，以及跨國轉帳。

行內轉帳不收手續費，但跨行轉帳就可能要收十五元的手續費，而跨國轉帳不只每次的手續費高達數百至數千元，轉帳之後還得等上好幾小時甚至幾個工作天才會入帳。這像極了還沒網路化之前的電信服務，仍在區分行內外、國內外，並依照不同的金額以及國家收費。

為什麼訊息、照片可以透過網路免費傳送，但金錢不行？答案其實很單純。透過像 LINE 這種軟體傳送訊息、照片，對方可以存下這張照片的副本，但是透過網路傳送金錢，要如何避免金錢不會在過程中產生「副本」，進而被有心人士用來「印鈔」？

這就是區塊鏈希望解決的問題。其中，最廣為人知的應用就是比特幣。比特幣是第一個成功讓金錢在網路上大規模流通，而且自從二〇〇九年上線至今，從來沒有被駭客成功入侵過的轉帳系統。

說穿了，比特幣就是一套基於網路的轉帳系統，只不過系統內轉的不是美元、新台幣，而是與系統同名的比特幣。此外，轉帳系統的營運方不是銀行，而是由全球一萬多位互不認識的網友──比特幣礦工──共同營運。

從比特幣到以太坊，以及後來更多加密貨幣問世，讓網路轉帳變得像透過網路傳訊息一樣簡單。任何人只要拿起手機、連上網路，就可以開始收款轉帳，不必事先到銀行開戶。就像你不必先有一組電話號碼，也可以使用網路傳訊息一樣。

比特幣是簡單的計算機，以太坊是……一台電腦

就像網路不只是用來傳訊息，區塊鏈也不僅只是轉帳的工具而已。

如果說比特幣就只是帳本的加減法──誰在什麼時候轉了多少錢給誰，那麼以太坊就是將原本只能進行加減法的計算機（calculator），直接升級成一台電腦（computer），方便人們可以寫程式、進行更複雜的運算。

就如同書中所說，人們開始利用以太坊，進行各種瘋狂的嘗試。既然比特幣讓人們不需要銀行擔任信任中介，就可以進行轉帳，那是不是可以透過以太坊從事更多金融活動，例如讓人們不需要募資平台擔任信任中介，也可以進行群眾集資？或是更進一步在以太坊上發明新的網路原生儲蓄、交易、投資和保險服務？

書中記載了以太坊創立以來的盛況與亂象，以及最初的想法是如何誕生與演變。

如同在一九九三年之前，網際網路剛開始大規模走進你我的生活，當時的人不僅對網路不熟悉，連網購也曾被政府視為違法行為。但時間證明，科技、法規和大眾的認知，都會持續進步。我很有把握，若三十年後回頭看，今天被許多人視為高風險的新科技，將會成為人們生活的日常。你我都在見證歷史，而這本書，就記載了這場科技革命的起源。

許明恩，區塊勢創辦人。

夠先進的科技，皆與魔法無異。

——科幻小說家亞瑟·克拉克（Arthur C. Clarke）

前言

不止是貨幣，更是一場革命

政府一聲令下，銀行網頁的匯兌按鈕消失了

我不是電腦技客，不會花好幾個小時在筆電上寫程式或破解系統，對金融投機也毫無興趣。我喜歡從遠處觀察事件並加以報導，但我沒有那個財力、也沒有那個能耐去經歷雲霄飛車般的漲跌起伏。

那麼，我又何必花好幾年的時間，深入探究加密貨幣呢？我問過很多人這個問題，我自己的答案跟大家的略有不同。對我來說，是為了自由。如果你再繼續追問下去，我甚至會說，是為了革命。

我第一次聽說比特幣，是在二〇一三年。當時我住在布宜諾斯艾利斯，為《彭博》新聞社（Bloomberg News）報導阿根廷的市場。但我不光報導市場，也生活在其中。我寫到市場出現兩位數的通膨率時，我那些靠報導賺來的阿根廷披索，正在迅速貶值。我一領到薪水就馬上去兌換成美元，直到有一天，阿根廷的總統突然一聲令下：「停！你們不能再這樣做了。」

本來我只要上銀行網站點擊幾下，就能購買美

元。政府一聲令下，真的能禁止人民購買美元嗎？我上網查，還真的找不到把披索兌換成美元並存入外幣帳戶的選項。前一天那個選項還在，第二天就消失了。

政府以民粹政策讓貨幣貶值，現在把經濟搞砸了，居然還不准我保護自己的存款。政府公然這麼做，老百姓也莫可奈何。

哪一種貨幣，不會被限制提領或沒收？

我能向誰求助呢？約莫那個時候，《彭博》某個分社同事告訴我，有一種奇怪的數位貨幣叫「比特幣」，阿根廷人用它來解決這個問題。於是，我決定深入報導這個東西。那篇報導所訪問的對象，一輩子都活在某種通貨膨脹或貨幣管制中，他們的父母輩也是如此。他們馬上就明白，能夠買一種不受任何人控制、因而不會遭受阻止兌換或沒收的貨幣，有多麼重要。它的發行率是由演算法及電腦程式碼決定的，不是由政客和央行總裁一時心血來潮決定的。

我認為這種創新極其強大，並持續關注比特幣，以及不斷成長的加密貨幣市場。二〇一七年，我有機會再次報導它。不過這時我已搬到紐約，仍在《彭博》報導市場，並注意到加密貨幣正在升溫。

我開始負責這個奇怪的市場，一開始只是偶爾報導，但隨著價格不斷攀升，越來越多的代幣不斷發行，加密新創企業在幾秒鐘內就募集了數百萬美元，而且從名人到基金經理、再到執行長，大家開口閉口都在談加密貨幣。不久，這個市場就占用了我大部分時間。到了年底，顯然我們目睹一個泡沫正在形成。那是全球有史以來最不可思議的投機狂潮之一，我很幸運在一家備受敬重的金融媒體報導這場巨變。

二〇一七年年底，我盤點我在加密貨幣市場目睹的一切，心想這應該永久記錄下來。從很小開始，我的夢想就是用小說中常見的戲劇張力和緊張刺激來描寫真實世界。我開始尋覓市場上最精采的加密貨幣故事，發現已經有不少好書介紹比特幣了，但世界上第二大區塊鏈以太坊（Ethereum）是過去一年來在市場上掀起多數狂熱的要角，而市面上還沒有一本書好好講講以太坊的故事。

更重要的是，以太坊的獨特之處，在於它試圖把比特幣的根本基礎——區塊鏈技術——發揚光大，超出最初的加密貨幣領域。比特幣想成為Ｐ２Ｐ（peer-to-peer，點對點）的貨幣，以太坊則是想成為Ｐ２Ｐ的一切。它想成為「世界電腦」，藏身在一個更分散（decentralized，亦常譯為「去中心化」）、更自由的世界背後。即使未來這番雄心壯志未能如願以償，以太坊的創新及引發的狂熱，也值得大書特書。

這就是我率先寫書記錄以太坊歷史的原因。

加密駭客，是一群怎麼樣的人？

為了寫這本書，我先是採訪了這個網路的創始小組。最初的共同創始人——儘管你現在會看到這個詞有些爭議——包括這個平台的創造者維塔利克・布特林（Vitalik Buterin）。我根據最初的對話，建立了以太坊發展的基本年表、主要里程碑和主題。

接著，我找到這個專案各大階段的主角，他們親眼目睹了以太坊歷史的發展。他們又幫我引介其他密切相關的人，這些人又介紹我去訪問其他人。然後，我又回頭去訪問許多最早參與開發以太坊的人物。我就這樣花了兩年的時間，其中約莫半年專注的投入研究後，終於整理出一百多場的訪談，和無數小時的談話錄音。

此外，無論他們在哪裡聚會，我也會盡量參與。以太坊社群的成員遍布全球，所以會議與駭客松特別重要，那是一年中見到同好與以太坊成員的難得機會。我在美國、南美、歐洲、亞洲參加了十幾場以太坊的活動，因此有機會認識更多的人，並從他們的談話、穿著和玩樂模式中，更了解這個廣大的社群是什麼模樣。換句話說，我貼近他們以了解他們的風格，他們是一群多彩多姿的人。

有些受訪者大方跟我分享他們以前互通的電郵、照片、聊天紀錄、談話錄音。此外，我也依賴其他的第一手資料，例如封存的網站、部落格文章和影片。

我做這項研究的目的，是盡量精確地重現以太坊的發展史，盡可能地貼近現實。書中的敘事都是根據當時在場的人物和素材寫成的。我並沒有為了戲劇張力而重建或濃縮場景。這裡最接近小說的元素是對話，我是根據參與那些對話或事件的人所記得的內容，重新寫出來的。

書中所有人物都是真有其人，名字都是真名。我沒有創造任何複合或虛構的角色。只有一個例子是我答應當事人以化名書寫，因為那是次要的角色，排除他的名字並不影響以太坊歷史的記錄。我也在書中披露了這點。

寫這個故事的一大挑戰是：每位當事人的記憶可能彼此有些出入，書中該採用哪一個版本？當只有採訪、缺乏佐證資料時，要決定使用哪個版本的訪談內容特別困難。遇到這種情況，我是選擇多數的當事人都提到、而且根據我的研究，看起來最合理的版本。對於那些少數的情況，讀者只能相信我盡力盡責的判斷了。

第一次聽說「以太幣」的你，也能看懂這場革命

當然，我希望熱中以太坊的人可以從本書，更深入了解他們喜愛及支持的網路，並一窺以太坊最初是如何發展起來的。但就算你跟我一樣不是技術專家，即便你之前沒聽過「以太坊」這三個字，這本書也適合你閱讀。

我的目的，是讓任何地方的任何人，在毫無區塊鏈技術的知識基礎下，都能拿起這本書，深受

一個精采故事吸引：看一位充滿理想主義的英雄，如何為了實現充滿雄心壯志的夢想，號召一群怪咖，面對重重挑戰。

讀到後面，希望你更了解他們的夢想，了解這群駭客如何打造一個迥異於當前世界運作模式的替代方案。今天的世界運作模式，是集中在少數幾個強大實體的手中，以太坊的創造者試圖把這股力量分散到個體的手中，讓大家更能掌握自己擁有的一切——從資產到資料，並擁有更多的自由，以自己想要的方式來運用——這就是我說加密貨幣是一場革命的原因。

我希望讀者也能透過本書了解這項技術。我相信它會一直存在，並在未來日益普及。

第1部　醞釀

第1章

改變世界的魔法師

我如何深入「以太坊」大軍

二〇一八年五月十一日那一週，紐約市。

在一場賓客可遠眺自由女神像的遊艇派對上，全場開懷暢飲，四周電子音浪洶湧澎湃。等派對結束時，還會抽出兩名幸運兒，把奧斯頓馬丁跑車開回家。其中一輛車的車門上印著比特幣的B，另一輛則印著以太坊的商標。

在布魯克林倉庫舉行的另一場活動上，主辦單位在宣傳中特別強調：現場供應的壽司會擺放在「區塊鏈上」。養生大師狄帕克·喬布拉（Deepak Chopra）帶著大家冥想，還有一隻靠程式碼與像素存在的數位貓。那隻貓是在藝術品拍賣會上，以十四萬美元的價格標到的。在一個加密公司贊助的場地上，饒舌歌手史努比狗狗（Snoop Dogg）在舞台上抽了一口雪茄，並與觀眾分享。

紐約蘇活區一套頂層公寓裡，轉投資加密貨幣的華爾街銀行家，正在對矽谷那些從輟學生搖身變成加密貨幣創業者的人獻殷勤。在另一場續攤派對上，比特幣投資客在市中心某家傳說中的脫衣舞俱樂部裡，舉起香檳杯，向穿著丁字褲的舞者敬酒，舞台上一位饒舌歌手在油膩的鋼管旁，唱著加密貨幣的主題曲。

三輛藍寶堅尼跑車停靠在時報廣場附近的希爾頓飯店前，迎接著約八千五百名與會者，這些人為了參與加密貨幣的淘金熱，付了兩千美元一張的門票。活動現場有好幾個裝飾繽紛的攤位，由數十位二十幾歲的年輕人主持，他們靠著銷售自己創造的數位貨幣，一夕之間就募集了數百萬美元。

比特幣泡沫：從一千變兩萬，只花了一年

這一切都是在七天內發生的，全都發生在一座城市裡。

這是紐約市的「區塊鏈週」，加密貨幣社群聚集在這裡，參加各種派對和會議，要把理想轉化為財富。

事實上，這七天裡，有十六家新創企業透過所謂「首次代幣發行」（initial coin offering, ICO）的眾籌機制，募集了近三億美元。在這種機制下，世界上任何地方，人人都可以發行加密貨幣，並把加密貨幣賣給分散在全球各地的投資者。

儘管如此，在一波令人瞠目結舌的漲勢後，當時的市場依然大幅重挫。所有人都在問，最近的

跌勢是暫時的回檔，還是退潮的開始？興高采烈的氣氛中，夾雜著一絲絕望，讓浮華的場面顯得窘迫。在會議上募資及簡報的新創企業，大都仍處於畫大餅階段，只架設了一個介紹自己的網站。外頭那些藍寶堅尼跑車，都是租來充場面的。

市場高點出現在幾個月前，也就是二〇一七年十二月，當時規模最大、率先出現的加密貨幣「比特幣」，從年初約一千美元飆升到近兩萬美元。老手從容的面對這次回檔，他們提醒自己，比特幣自二〇〇九年推出以來，價格歷經三次暴漲和暴跌。在過去的那些高峰期，比特幣代表了整個加密貨幣市場的大部分，但這一次，情況有所不同。

IPO要找投資銀行，ICO只需寫出程式碼

以太坊於二〇一五年推出，它的加密貨幣是以太幣（ether）。兩年後，以太幣的上漲速度甚至超越了比特幣。以太幣從二〇一七年一月的僅十美元左右，在短短一年後，於二〇一八年一月飆升至一千四百美元以上。這表示如果有人在二〇一七年初購買約一萬美元的以太幣，並於一年後的高點賣出，他已經變成百萬富翁了（編按：截至本書出版時，以太幣已上漲至三千美元以上）。在以太幣大漲的過程中，部分投資客一度推測，以太幣的市值將超越比特幣，因為它的成長速度快過比特幣。

有些人認為，以太幣的價格有充分的理由飆升到極高點。以太坊不光是其數位貨幣「以太幣」的網路而已，它本來就是為開發人員打造的基礎，目的是讓他們可以打造任何夢寐以求的應用程式，包括發行自己的貨幣。

開發者只需寫些程式碼，就可以鑄造加密貨幣，並以這些貨幣來交易比特幣或以太幣，然後再以這些比特幣或以太幣兌換成美元——這就是所謂的ＩＣＯ融資機制，打破了募資者與金主之間的障礙（這裡的金主是指願意出資以追求致富機會的人）。拜這種新穎的融資方式所賜，成千上萬的新貨幣湧現，使加密貨幣的熱潮變得更加狂熱。

投資者（其實可連線上網的任何人，都算）把資金大舉押注到這些加密貨幣，以及那些打造加密貨幣的年輕開發者身上。很多ＩＣＯ在幾分鐘內就結束了——有時甚至秒殺，區塊鏈新創企業達到數百萬美元的募資目標，就是那麼快。

那些加密貨幣只存在網路上，並在監管寬鬆的網路平台上交易，你幾乎無法拿它們來做什麼。多數商家不接受加密貨幣付款，而且他們原本打算使用的分散式應用程式（decentralized application, dapp）仍處於實驗階段，依然有些問題。但使用那些貨幣並不是重點，重點是在價格飆升前買進，然後在下一個高點賣出。至少，理論上是這樣。

二〇一七年，透過ＩＣＯ募集的資金，首度超越了傳統創投業者提供給區塊鏈新創企業的融資。到了二〇一八年底，近一百億美元的資金注入這個眾籌機制[1]——相當於加拿大、墨西哥、巴西三國的上市公司當時在股市中募資的總額[2]。這種為新創事業募資的新形式，也是一種投資科技新創企業的新途徑。以前加密貨幣尚未出現時，一般人想投資科技新創企業，根本不得其門而入。

比特幣「毒性」是老鼠藥的好幾倍？

隨著資金大量湧入，一些規模較小的加密貨幣，甚至漲得比比特幣和以太幣更快更兇猛。如果你造訪那些追蹤加密貨幣價格的網站，你會看到螢幕滿是綠色數字，以及指向天際的箭頭。價格圖上所有的線都是往上的拋物線，你選哪種加密貨幣投資似乎都不重要，不管哪一種加密貨幣，價格都翻了好幾倍。

人人都想成為加密貨幣富翁。谷歌上「比特幣」的搜尋熱度超越了「川普」。一些名人開始在社群媒體上支持ＩＣＯ，他們之中有些人從加密公司獲得報酬，期待藉此海撈一票。社交名媛芭黎絲．希爾頓（Paris Hilton）在推特上寫道：「期待參與新的 @LydianCoinLtd 代幣！#這不是廣告 #加密貨幣 #比特幣 #以太幣 #區塊鏈。」拳王佛洛伊德．梅偉瑟（Floyd Mayweather）在 Instagram 上發文：「八月二日我將在Stox.com的ＩＣＯ上海賺一票。」

不僅名人關注加密貨幣。突然間，大銀行家及藍籌股的執行長也開始針對加密貨幣及其根本的技術「區塊鏈」發表意見。富達投資（Fidelity Investments）的執行長阿比蓋爾．詹森（Abigail Johnson）表示：「我相信這個東西。」摩根大通執行長傑米・戴蒙（Jamie Dimon）表示：「這是一場騙局。」高盛執行長勞爾德・貝蘭克梵（Lloyd Blankfein）說他「不會藐視」加密貨幣。巴菲特則是直言不諱，認為比特幣「（毒性）很可能是老鼠藥的好幾倍」。

與此同時，隨著數百萬美元的資金四處流竄，監管機構急著搞懂如何因應這些新奇的工具。它們是證券？軟體？新貨幣？還是商品呢？關於加密貨幣，負面消息始終層出不窮。例如，曾有加密貨幣的創始人捲款潛逃；駭客從ＩＣＯ的數位錢包與交易所偷走比特幣；機器人在社群媒體上釣魚，試圖騙人把加密貨幣送給它……總之，那是一個騙子、海盜、瘋狂謠言叢生的完美環境。

另外，也有一些人是真的想用區塊鏈技術來打造改變世界的應用程式。他們想建立一個略過傳統制度的世界，讓用戶不需透過銀行和其他的中介機構就能直接相互轉移價值。他們想把資料和資金還給用戶去掌控，而不是存放在中央化實體的金庫與電腦伺服器裡。對他們來說，區塊鏈技術（以及比特幣和以太坊）將從掌控科技與金融的大公司手中奪取權力，還給一般百姓。

當然，實際上沒有人準備要推翻政府、到銀行門口抗議，或上街跟警方發生衝突。相反的，這是一場以科技和密碼學為基礎的革命，它將在一個傳統金融法規不適用的平行世界中展開，而且一切都是從頭開始打造。

起初，沒人會注意或關心這些自我放逐的駭客，直到為時已晚才發現。這場革命是從比特幣開始的，如今以太坊在這場通往分散式未來的地下奮戰中，開啟了一個全新的軍火庫。至少，這是許多開發者放棄一切、加入日益成長的以太坊大軍時所懷抱的夢想。

二〇一七年泡沫中，最重要的故事是……

為了寫這本書，我深入以太坊這支大軍。

我第一次為《彭博》報導比特幣是在二〇一三年，當時我住在阿根廷，看到一般人利用數位貨幣來避免自己的儲蓄遭到通貨膨脹的侵蝕，也避開貨幣管制。二〇一七年我轉調到《彭博》的紐約辦公室時，「區塊鏈」已是大家很熟悉的流行語。當時我是《彭博》和主流金融媒體中，少數幾個天天追蹤報導加密貨幣與區塊鏈的記者之一。那年年底，在報導了全球最瘋狂的泡沫之一後，我認為我應該把那次泡沫的破滅經過永久地記錄下來，以太坊是其中最重要的故事。

我做了一百多個採訪，每次訪談都持續好幾個小時，採訪對象包括當初致力開發以太坊協定的創始人和開發者，以及現在仍致力開發這個網路的人員。我也採訪了參與塑造以太坊的投資者、律師、監管者、溝通者、設計師、研究者。這些受訪者大方地為我找出數十封舊電郵、聊天紀錄、文檔、圖片。我也深入挖掘了線上論壇、部落格貼文、封存的網站。我跟隨著這群懷抱理想主義、有趣又才華橫溢的團隊，去參加他們在布拉格、布宜諾斯艾利斯、多倫多、柏林、丹佛、巴黎、紐約、舊金山、大阪舉行的會議和駭客松。

我覺得自己有如《愛麗絲夢遊仙境》裡的愛麗絲，追著大白兔進入一個又一個不可思議的夢境：不必靠銀行的金融服務、繁殖數位貓、打造沒有執行長的企業、飛向月球等等。那些不修邊幅、衣著率性的年輕程式設計師，無論是從資工系輟學還是逃離公司體制，都是試圖在網路迷因、彩虹、獨角獸、電腦程式碼的漩渦中實現夢想的魔法師。

改變世界的技術，出自十九歲的天才駭客

在這個由電腦技客、金融家、怪咖、叛逃者所組成的圈子裡，核心人物是布特林。他是十九歲的天才駭客，以太坊最初的構想就是他提出的。

他的夢想是促使一群來自世界各地、背景相異的信徒，加入他實現夢想的行列。他們正在研究的技術，是為了徹底改變世界運作的方式。這個宏大的願景後來吸引了更多人參與，如今有數千人正在建構那個願景，還有更多人試圖從中牟利（無論合法還是非法）。

經過五年的努力，他已經順利朝著願景邁進：用他協助創建的網路（價值數十億美元）來改變世界。但這是一段充滿跌宕的歷程，途中不止遭到嫉妒的駭客惡意攻擊，也遇上難以置信的技術挑戰、早期團隊的內鬥，以及暴富的誘惑——這一切都可能讓布特林偏離理想的追尋。

許多因素容易讓他們心煩意亂，偏離夢想，其中又以加密貨幣市場的驚人成長干擾最大。二〇

一八年剛開年的頭幾天，市場達到顛峰，數位資產的價值從一年前約一百五十億美元，暴增至八千多億美元。當時，有數千種新的加密貨幣如雨後春筍般湧現，但布特林並不開心。

「今天加密貨幣的總市值達到五千億美元了，但這是我們『掙得的』嗎？」二〇一七年十二月十二日，布特林在推特上如此寫道。

「我們為多少沒有銀行帳戶的人提供了金融服務？」他繼續問：有多少應用程式吸引了大量用戶，或正在處理大量金額？又有多少人因此免受惡性通膨波及？在一系列的推文中，他質疑加密貨幣迄今的影響力，足以證明這個市場的規模是合理的。「上述問題的答案肯定不是零，有些答案的數字可能很可觀。」他寫道：「但還不足以撐起五千億美元的市場，沒那麼多。」

本書英文版上市時（二〇二〇年），以太幣的價值在兩百美元以下徘徊，只剩二〇一八年年初新高紀錄的十分之一。許多投機者已經變現出場。但是像布特林這種真正的信徒，仍持續朝著願景邁進。就像前幾代的網路革命一樣，願景很難維持純粹和初衷，往往一遇到現實，就會變得黑暗又混亂。

像布特林那樣志在千里的夢想家，經常低估了人類的野心、貪婪、恐懼等世俗力量的牽引力。事實證明，克服人性弱點可能比改革金融體系更困難。目前還沒有針對這點開發的 app（或 dapp），不過，肯定有某個技術天才正在某處研究中吧。

｜ 第2章 ｜

加密龐克的狂想

比特幣誕生於金融危機爆發的同一年，並非巧合

二〇〇八年，在以太坊的概念寫成白皮書的五年之前，比特幣誕生了。

不過，比特幣也不是憑空出現的。至少一九八〇年代開始，密碼學家就一直試著開發一種私密的P2P數位貨幣。電腦科學家大衛．喬姆（David Chaum）認為電子支付的出現可能會威脅隱私，因此致力研究如何防範。他設計了「盲簽名」（blind signatures）系統，讓人無須透露個資即可進行數位支付，並於一九八三年以該技術開發出匿名的數位貨幣eCash[1]。

eCash不是全然分散式的系統，尚需仰賴銀行來簽署數位貨幣，所以還是可能受到審查，也容易出現貪腐問題。不過，喬姆的創新還是開啟了一場運動，其發端可追溯至舊金山灣區的一間辦公室。當時網際網路和個人電腦才剛誕生，一小群電腦科學家與工程師聚在那裡，討論著密碼學如何確保用戶的隱私不受侵犯。

駭客裘德・米爾洪（Jude Milhon，化名為聖裘德〔St. Jude〕）把cypher（一種加密資訊的方式）和cyberpunk（一種科幻小說的次類型，描述社會崩解的高科技世界）這兩個字結合起來，做為這個新興群體的名稱——「加密龐克」（cypherpunks）。

密碼學＋開源軟體＝改造社會？

對加密龐克來說，密碼學是讓社會與政治變革變得更普及的工具。他們之中有些人甚至提倡「加密無政府主義」（crypto-anarchy），指加密技術將使世界擺脫企業或國家的控制。密碼學家提莫西・梅伊（Timothy May）在宣言中寫道*，這項技術將是「拆除智慧財產權周圍刺網的剪刀」[2]。私密的P2P數位現金，將是這種擺脫銀行與政府機制的核心。

這群人聚在一起開了幾次會後，不久就出現了一份電郵討論群（mailing list），以便把討論從舊金山擴展到其他地方，這份電郵討論群也迅速擴增至數百名訂戶。

加密龐克展開行動之際，開源軟體運動也正逐漸成長，影響了區塊鏈技術的發展。據說，這一切要歸功於一九七〇年代末期，麻省理工學院裡一台被卡住的印表機。理查・史托曼（Richard M. Stallman）是該大學的程式設計師，他特別為那台放在不同樓層的印表機，寫了一段程式碼——這樣一來當印表機卡住時，印表機就會自動向實驗室的中央電腦傳輸故障訊息。後來，那台印表機被換掉，史托曼試著把同樣的程式碼套用在新印表機上，卻發現自己竟然沒有修改程式的權限。

史托曼為此在一九八三年，開發出一種名為GNU的作業系統，讓任何人都可以使用，而且完全免費。接著，他創立自由軟體基金會（Free Software Foundation）和GNU通用公眾授權條款（GNU General Public License），該授權條款指出，任何人都可以自由地使用、複製、發送、修改根據該授權條款開發的軟體。唯一的要求是，對程式做任何修改都要分享出來。Linux就是根據「GNU通用公眾授權條款」開發出來的作業系統，於一九九〇年代中期開始熱門起來。

P2P就像九頭蛇，砍下哪一顆頭，都殺不死它

一九九七年，艾瑞克・雷蒙（Eric S. Raymond）發表了〈殿堂與市集〉（The Cathedral and the Bazaar）一文，文中比較兩種軟體的開發模式：殿堂指程式碼的開發僅限於一群專屬的開發者；市集則指程式碼是公開的、在網路上開發。

一九九八年，網景（Netscape）公開其瀏覽器Mozilla的原始碼，一般認為雷蒙的文章是促使網景這麼做的最後一股推力。往後的數十年，開源碼持續發展，催生出全球最多人使用的行動作業系

＊指梅伊在一九九二年十一月二十二日所發表的〈加密無政府主義者宣言〉（The Crypto Anarchist Manifesto）。

統Android，以及價值數十億美元的公司Red Hat與GitHub，如今Linux更是多數電腦伺服器使用的作業系統。「軟體理當自由」仍是世界各地程式設計師的信念。

約莫此時，一九九九年，Napster成立了。這個如今不復存在的網站，讓用戶與一群網友共享數位檔案，讓世界各地的任何人，都能免費獲得數十萬首的MP3歌曲。

二〇〇一年，BT下載（BitTorrent）出現了。它可以像Napster分享音樂那樣，分享電影及更大的檔案。Napster與BT下載可說是把P2P應用帶入主流的關鍵。P2P網路連結對等的節點，讓用戶共享及傳輸資料，不需要一個中央化的管理實體。使用這種架構的系統，可以抵抗審查、攻擊、操弄。就像神話中的九頭蛇一樣，你砍下哪一顆頭，都殺不死它。每次受到攻擊後，它都變得更強。

網際網路的創造者提姆．柏納—李（Tim Berners-Lee）為網際網路想像的最初願景，比較接近P2P網路，而不是像現在這樣有一堆防火牆並透過谷歌、臉書等大企業接收資訊。柏納—李曾公開哀嘆網路的現狀。加密龐克是受到最初願景的啟發與激勵，他們想為貨幣打造一個P2P網路。

先解決「一幣多付」和「女巫攻擊」的問題

一九八〇與九〇年代，加密龐克為了打造一個貨幣的P2P網路，試圖解決一些關鍵問題。

其一是數位貨幣和現金不同，它只是可以輕易複製及偽造的電腦程式碼。這個問題就是所謂的「一幣多付」（double spend），可以用一個中央化的實體來解決，由實體負責記錄及驗證貨幣，但挑戰在於如何在不必信任第三方下轉移價值。

P2P假名系統的另一個問題是女巫攻擊*。就像貨幣在數位世界中可以複製一樣，身分也可以複製。在對等的P2P網路中這是個問題，因為攻擊者可以建立大量的分身帳號，獲得壓倒性的影響力。

一九九三年，研究人員辛西雅・德沃克（Cynthia Dwork）與莫尼・納爾（Moni Naor）發明了「工作量證明」（proof-of-work, POW）的概念，為這些問題的解決跨出了第一步。工作量證明的目的，是要求用戶必須先花點工夫才能使用服務，藉此阻斷網路上的攻擊或垃圾交易，因為這種要求會使他們製造那些無用或惡意的資料非常不划算。他們的研究報告主要是探討如何防止垃圾交易，方法是要求垃圾交易的發送者先投入一些運算力去解一個函式或難題。五年後，密碼學家亞當・貝克（Adam Back）提出一套名為 Hashcash 的工作量證明法，是使用加密雜湊函式來證明工作已經完成。

* 女巫攻擊（Sybil attack）：指個人試圖創建多個帳號以控制網路。當攻擊者分身帳號夠多，多到能以多數票擊退網路上的真實節點，便能拒絕接收或傳輸區塊，從而有效地阻撓其他用戶進入網路。

一九九八年，電腦專家戴維（Wei Dai）發明了B-money，尼克・薩博（Nick Szabo）發明了比特金（Bit Gold）。他們都提出了讓一群用戶在不需要中介下以數位貨幣交易的方案，但這些方案從未實施，因為它們並未徹底解決一幣多付與女巫攻擊的問題。

在已開發的民主國家，貨幣相對穩定，體制值得信賴。生活在這些國家的人，可能對加密龐克一心想要開發出一種不需要銀行、不受政府控制的貨幣感到費解。他們可能覺得，應該只有毒販和逃稅者，才會想用那種貨幣吧？但是世界上很多地方，金融穩定仍非常態。

政府自己債台高築，卻禁止人民提領存款

以阿根廷一個偏遠城市的銀行櫃員阿爾瓦羅・葉馬克（Alvaro Yermak）為例。

早在二〇〇一年十二月，葉馬克就想尋找不受政府控制或濫權波及的貨幣。過去八年，他一直在阿根廷北部山區圖庫曼省的一家銀行擔任出納員。早上快八點時，他進入銀行，在櫃檯後方坐定，啜飲馬黛茶。但是當他瞥見銀行大門的情況時，胃又開始翻騰了。顧客已在外面大排長龍，等等銀行一開張，他們就會湧進銀行。他和其他幾十位出納員都知道，這又是辛苦的一天。

那是十二月三日星期一，阿根廷政府在上週末頒布了一項法令，禁止儲戶每週提領超過兩百五十美元或兩百五十披索，並禁止多數的國際匯款。本質上，這表示人民的儲蓄被鎖在國家的銀行系

統中。這項法令也抽走了經濟中的流動性，使商業陷入癱瘓，導致那些在非正規部門工作的人（約半數的勞動人口）沒有收入。

由於阿根廷的人民擔心經濟危機節節逼近，他們連忙把披索換成美元並匯往海外的銀行帳戶，政府為了阻止存款驟減，才會祭出這條禁令。

前面幾任政府大量發行美元計價的債券並瘋狂撒錢後，全國仍深受其害。日益增加的債務及不斷擴大的赤字，如今撐不住了，市場開始擔心債務違約即將爆發。政府讓阿根廷的披索釘住美元（一披索兌換一美元），這樣做雖可抑制通膨，卻也使阿根廷的出口失去競爭力，導致經濟成長減緩。費爾南多·德拉魯阿總統（Fernando de la Rua）向國際貨幣基金組織（ＩＭＦ）承諾大幅削減開支，以換取幫阿根廷的經濟度過難關的貸款。這些措施使得已經低迷的經濟又進一步萎縮。

執政者下台了事，繼任者任幣值大貶四〇%

阿根廷人已經歷過多次經濟風暴，到了二〇〇一年年底，他們已經為最壞的情況做好了準備。十二月初那個週末政府頒布的提款禁令，正是他們設想的最糟情況：危機開始了。

群眾湧向銀行擠兌，葉馬克驚恐地看著焦急的客人大排長龍，隊伍延伸了三個街區。每個進銀行的客人都想領出所有存款，但葉馬克只能遵守新規定，回應客人：「我只能給你兩百五十元。」

他只能盡量忍受排山倒海而來的辱罵及求援聲。他了解玻璃隔板另一邊的人是什麼心情，因為他也是受害者。

葉馬克並沒有經濟系或資工系的大學學位，他在銀行找到一份基層工作養家，就像許多三十出頭的阿根廷男人一樣。但突然間，他成了阿根廷經濟崩潰的代罪羔羊。那些始作俑者則是躲在布宜諾斯艾利斯那些堂皇的政府廳院裡，像懦弱的將領一樣，把葉馬克推到前線去挨子彈。

從高級社區的富人到貧民窟的窮人，人人都走上街頭抗議，敲打鍋碗瓢盆表達不滿，整個國家陷入混亂。憤怒的暴民開始放火，摧毀沿途的一切，尤其是外國企業與銀行。

葉馬克對上班感到恐懼。他走過那些憤怒的人群時，低頭緊盯著鞋子，努力不理會別人發現他在銀行工作時對他的辱罵。銀行開始在白天的營業時間拉下保護門面的鐵捲門，呈現半開的狀態，而且一次只放十位客人進銀行辦事。有些日子，乾脆關門不營業。

德拉魯阿總統實施緊急措施，賦予武裝部隊更大的權力，但那些做法只導致民眾更加憤怒。警方開始採取暴力行動，把抗議者打倒在地，甚至開了槍。十二月二十日總統下台，不久，一陣隆隆作響的聲音蓋過了聚在總統府前五月廣場（Plaza de Mayo）附近的數千人。他們抬頭看，看到一架直升機從頭頂飛過。那架直升機飛往阿根廷總統府時，群情激憤。他們知道那架直升機是來接走德拉魯阿的。直升機在總統府的屋頂上方盤旋，旋翼從未停止，德拉魯阿直接跳了上去。現場群眾簡直不敢相信自己的眼睛，有人頓時洩了氣，有人憤慨不已。他們只能發出噓聲，眼睜睜看著那架直升機遠走高飛。

接替德拉魯阿的人只撐了一週，後來的繼任者愛德華多・杜阿爾德（Eduardo Duhalde）取消披索釘住美元的做法，設定新的官方匯率：一美元兌換一・四披索，讓披索貶值四〇%。所有的美元存款都按官方匯率兌換成披索，等於直接大幅削減了儲蓄。民眾還是領不出自己的錢。全國四分之一的人民失業，一半的人生活在貧窮線以下。

在那一刻，對葉馬克這樣的人來說，根本沒有什麼選擇，但有一種解方即將登場。

區塊鏈出現，人人可以自己開銀行？

加密龐克不斷改良之前的開發，到了二〇〇八年十月，終於出現重大突破。當時某個化名為中本聰（Satoshi Nakamoto）的匿名人士，發了一封電郵給加密龐克的電郵討論群，信件一開頭就寫道：「我一直在研究一種新的電子現金系統，完全P2P，不需要信賴的第三方。」

信中有個連結連到一份九頁的PDF檔，說明該系統如何運作。他建議使用「一個P2P網路，把交易連到一個不斷延伸的鏈條，藉此為交易附上時間戳記，而該鏈條是以雜湊函式來證明工作量」[3]，如此一來，「一幣多付」的問題就能解決了。

中本聰在名為〈比特幣：P2P電子現金系統〉（Bitcoin: A Peer-to-Peer Electronic Cash System）的論文中，提議使用一種電腦組成的網路。在這個網路中，每台電腦都為網路保存整個交易史的副本，那是記錄每個人資產的帳本。任何人都可以自由下載那個帳本到自己的電腦中，並加入這個網路。所有人都能看到完整的交易史，但交易背後的用戶都是匿名的，只能透過公鑰（由一堆字母和數字混雜組成）識別身分。只有用戶才能掌握取得比特幣所需的私鑰。這是有史以來第一次，人們真的可以成為自己的銀行。

每當執行一筆交易，資訊就會傳到該網路中的所有電腦，讓它們更新帳本。交易是綁在一起，形成一個資料塊。一旦那塊空間用完（現在是1MB），那些電腦就會馬上解一個複雜的數學難題，以驗證交易、在資料塊上加上戳印，並記錄在它們的帳本上。

這是使用加密雜湊函數完成的，它的運作方式就像一台神奇的亂數機，輸入任意長度的資料，都會吐出一組固定長度的字母與數字組合。電腦（或節點）使用所有最近、未確認的交易做為雜湊函式的輸入，想辦法把它們與任意資料組合起來，以得出開頭是「特定數量的零」的結果。

這是一種非常密集的電算運作，非常耗電。不過，一旦其中一台電腦得到答案，其他電腦就很容易檢查了。他們只需把答案輸入雜湊函數中，並驗證其結果是否包含特定數量的零即可。一旦節點同意那個戳印，資料塊就會計入帳本，並使用雜湊函式連到前一個資料塊，形成一鏈資料塊，因此名為「區塊鏈」。

所謂挖礦，就是解題

解開問題的電腦可以得到貨幣與酬金做為獎勵。交易費大都低於一美元，但最高曾飆至四十美元。這個解題過程稱為「挖礦」，在比特幣區塊鏈中，每個區塊大約需要十分鐘。「新幣以穩定的數量持續增加，就像淘金客投入資源挖黃金以增加市面上的流通量一樣。以數位貨幣來說，投入的資源是電腦中央處理器（CPU）的時間與電力。」[4]中本聰在論文裡寫道。

若要修改帳本，必須所有「礦工」都同意才行，這是這種系統很難駭入的原因。

區塊鏈技術的創新，在於創造出一種由分散式參與者所組成的網路，任何人都可以使用一個系統（所謂的「共識演算法」，在比特幣中就是「工作量證明」）來驗證交易，不需要第三方。已確認的區塊將包含前一區塊的加密雜湊函式，該函式把兩者串連在一起，使人幾乎不可能修改那個鏈結。

比特幣是這方面的第一個應用，但同樣原則也可以用來創造不同類型的網路。以比特幣來說，「比特幣」同時是這個區塊鏈及其加密貨幣的名稱（以首字母大寫的 Bitcoin 來指區塊鏈，以小寫的 bitcoin 來指加密貨幣）；以太幣（ether）則是在以太網（Ethereum）區塊鏈上運作。有些區塊鏈沒有自己的加密貨幣。此外，區塊鏈也不是只有一條，每條區塊鏈都有獨一無二的特點，這就是為什麼一提到「在區塊鏈上」，有人會馬上反問：「是哪一條區塊鏈？」

為了響應開源碼的精神，比特幣是採開放協定，任何人都可以加入、修改，甚至複製以開發自己的版本。不過，想修改協定比較難，那需要協定的開發者把改變加入軟體實作中，而且大多數的節點與礦工都要執行新版軟體。

這是加密龐克給傳統金融系統的戰書

比特幣區塊鏈的第一個區塊於二〇〇九年開挖，此後這條鏈持續成長，每十分鐘就會確認一個新區塊，並隨著開採難度的增加，減少比特幣的發行量。比特幣的總發行量是以兩千一百萬個為上限。

參與研究「工作量證明」的哈爾．芬尼（Hal Finney）也是加密龐克電郵討論群的一員，他收到中本聰給他的第一筆比特幣交易。程式設計師拉茲洛．漢耶茲（Laszlo Hanyecz）在二〇一〇年以一萬個比特幣買了兩片披薩，這是目前所知第一次使用數位貨幣購物（截至本文撰寫之際，這兩塊披薩的價值高達八千五百萬美元）。

比特幣誕生於全球金融危機爆發的二〇〇八年，並非巧合。在美國經濟陷入一九二九年經濟大蕭條以來最大的衰退後，大家對金融體系的信心和信任開始惡化。在腐敗的評級機構及積弱不振的監管機構縱容下，銀行對無力償還債務的人放款，再把貸款重新包裝成他們可以做空的複雜衍生性商品。等到金融體系崩潰，多數銀行又獲得政府的紓困，繼續營運。

中本聰在開採的第一個比特幣區塊中留下一則訊息，內容如下：

《泰晤士報》二〇〇九年一月三日報導，英國財政大臣即將對銀行進行第二次紓困。

這則訊息是當天《泰晤士報》的頭版標題，證明第一個區塊是在那天或之後開採的，但這也提供了一條線索，說明這種P2P數位現金的靈感來自何處。這是加密龐克對其眼中具有嚴重缺陷的系統，做出的反叛行為。

有史以來第一次，人們能在幾分鐘內跨洲轉帳，不需透過中間人，也不必受到審查。沒有中央銀行發行貨幣、主導貨幣政策，不必開設銀行帳戶，交易過程中也沒有處理者收取高額費用。沒有貨幣管制，只要能連線上網就能交易。貨幣價格是由自由開放的市場來決定。

存披索，不如存比特幣

與此同時，傳統銀行做一筆國際轉帳可能需要長達一週的時間，手續費高達五十美元。它們可以拒絕為不認同的事業提供服務，或者乾脆海削客戶一筆。政府為了支應開支，可以不計後果地印鈔，讓本國貨幣貶值；也可以禁止大家購買外幣並限制提款。

二〇一三年，克里斯蒂娜・費南德茲・德基西納（Cristina Fernandez de Kirchner）擔任阿根廷的總統，局勢不像二〇〇一年政府禁止提款的危機時期（名為corralito，字面意思是「小圍欄」）那麼可怕，但阿根廷政府再次限制民眾的金錢使用。費南德茲曾禁止人民購買外幣，以阻止通貨膨脹和披索貶值造成美元外流。

就在此時，葉馬克看到新聞報導比特幣，因為當時比特幣的價格首度飆破一千美元。他馬上就明白貨幣不受政府箝制的重要性，於是開始上網搜尋「如何在阿根廷買比特幣」。他的存款不多，但他覺得，與其存披索，不如存比特幣。

他買進時，比特幣的價格約在六百美元，阿根廷披索的匯率是一美元兌換六披索。我寫這段文字時，披索幣值已下跌九〇%，跌至一美元兌換六十披索左右，而比特幣的價值從二〇一三年的高峰，又大漲了八次以上，最近一次的交易價約在八千五百美元上下，其間出現多次劇烈震盪。

約莫在二〇一一年到二〇一三年期間，世界各地的開發者試圖利用區塊鏈技術做更多的事情，不只是把價值從A點移到B點而已。

他們打造以比特幣為基礎的應用程式，使用它的程式碼來打造其他區塊鏈，甚至從頭開始建立自己的網路。他們正在探索分散式證券交易、產權、身分等用途。這些專案所引發的熱潮以及一些商家的採用，使得比特幣在二〇一三年首度漲破一百美元，後來又突破一千美元。但比特幣的實際使用仍然從未聽過，不久，比特幣的價格暴跌至五百美元附近，導致多數的區塊鏈實驗在第一個加密寒冬中凍結。

不過，真正相信區塊鏈的信徒仍不斷開發，比特幣社群持續壯大，參與者主要是有科技或經濟背景的年輕人，他們的理念偏向自由意志主義（libertarian）。他們齊聚在「比特幣論壇」（BitcoinTalk）和 Reddit 上。他們大都素未謀面或不知道彼此的真實姓名，但這些都無關緊要。對他們來說，比特幣不僅僅是數位貨幣，它代表一種信念體系。他們覺得，那些論壇通常是他們獲得理解的唯一地方。

二〇一一年三月，這個社群加入一位新成員。當時十七歲的布特林，在「比特幣論壇」上的第一則發文寫道：

> 在經濟學方面，我想談談一些跟金錢有關卻很少被探討的問題，例如透過信用卡或 PayPal 等傳統工具進行「五美元以下」的交易，有多麼不方便……以及比特幣可以如何解決這個問題。[5]

後來他為區塊鏈領域帶來的影響，可說是中本聰以來最大的。但是，當時他只是想為《比特幣週報》（*Bitcoin Weekly*）這個部落格撰稿，藉此換取一些比特幣罷了。他沒有任何比特幣，想靠一己之力掙得一些。

第3章

數位貨幣，始於一本實體雜誌

封面上，是駭客與抗議者愛用的V怪客面具

在羅馬尼亞外西凡尼亞區（Transylvania）的克里斯蒂安（Cristian）小鎮上，米海・艾里西（Mihai Alisie）坐在一輛轟隆隆行駛的公車上，看著車上通勤的眾生相——女人正努力不讓大腿上的錢包和購物袋掉下來、皺紋滿臉的男人正眼神茫然地握著油膩的扶桿、戴著耳機的少年沉醉在自己的世界裡暫且擺脫現實。

艾里西心情很好，因為他過著不一樣的人生。他從沒正式上班過，也不必經歷這些男女老少所面臨的日常苦難。

艾里西的個頭高，身材瘦削，膚色蒼白。他是那種會為了找喇叭裡的磁鐵而拆解音響的孩子。十幾歲時，這種好奇心演變成對電腦的熱忱，後來他去了布加勒斯特經濟研究學院（Bucharest University of Economic Studies）攻讀「經濟控制論」學位＊。

他利用課餘時間學打牌，在大學圖書館裡吸收撲

克牌的相關技巧和理論，跟朋友一起打牌，也上網賭博。女友羅珊娜（Roxana）第一次去大學見他時，他們先去影印機前拿了六本有關撲克牌的書。

為了精進牌技，他開始拿部分賭金去拜師學藝，二〇一一年夏季，他自己也開始教人打牌，並在西班牙的一家賭場慶祝自己出師及生日。他向姊夫借了五十歐元，最後贏了五百歐元。當時羅馬尼亞人的平均月薪約兩百美元，艾里西手氣好的時候，一局可賺三百五十到五百美元。

一個以賭博為職志的大學生，說要辦雜誌

靠打牌維生畢竟還是有風險，所以艾里西開始思考相關的生意機會。他想到他可以建立某種撲克牌玩家的社群網路。他聯絡某個他用來下載撲克牌書籍的網站站長，以便更了解這個全球社群。就在此時，他第一次聽到比特幣。

那位站長提到，許多客戶使用P2P數位貨幣購物，不需透過銀行。理論上，由於那是匿名交易，很難追蹤到交易背後的人。艾里西透過 Skype 跟站長通話後，得知比特幣這個東西。幾週後的

* 經濟控制論（economic cybernetics）最早是在一九五二年巴黎舉辦的世界控制論大會上提出，是控制論的一個分支，後來成為新興學科，對由國家生產、分配資源的計畫經濟體制有深遠影響。

某個下午，他躺在床上，想起那次對話的部分內容。

他開始上網搜尋數位貨幣，瀏覽谷歌提供的所有連結。那些網頁又指向更多的網頁，搜尋比特幣把他導向更多晦澀難解的加密術語。不久，他開始花大量時間，卯起來讀所有相關資訊。

艾里西就像許多比特幣愛好者一樣，明白區塊鏈技術的創新之處，在於它可以免除中介者，把省下的中介費直接留給大眾。它可以用無法竄改的公共帳本來要求當權者負責，也可以幫大家做跨境、對等的價值移轉，不必透過銀行。究其本質，它可以把財富和控制權還給一般老百姓。這對一輩子都在電視新聞和報紙頭條上看到貪腐問題的人來說，是很強大的概念。

兩相對照，撲克牌顯得乏味透了。於是他決定放棄打牌維生，專注在比特幣上。原本想為撲克牌社群建立平台的他，決定改替加密貨幣打造平台。

艾里西持續搜尋，深入挖掘論壇、鮮為人知的部落格、YouTube 頻道。過程中，他一再看到布特林這個名字。在如今已經停止運作的新聞網站《比特幣週報》、Reddit 的比特幣頁面、「比特幣論壇」上，常可見到署名為布特林的文章。他發現這個叫布特林的傢伙，很擅長把複雜的概念寫成淺顯易懂又精確的專欄。

艾里西曾寫信給《比特幣週報》的負責人，問他有沒有興趣創辦一本談比特幣的雜誌。二〇一一年八月，艾里西收到對方的回絕，於是轉而寫信問布特林有沒有興趣。

兩個辦雜誌的生手，能擦出什麼火花？

這年稍早，布特林一直在「比特幣論壇」上閒晃，主動表示他願意寫文章換取比特幣，也很快就變成《比特幣週報》上的經常撰稿人。二〇一一年五月，他寫到當時比特幣價格飆升的消息。那篇文章的開場，也能套用在二〇一三年或二〇一七年：「許多人很好奇，為什麼比特幣的價格在過去一個月內飆升一〇〇〇%以上，他們也很好奇這種漲勢究竟能否持續下去，或者只是一個隨時可能破滅的投機泡沫。」[1]

布特林寫得很過癮，不僅可以藉此深入調查這個他越來越感興趣的主題，又有錢可賺，而且在這個狂熱的加密貨幣圈中，他也開始闖出名號。當他收到艾里西來信，詢問有沒有興趣創辦一本比特幣雜誌時，他馬上答應。

布特林與艾里西從來沒見過面，甚至不曾視訊通話。兩人唯一的媒體工作經驗，只有布特林寫的那些文章。不過，他們透過 Skype 聊了幾次雜誌走向後，對於合辦雜誌都相當投入。

他們把雜誌命名為《比特幣雜誌》（*Bitcoin Magazine*），裡面將收錄有關比特幣社群、商業、市場的文章，而且將會是主流媒體記者依賴的可靠資訊來源。他們透過「比特幣論壇」，邀請一些志同道合的比特幣愛好者加入。不久之後，他們組成了一個團隊。

儘管他們都沒有出版經驗，也沒有做過生意，但他們經營的，卻是有史以來第一本紙本印刷的比特幣雜誌。

典當這條金鍊子，去逐夢吧！

第一步是成立公司。他們聽取一位新成員的建議，認為成立公司最快、最便宜的地方是去英國。艾里西負責處理管理實務，其他人開始編寫及設計創刊號的內容。唯一的問題是，他已經花光了為數不多的打牌收入，沒有足夠的錢從羅馬尼亞飛去英國。

艾里西的母親常聽兒子提起這種未來貨幣，她不忍看到兒子因為缺幾百美元而無法追夢。於是她打開首飾盒，取出一條金鍊子（那是她最珍貴的財產之一），讓艾里西拿去典當。羅珊娜的父母也借給他一些現金，最後終於湊足了去英國的機票錢和旅費。

最初的計畫（至少艾里西是如此盤算）是製作出雜誌的PDF版。有人下載雜誌時，可以支付比特幣或「法幣」來支持雜誌的出版（比特幣玩家喜歡把政府發行的貨幣，例如美元，稱為法幣）。等雜誌吸引一批讀者後，他們會去找廣告商，接著，或許他們就能發行紙本雜誌了。

團隊裡有個新成員馬修・萊特（Matthew N. Wright，線上化名）在網路上很活躍，加密圈因為他常拍一些瞎扯的 YouTube 影片而討厭他，可說是圈內充滿爭議的人物。萊特認為應該加快行動，當雜誌接近完成時，他提議馬上印刷創刊號。他從位於南韓的住家連上《比特幣雜誌》的 Skype 聊天室，輸入：「我們該放膽築夢！」試圖號召團隊直接出版紙本雜誌，但大夥兒的反應冷淡。

此時艾里西在英國成立並註冊了比談媒體公司（Bittalk Media Ltd.），正準備返回羅馬尼亞。他認為目前並沒有足夠的資金或經驗可以印雜誌。原本以為事情到此告一段落，於是他登上返回布加勒斯特的飛機，沒想到一下飛機，打開電腦，Skype群組裡竟然有數百條未讀訊息。他轉動螢幕瀏覽訊息，想搞清楚怎麼回事。點進其中一個連結後，他看到一篇以粗體字寫的新聞稿：

「《比特幣雜誌》創刊號已送印。」

新聞稿聲稱，這本雜誌將是「業界標準的六十四頁精美雜誌，創刊號發行量五千本」。

當隊友替你開出支票，你怎麼做？

艾里西嚇到了。他往下繼續閱讀那篇新聞稿：

「美國訂戶將在二〇一二年五月十六日之前收到創刊號。」也就是距新聞稿發布日，只剩不到兩週的時間，「國際訂戶的收件日期不一……當然，比特幣是可用來支付的選項之一。」[2]

羅珊娜與艾里西覺得，既然已經宣布了，他們就必須負起責任，無論如何都要想辦法兌現這個承諾。

雜誌的內容與設計已經完成，文章多由布特林撰寫，現在只差印刷跟寄送的問題。雜誌是在美國印刷，然後以貨櫃運到英國，再用卡車運到羅馬尼亞。艾里西去海關領取雜誌時，警方開箱檢查，一開箱就看到雜誌封面上有個面具——也就是全球駭客與抗議者愛用的那個白色冷笑V怪客面具。

艾里西緊張地瞄了羅珊娜一眼，但警察只問他們雜誌是不是跟「占領華爾街」運動有關。他們回答：「有一點。」警察希望他們送他一本，羅珊娜一聽，大鬆一口氣，給了他兩本。

隨著雜誌訂單開始不斷湧入，羅珊娜把訂戶資料輸入試算表，在標籤上手寫姓名地址，貼在信封上，把雜誌塞入信封。這一切，都是在艾里西的雙親位於克里斯蒂安的老家完成的。一箱箱的雜誌塞滿了客廳，他們把幾箱打包好的雜誌運到鎮上的郵局，卻發現那裡沒有足夠的郵票。這是那間小郵局一整年下來，接到的最大筆生意，郵局職員說他們會想辦法解決。

訂戶比預訂日期晚幾週才收到雜誌，並跑到「比特幣論壇」上抱怨，指責他們是騙子。但雜誌仍持續發行，艾里西與羅珊娜後來買了一台標籤列印機。

不久，這個團隊就實現了他們的目標，打造出市場上最值得信賴的比特幣新聞來源。

是魔法師還是騙子？圈內人有時也看不清

這一切成果，有一部分要歸功於當初萊特亟欲看到紙本雜誌而過於激進的野心。萊特擔任雜誌總編，但他並沒有在雜誌團隊中待很久。二〇一二年九月，在創刊號發行四個月後，他就辭職了。

離職的原因是他決定支持一個名為「海盜」（Pirate）的加密專案，據傳該專案是個騙局。

在「比特幣論壇」上，他對那些說該專案是龐氏騙局或詐騙的人下戰帖，問那些人願意跟他賭多少錢，證明那個專案正派合理，不是騙局。敢跟他對賭的人，可以在他的發文下方留言下注。如果對方贏了，他會支付他們投注金額的兩倍。

結果不出所料，那個名叫「海盜」的專案恰如其名，後來聲稱投資虧損，胎死腹中。他沒有還清所有的下注欠款，寫給社群的道歉信也不斷受到質疑和嘲諷，最後辭去比談媒體公司的董事和《比特幣雜誌》的總編職務，布特林與艾里西繼續維持雜誌的營運[3]。

第4章

兔子洞

約三十名激進分子
與「後資本主義生態工業群」

在加拿大滑鐵盧大學艾弗雷德・梅內澤斯（Alfred Menezes）教授的課堂上，布特林總是坐同一個位子：第一排左邊。對他來說，選讀資工系是顯而易見的決定。二○一二年十二月，他開始在這裡就讀。

布特林令教授印象深刻的不是他優異的成績，也不是他在課堂上偶爾提出的精采發言，而是他課後留下來談比特幣的次數。梅內澤斯跟人合寫了幾本有關應用密碼學的書，布特林談起這個主題時總是有條有理，令他印象深刻。

布特林常跟教授聊一、兩分鐘，就不得不離開，去趕他忙碌的行程。他除了修五門高階的大學課程外，還擔任知名密碼學家伊恩・戈德堡（Ian Goldberg）的助理，目前廣泛用於加密即時訊息的「非正式協定」不留紀錄協定（Off-the-Record protocol），就是戈德堡跟人合寫的。布特林還為《比特幣雜誌》撰文，也接一些程式設計的零星案子。

工作量這麼大，他幾乎沒時間交朋友，所以總是獨來獨往。他不像一般大學生那樣經常狂歡喝酒，而是平日和週末，都埋首於學校和家中的電腦前。他趁上廁所、梳洗、用餐時轉換空間，免得整天都窩在同一個地方。

布特林喜歡這些工作，但也渴望一些人際接觸。當他對現實不感興趣時，那雙平靜的藍色眼眸彷彿轉向某個遠方。有時他會自言自語或哈哈大笑，彷彿陷入自己的思緒中。對於比特幣的聚會與研討會越來越多，最近連多倫多也出現了，他覺得很高興。

在窮光蛋酒吧辦聚會的公子哥

在離滑鐵盧不遠處，多倫多的在地人安東尼・迪歐里奧（Anthony Di Iorio）在網路上發現加密貨幣社群後，也一直在尋找現實世界中的加密貨幣社群。他最近迷上比特幣，想跟當地志同道合的愛好者聯繫，卻一直找不到，於是他自己在 Meetup.com 上創立群組。

第一次聚會舉辦於二〇一二年十一月，地點在窮光蛋酒吧（Pauper's Pub），只有十幾個人到場，其中有一個十八歲的靦腆青年，才高中畢業不久。這個人就是布特林。他坐在一張凳子上，拱著背，瘦長的手臂擱在前面。迪歐里奧說，布特林話不多，有人跟他說話時，他會先露出有點驚訝的表情才回話。

在那之前，迪歐里奧一直過著無憂無慮、漫無目的的生活。他的父親里諾（Lino）經營一家建設公司及一家製作玻璃拉門的公司，還發明了如今多數奧運獎牌得主使用的冰壺設備並申請了專利。這些事業帶來的收入，讓迪歐里奧一家居住在多倫多一座有八間臥室的英式莊園豪宅中。

家中的孩子都就讀當地最好的私立學校，但迪歐里奧不喜歡別人告訴他該做什麼，學業普通。他比較喜歡踢足球、打曲棍球，或是窩在電腦前。一九八六年他十一歲時，家裡出現第一台電腦：盒狀的 IBM PC junior。他就此迷上電腦，暑假都在電腦夏令營中度過。每次參加電腦夏令營，他總是盡情地划皮艇、划獨木舟、學習使用大型主機（以打孔卡操作，沒有螢幕）。

里諾希望孩子了解金錢的價值，所以儘管家境富裕，迪歐里奧在成長過程中還是有打工，例如在高爾夫球俱樂部工作、當調酒師、到購物中心的禮品鐫刻店幫忙。但他一直對電腦相關的工作很感興趣，十一歲時，他在父親的堂兄雷諾（Reno）那裡找到一份工作，雷諾是做安裝數據機的生意。迪歐里奧在懷雅遜大學（Ryerson University）讀工商管理系，大一開始和哥哥伊里歐（Elio）一起開發網站，但那門生意並未成功。

年輕人，好好學習「金錢是什麼」

然而，對迪歐里奧來說，電腦只能算是種嗜好。大學畢業後，他在一家販售觸媒轉化器的公司找到行銷工作，不久就辭職去歐洲旅行了。回到加拿大後，父親幫他在約克大學附近買了一棟房子，他搬進去後，又把房子隔出來分租給大學生。

二〇〇八年，父親賣掉玻璃拉門公司，問迪歐里奧想做什麼生意，他可以出資贊助。迪歐里奧因此買了一台價值一百萬美元的鑽床，他認為乾淨能源很有意思。父親的友人開了一家地熱鑽探公司，主要是透過地下管線為建築物降溫或供暖，而不是使用燃料，生意蒸蒸日上，需要更多鑽床，所以父親友人會把案子轉給迪歐里奧的公司去鑽探。

不過，有件事引起迪歐里奧的注意。他的哥哥伊里歐當時正朝政壇發展，前途不可限量，一直敦促迪歐里奧要「學習金錢是什麼」。二〇〇四年，伊里歐獲選為加拿大綠黨的國際祕書長，但不到兩年就辭去該職，並指責該黨的黨主席財政管理不善。

從政的短暫歲月令他對政治深感厭倦，為了強調其獨立性，他甚至連車牌都不掛。他認為銀行是一種合法騙局的幕後黑手，並為了一筆超過十七萬美元的貸款與道明銀行（TD Bank）打了一場官司。那筆貸款只是一張印了「消費者購買」（consumer purchase）字樣的紙——類似借據的東西。

我就是那一%，我們來談談吧

迪歐里奧有一雙細長的深棕色眼睛，薄唇，黑髮，身材矮小勻稱。他決定聽哥哥的話，好好了解金錢。就在這時，貪婪的華爾街銀行、腐敗的信用評級機構、懷抱夢想但不顧後果的美國購屋者、容易上當的投資者，把世界捲入一場金融危機。

所以，如果你像迪歐里奧那樣，在二〇〇八年上網搜尋金錢相關內容，會看到 YouTube 上有很多人剖析金錢問題，說明金錢的處理方式有什麼問題。他就是在 YouTube 上看到證券經紀人彼得・希夫（Peter Schiff）的影片，希夫舉著牌子參加「占領華爾街」的抗議活動，牌子上面寫著「我就是那一%，我們來談談吧」。

二〇〇六年和二〇〇七年，希夫在各大新聞電台上發出警訊，提醒大家金融危機即將到來。他認為，政府印鈔、對企業徵稅過度、在福利方面過度支出，導致資產價格膨脹，造成經濟失衡。迪歐里奧覺得希夫的論點很有道理。

二〇一二年，YouTube 上的影片已經無法滿足迪歐里奧了，他開始學習奧地利學派的經濟理論，閱讀艾茵・蘭德（Ayn Rand）的著作。從那裡開始，他離比特幣已經不遠了。他第一次聽到比特幣，是在廣播節目《自由談話現場》（*Free Talk Live*）上，並立即買了一個比特幣，當時價格落在十美元左右。幾天後，他又以差不多的價格買了八百個。

所以，在漫不經心換了一份又一份的工作後，迪歐里奧成了比特幣的鐵粉，在窮光蛋酒吧舉辦了多倫多的第一次比特幣聚會。

那些冷笑話的笑點，大家都聽得懂

二〇一三年初，迪歐里奧不再是孤獨的比特幣愛好者。二〇一三年五月在聖荷西舉行的研討大會，名為「比特幣二〇一三」，可說是加密貨幣圈亮相的好機會。以往的研討大會吸引幾百人參與，這回會場中擠進了一千人。

過去研討大會的演講名單上只有比特幣名人，在聖荷西的大會上，溫克勒佛斯雙胞胎（Winklevoss twins，控告臉書執行長祖克柏剽竊創意的那對雙胞胎兄弟）做了主題演講，德雷珀聯合公司（Draper Associates）和基準資本公司（Benchmark Capital）等創投業者也從矽谷前來參加。人人都很開心，因為比特幣的價格剛從年初的十五美元上下，突破一百美元大關[1]。

多數因比特幣出名的人士也出席了那場大會。加密貨幣交易所 BitInstant 的共同創辦人查理・史瑞姆（Charlie Shrem）也是講者。他後來在二〇一四年十二月因協助及教唆經營與絲路（Silk Road，一個利用 Tor 的隱密服務來運作的黑市購物網站）有關的無牌轉帳事業，被判處兩年有期徒刑。

羅傑・維爾（Roger Ver）也是講者，他因為很熱中傳播比特幣的福音，而有「比特幣耶穌」（Bitcoin Jesus）的稱號。不過，後來他變成大力鼓吹從比特幣衍生出來的比特幣現金*。其他名人也在會場上穿梭，包括加密支付公司 BitPay 的共同創辦人兼執行長湯尼・葛利皮（Tony Gallippi）和頂尖的比特幣開發者蓋文・安德雷森（Gavin Andresen）。

布特林站在《比特幣雜誌》的攤位上，一直有忠實讀者過來跟他聊天。他可以跟那些讀者大談密碼學及分散化，或講一些數學冷笑話，他們都聽得懂那些冷笑話的笑點。這是他第一次融入大眾，更重要的是，那感覺像和失散已久的部落重逢，他終於找到同胞了。

Egora 專案：企圖做出可用比特幣支付的線上市場

布特林在大學攻讀的學位讓他可以上學八個月、工作四個月，再上學八個月、工作四個月，如此重複五年，直到畢業。他的目標是去一家加密新創企業累積經驗。二月時，他詢問開發出數位支付協定「瑞波」（Ripple）的傑德．麥卡勒布（Jed McCaleb）能不能進他的公司。麥卡勒布很快就答應，但是要做那份工作，布特林得先拿到美國簽證。當時瑞波公司才剛成立不久，無法為他提供簽證。他們花了很多時間嘗試其他管道後，最後於五月前後放棄。

此時正值布特林不必上學的時期，艾里西邀請他去歐洲，投入《比特幣雜誌》的編寫和一個名叫 Egora 的新專案。比特幣的原始用途是做為數位現金，但是當時比特幣的支付性還很差。雖然比特幣在銷售非法商品的暗網（dark web）中已成為主要貨幣，而且二〇一三年已主導絲路網站，但是對許多比特幣支持者來說，他們志在讓主流電商採用這種數位貨幣，讓比特幣平台真正成為中本聰的白皮書所鼓吹的「P2P電子現金系統」。

為此，艾里西開始打造 Egora，那是一個企圖成為分散式 eBay 的線上市場，買家與賣家不必依賴平台本身。買家先把錢轉入一個託管帳戶，託管帳戶存在分散式帳本中。當買賣雙方都解開託管帳戶時，那筆錢才會轉給賣家。

布特林和艾里西為《比特幣雜誌》合作兩年後，終於在巴塞隆納的一家 Airbnb 租屋中見面了。不過他們沒有在那裡待很久，因為知名的比特幣開發者阿米爾・塔吉（Amir Taaki）說服他們到巴塞隆納附近的無政府主義社群卡拉福（Calafou），加入他的行列。

他們決定去找他，因為那裡的生活比較便宜，他們也希望遇到一些價值觀相近（他們主張政府監管及公司的控制越少越好）的有趣人物。

在古老的小農村裡，有一間駭客室

搭九十分鐘的火車，即可從巴塞隆納來到離卡拉福最近的古老小村莊巴爾沃納（Vallbona

＊比特幣現金（Bitcoin Cash）：比特幣現金的區塊大小為八ＭＢ，而比特幣則於二〇一七年八月一日起，決定在六個月內把區塊大小從一ＭＢ增加到二ＭＢ。部分人士認為，比特幣現金因為數據量變大，個人電腦無法處理其計算量，使其往中央化靠攏，背離了中本聰的初衷。

d'Anoia）。這個坐落於加泰隆尼亞鄉間的小農村，有十餘條縱橫交錯的街道，其餘空間都是農地和幾家工廠。通往無政府主義社群的道路，兩側是紅瓦屋、土色牆、鐵欄杆陽台。路上很少看到汽車，人行道大都杳無一人。房舍前的一些矮牆上，仍可看到褪色的紅星、鐮刀與槌子的共產主義標記，還有呼籲加泰隆尼亞獨立的塗鴉標語。

在這個小村的外圍地區，一群窗戶破損、看來搖搖欲墜的建築以及一道磚牆形成邊界，圈起一個區域。那個區域裡有一棟建築，外觀看起來比較完好，窗玻璃完整無損，多數的牆面上仍覆蓋著白漆，一面牆上有一幅色彩鮮豔的壁畫，畫的是一棵大樹，樹幹巨大，樹枝上結實纍纍，果實上有笑臉，還有其他奇異的形狀，樹枝伸向紫色的天際。那幅壁畫使原本暗淡的外牆整個亮了起來。

卡拉福是西班牙的反資本主義者安立克・杜蘭（Enric Duran）創立的。杜蘭因策畫了一場龐式騙局而廣為人知，該騙局是這樣的：他向乙銀行借錢，償還甲銀行的貸款，甲銀行因此提高他的信用額度，讓他借更多錢，去償還丙銀行的貸款，如此這般，最後他總共向三十九家銀行借了四十九萬兩千歐元。

他拒絕還款，逃離西班牙。此事發生在二〇〇八年，當時全球深陷經濟危機，西班牙受創特別嚴重。杜蘭發行一本小冊子，聲稱那是「公民不服從」之舉。他宣稱，他在沒有擔保下獲得近五十萬歐元的貸款，某些情況下甚至偽造證件也能獲得貸款，顯示銀行系統不負責任地「助長家庭負債」，忽視風險和常理[2]。

當時《比特幣白皮書》尚未發布，但杜蘭已傳達了同樣的主張，他寫道：「這個系統的運作有賴信任，如果我們都採取類似的行動來散布不信任，就能廢除（摧毀？）它！」

他大可從那些銀行帳戶捲款潛逃，但他沒有這樣做，至少沒有領走全部的錢。他拿部分的錢去資助反資本主義和無政府主義運動。他與人共創加泰隆尼亞整合社（Cooperativa Integral Catalana, CIC），目的是在國家之外建立一個自給自足的經濟體。

該組織的行動派買下一大片土地，包括一個破舊的廠區。業主原本打算把這個廠區賣給一個想把當地改建成廢棄物處理廠的人，但行動派提出的願景更遠大，因此成交。他們協議「先租後買」，合約簽訂後，約三十名激進分子搬進當地，並把那裡命名為「後資本主義生態工業群」（postcapitalist eco-industrial colony），弄了一間卡拉福「駭客室」。艾里西與布特林就是搬來這裡工作。

住破舊廠房，吃超市報廢的過期食品，誕生了……

駭客室裡，有幾張桌子擠在一個角落，上面擺著一台電腦跟螢幕，搭配快速穩定的上網裝置，讓開發者可以設計開源軟體。但是，無論那個社群的成員帶來多少二手沙發和桌椅，都填不滿那個地方。

那座建築原是用來擺放機具以量產工業製品的，並不是為一群無政府主義者而打造。任何可以讓此處看起來稍微適合人居的東西，老早就移除了。現在每個房間只剩幾個空盪的水泥櫃，每隔幾碼豎著一根光禿禿的柱子，分隔整片空曠的空間。幸好，光線可從離地面幾碼高的巨大窗戶透進室內，因為不是每一區都有電。他們已經和村裡的超市談定，接收他們無法再出售的過期食品。

對布特林來說，卡拉福最糟的部分是廁所。那是個在地上挖了坑的室外茅房，裡面很少放衛生紙，而且總是有蒼蠅。他盡量不去理會那些蒼蠅，但有時他會乾脆到森林裡去解放，之後再走一百碼（約九十一公尺）到另一個地方洗手。洗冷水澡也很克難，晚上睡覺的床墊很薄，甚至可以感受到硬邦邦的地面。

但他喜歡置身在大自然中。在努力開發 Egora 或談論加密貨幣的可能性之餘，他會趁著休息到外頭長時間漫步，思索接下來要做什麼。他那纖長、幾乎風一吹就倒的身影彷彿消失在樹林間，徒留球鞋下的樹葉嘎吱作響。

那時是八月初，他已在卡拉福住了約兩個月。布特林寫電郵給學校，說他想休學一年，投入加密貨幣專案，當時，他真心以為自己還會再復學。

第5章 瑞士刀

讓人人隨心所欲創作的「數位樂高」

布特林為比特幣「周遊列國」，第一站是美國的新罕布夏州。

該州的自由主義傾向對布特林有強烈的吸引力，從小父親就灌輸他一個觀念：個人自由獲得保護時，整體社會會越強大，而大政府最終只會敗壞國家——這是他生活在共產主義下的俄羅斯所記取的經驗教訓。

在造訪新罕布夏州前不到兩年，布特林在「比特幣論壇」上寫道：「政府不好，主要是因為那是一種壟斷機制。你可以把世界想像成一個無政府狀態的自由市場，所有的土地是由一百九十三個地主合法擁有，他們允許你在特定條件下，生活在其中。」

對布特林來說，權力過大的政府就像任何壟斷，因缺乏競爭而產生有害的影響，多數人即使不認同稅率、公共服務、個人自由等方面的規定也別無選擇，只能接受。對他來說，政府就像大企業，「一旦超出某個規模，就變得效率低落。」

新罕布夏州的州訓是：「不自由，毋寧死。」布特林開車進入這州時，路邊的一個標示讓他印象特別深刻，上面寫著：十八歲以下須繫安全帶。

他在《比特幣雜誌》的一篇文章中寫道：「和其他州不同的是，它只強制十八歲以下的人遵守。」[1]他去當地是為了參加 Porcfest，那是自由主義運動「自由州計畫」（Free State Project）年年舉辦的活動，為期一週，充滿了以「自由」為主題的小組討論，還有一個讓大家以金、銀、比特幣做為支付工具的市集。

當地的比特幣發展，主要是靠越來越多的商家接受比特幣支付。相較於比特幣的發展，新罕布夏州的政治讓布特林留下更深刻的印象。布特林看到民眾對當地政府很有好感，他們覺得「只要聯邦政府別干預」，那裡真的是理想的居住地。

由於當地法規要求飲酒及進出酒吧必須年滿二十一歲，十八歲的布特林無法加入某一場比特幣聚會。他寫道：「參加聚會的夥伴很貼心，改了聚會地點。」

開放不代表能解決貧富不均與貪婪

接著，他飛往歐洲，去阿姆斯特丹參加一場有關比特幣事業的大會。他認為，主流金融界在那種場合上缺席，是一種可喜可賀的改變（該年稍早，他在倫敦的一場大會上也發現同樣情況）。他全神貫注地聆聽來自荷蘭央行及阿姆斯特丹警方代表討論監管議題，並希望比特幣的特色（例如，為交易提供公共帳本、交易所把資金存在可核實的離線儲存設備中）可以讓他們對加密貨幣的未來感到期待，而不是因此想要打壓加密貨幣[2]。

布特林認為，阿姆斯特丹大會上宣布的最重要消息是：P2P數位支付網路「瑞波」（Ripple）將變成開源。當時，大家對瑞波的主要批評是，這個網路最終是由一家名為瑞波實驗室（Ripple Labs）的中央化公司所掌控。該公司不必徵詢社群中任何人的意見，就可以擅自更改程式碼。瑞波實驗室還擁有總計一千億個瑞波加密貨幣，名叫瑞波幣（XRP）。

「它打算只把部分瑞波幣分給社群，其餘將分給早期投資者跟公司創辦人。有人在聖荷西的比特幣會議上對此提出質疑時，執行長克里斯・拉森（Chris Larsen）直接回應，公司選擇這種分配方式是為了吸引卓越的矽谷人才和投資——對那些認為當今金融體系的主要問題是貧富不均和貪婪的人來說，這不是令人滿意的訴求。」布特林在一篇文章中寫道。

布特林認為，公開程式碼不會扭轉大家對「瑞波實驗室掌控瑞波幣」的批評，但確實可以讓任何人檢視程式碼的內部運作，加入網路，並在出現歧見時能自由複製程式碼，加以修改，另闢一個新「瑞波」。

他在那場大會上遇到在以色列開發「彩色幣」（Colored Coins）專案的艾米爾・卻崔特（Amir Chetrit）。彩色幣專案的目的是在比特幣網路的基礎上，以代幣形式來代表及管理現實世界的資產。

卻崔特身材高大，頂著光頭，蓄著黑鬍，笑容可掬。當他體認到比特幣可以變成一種替代的貨幣體系，並改善現有的經濟、金融、社會結構後，就加入了比特幣的行列。由於父母工作的關係，他跟四個弟妹從小就在以色列和美國之間來來去去。

他從馬里蘭州一所大學的資工系輟學，並在當地政府機關短暫工作了一陣子，擔任軟體工程師。那段日子，他常窩在自己的小隔間裡，好幾個小時無事可做，所以他很清楚公家機關效率低落、運作緩慢，甚至腐敗。辭掉工作後，他搬到紐約，跟隨母親的腳步進入房地產業。那是二〇〇五年，高風險的抵押貸款被重新包裝成衍生性金融商品在華爾街販售，創造出金融泡沫，最後免不了破滅。

他開始明白，世界不是照著既定的公平規則運行的，也開始相信，政府有根本上的缺陷，貨幣與銀行體制的設計只圖利了少數菁英。他捐款支持共和黨的榮．保羅（Ron Paul）競選美國總統，因為他深切認同個人自由的價值觀。他在瀏覽自由主義者的部落格時發現了比特幣，得知比特幣是一種標榜不受制於任何中央化系統的貨幣。

卻崔特開始跟以色列的彩色幣團隊合作，該團隊正在打造一個系統，讓不同的貨幣和資產，在比特幣網路上交易。二〇一三年九月，這個新的興趣引領他去阿姆斯特丹參加那場比特幣大會，並在大會認識了布特林。布特林告訴他，他的比特幣之旅中有規畫造訪以色列。卻崔特一聽，說要介紹布特林認識他的朋友歐菲爾（Ofir），歐菲爾在特拉維夫（Tel Aviv）的一間比特幣新創企業工作。

沒多久，布特林已經睡在歐菲爾位於特拉維夫的沙發上。這是他偏好的旅行方式：自助旅行並借宿在朋友家或朋友的朋友家的沙發上。

卻崔特去歐菲爾的公寓找布特林閒聊，發現布特林才剛到特拉維夫短短兩天內，就為歐菲爾的新創企業架好網站，歐菲爾原本認為那需要花上幾週才能完成。後來，卻崔特出一個統計數學題要考布特林，布特林花幾分鐘寫一個電腦程式就解出答案了。卻崔特驚訝地愣在椅子上，看著布特林繼續打電腦。

一個比特幣，兌換一百個萬事達幣

以色列這片土地充滿了古老的宗教遺址，鵝卵石的街道蜿蜒穿過三千年來一樣嘈雜的市場。布特林在這裡發現了一群在區塊鏈世界中進展最多的創業者和開發者。那裡的團隊試圖突破比特幣的極限，並測試它可否運用在數位貨幣以外的領域上。

他們認為，區塊鏈技術的特徵——例如沒有中央故障點*、無法審查、去中介、不可改變——

---

*故障點（point of failure）：指系統中一旦失效，就會讓整個系統無法運作的環節。中央故障點，則是出現在系統中心的故障點。

對金錢以外的其他應用也有利。股票與債券之類的金融工具，以及黃金等大宗物資，都是顯而易見的應用目標，但大家也討論把其他的價值表徵（例如房契、醫療記錄）放上區塊鏈。由於比特幣尚未獲得廣泛採用，那些值得讚賞的做法，被稱為比特幣二・〇（Bitcoin 2.0）。

布特林很期待在這裡跟領導萬事達幣（Mastercoin）團隊的榮恩・葛洛斯（Ron Gross）見面。在特拉維夫的一家咖啡店裡，葛洛斯說明他和一群分布在世界各地的開發者如何在比特幣網路上打造一個平台，創造自己的加密貨幣，並利用那些加密貨幣來募資。

萬事達幣的創辦人威列特（J. R. Willett）雄心勃勃地把他在二〇一二年一月發布的協定提案稱為《比特幣白皮書第二版》。該專案於二〇一三年七月上線，是以一個為期一個月的募資活動開始，參與者把比特幣發送到一個數位錢包的位址，去兌換萬事達幣（一個比特幣兌換一百個萬事達幣）[3]。

葛洛斯本來在谷歌工作，辭職後加入一家新創企業，之後他又離開新創企業，投入比特幣的領域。二〇一二年「比特幣論壇」上發布那份白皮書時，他是少數提出建議的人之一。之後，在二〇一三年七月，威列特發布修改後的白皮書，並宣布他正在出售萬事達幣以換取比特幣時，葛洛斯率先回覆了幾則訊息。

他在第一則訊息中建議，威列特應該暫緩出售萬事達幣，讓社群有足夠的時間檢視這個專案。他也建議成立一個董事會來掌控資金，而不是讓那些錢進入威列特的個人錢包。他寫道：「別讓你自己成為仁慈的獨裁者*／故障點，這樣大家可能會對萬事達幣更加信賴。」

威列特（化名為 dacoinminster）和葛洛斯（化名為 ripper234）在論壇上來回交流了一下意見，但最終萬事達幣的出售依然照計畫進行，募得了超過五千一百二十個比特幣，當時的價值大約折合五十萬美元。萬事達幣的出售結束後，威列特成立一個基金會，葛洛斯成為七位董事之一。那是區塊鏈的新創企業第一次以銷售自己的數位代幣來募資，這種眾籌機制後來稱為「首次代幣發行」（initial coin offering，簡稱ＩＣＯ）。

能發行代幣，就能自己募資

比特幣和其他的加密貨幣，是靠電腦網路創造出來的數位貨幣，需要投入出奇大量的能量才能確認交易（亦即「開採」貨幣）。使用電腦開採貨幣的人，得到貨幣就是他們的報酬。像萬事達幣這樣憑空創造貨幣的專案，一定會遭到比特幣社群的批評。不僅萬事達幣的所有權比較集中（威列特擁有總量的三〇％），而且萬事達幣基金會還享有特權，因為它是唯一可從每筆交易收取費用的實體。對許多比特幣愛好者來說，這讓萬事達幣失去了被歸類為「加密貨幣」的資格。

＊仁慈的獨裁者：開源軟體界的專有名詞，通常是指開源軟體的開發者，在該軟體社群出現爭議時，擁有最終的決定權。

然而，對布特林來說，萬事達幣比瑞波的方法更好。他認為，至少萬事達幣銷售後是分散在社群中，不是由一個中央化的單位所擁有。此外，資金是由一個非營利的基金會管理，能更符合廣大社群的誘因，而非受制於公司高層一小群人的想法。

當年稍早，威列特已經在聖荷西大會上談到這種新的募資概念。他說：「我們已經談過各種可能性，也應該談一種非常簡單的概念。如果你今天想以比特幣為基礎，啟動一種新協定，你不必去找一群創投業者說：『嘿，我有個創業點子。』你可以說……『我們是誰，這是我們的計畫，這是我們的比特幣位址，任何人把比特幣發送到這個位址，都可以擁有我們這個協定的一部分。任何人都可以那樣做』。」[4]

威列特在《比特幣白皮書第二版》中寫道，萬事達幣將會是現有的比特幣區塊鏈和用戶的貨幣之間的協定層；這個軟體將「包含簡單的工具，讓任何人按自己的規則設計及發布自己的貨幣，不需要做任何軟體開發」。

智慧型合約就像販賣機，規則吻合就能自動執行

募資只是這些新貨幣的諸多潛在用途之一。萬事達幣的軟體將讓使用者在比特幣的生態系統中創造所謂的「智慧型合約」（smart contract，一譯為「智能合約」）。智慧型合約是由程式碼組

成，當程式碼符合一套預先設定的規則時，它就會自己執行。

一九九八年發明數位貨幣「比特金」的密碼專家薩博，在一九九〇年代初期創造出「智慧型合約」一詞。在一篇一九九七年的論文中，他說智慧型合約「把協定和使用介面結合起來，以正式化及確定電腦網路上的關係」。這種系統不必向稽查者、會計師、律師、公證者等第三方支付費用，也不需要依賴他們，因為協定是由電腦程式執行。薩博在論文中寫道，智慧型合約的原始前身，是不起眼的自動販賣機[5]。

比特幣也使用這項技術，因為符合特定條件時，它就會把價值從一個人轉移給另一人。它的手稿語言（scripting language）考量到其他智慧型合約，例如多簽帳戶、支付管道、託管、時間鎖定等等，但用途有限，所以萬事達幣想改變這點[6]。

萬事達幣的銷售是在七月進行，四個月後，葛洛斯成為該專案的負責人。他告訴布特林，萬事達幣的開發者正在設定不同的功能，這些功能將在比特幣的基礎上拓展。葛洛斯從布特林提出的問題可以看出，這位《比特幣雜誌》的年輕撰稿人已經讀遍相關文件資料，可能比他更了解這項技術。

他們聊天結束時，布特林問葛洛斯，有沒有他可以幫上忙的地方。葛洛斯指著團隊的開放線上布告板，他們用那個布告板來記錄他們正在進行的十幾項任務和研究專案。他說：「你可以挑任何感興趣的來做。」

把現實世界的資產，和區塊鏈連結

布特林在以色列期間，也會見了股票與外匯交易平台 eToro 的負責人尤尼・阿西亞（Yoni Assia），該平台已經開始涉足比特幣交易，並跟彩色幣的團隊合作。彩色幣的人和萬事達幣很像，他們也試圖把現實世界的資產（如股票、房地產、黃金）跟比特幣區塊鏈連在一起。布特林從二〇一二年底開始追蹤這個專案，也為一些程式碼貢獻了一點心力。他到以色列後問阿西亞，他在以色列這段期間，有沒有什麼事是他可以投入的。

阿西亞認為，布特林為《比特幣雜誌》寫稿時，把複雜的想法轉化為文字的能力應該很實用，所以提議布特林為彩色幣撰寫新的白皮書，他願意付給他一些比特幣。他也告訴布特林，歡迎他到 eToro 的辦公室工作。

於是，布特林幾乎每天都從歐菲爾位於特拉維夫的公寓，步行一小時到 eToro 位於市郊的大樓。他想省點公車錢，而且他也喜歡走路。抵達辦公室後，他會在公共區域坐下來，打開筆電開始工作。每回阿西亞跟他閒聊，只要談到技術或加密貨幣的相關話題，布特林馬上興致高昂，一聊就是好幾個小時。

布特林花了約兩週時間寫完白皮書，並於十一月十三日寄給彩色幣的谷歌群組。在扼要地介紹比特幣是如何創造出來的，以及比特幣相對於現有支付系統的優勢（交易不可逆轉，所以非常安全；沒有中央化的管理機構，所以不會受到審查；公開交易，所以具有前所未有的商業透明度等等）之後，他寫道：「既然有這些優勢，接下來很自然衍生的問題是：有沒有可能把同樣的功能套用在其他領域上？答案是肯定的。」這種由加密的工作量證明所保護的分散式資料庫「不只適用於中本聰二〇〇九年最初設想的單一限量貨幣上」。

布特林認為，同樣的技術可用來管理公司股份、財產、銀行存款的所有權。基本上，任何可以用數位資產來代表而且是「競爭財」（rivalrous good，指一次只能由一人擁有）的東西都可以。然而，比特幣區塊鏈先天不包含這種機制，需要額外的協定，亦即「一個由不同的工具所組成的外層網路，那些工具是封裝在一種我們稱為『彩色幣』的設計中」，他寫道。

布特林接著詳細解釋各種用途，並在稍後寫出程式碼。許多人對他的努力表示感謝，但也請他做一些修改並釐清一些疑問。有少數人因為布特林沒提到之前的人所做的努力而感到不滿。

阿西亞是白皮書的合撰者，他出面為布特林辯護：

「布特林從這個專案一開始就和每位參與者一起合作，到目前為止，他把很多工作做得很好，並把這一切整理成白皮書。大家提出意見後，他已經補充了更多參考文獻，必要的話，他會再補上更多。」

「我想到一個比我之前想的，更強大的東西」

與此同時，布特林也投入萬事達幣的專案。他檢閱迄今所做的研究與開發，發了一封電郵給葛洛斯與威列特，建議為差價合約（ＣＦＤ，一種賭證券未來價格的方式）撰寫規格書。葛洛斯回應，這建議聽起來「很棒」，他和威烈特在另一封電郵中討論後，決定付給布特林一千美元請他做這件事。

布特林很快回信，說他提議的「廣義金融合約的概念，其實可以同時用於差價合約、賭注、保險、免託管骰子遊戲（trust-free dice）上，而且協定複雜度很低（複雜度會推給個別的應用程式）。我幾天內就能完成規格書」。

兩天後，也就是十一月十三日，布特林再次發信給他們：

> 我想到一個比我之前所想的更強大的東西：http://vbuterin.com/ultimatescripting.html 那上面有很多說明，但別怕，請直接看範例。你會發現，基本上，它是以一種更簡潔、更通用的方式，幾乎完全取代了我們想做的一切。

他在文件中寫道：

萬事達幣基金會有意整合比比特幣或其他區塊鏈更複雜的合約，包括賭注、差價合約、區塊鏈上的擲骰子。然而，目前為止，萬事達幣一直採取一種比較沒有條理的流程來開發這些想法，基本上是把每個想法視為各自獨立的「功能」，有各自的交易碼與規則。

布特林認為，與其為協定增添新功能，不如建立一個靈活的外層，讓每個人都可以創造他想要的一切。

他在電郵中寫道：「這份文件概述了另一種寫萬事達幣合約的方式，它是採用一種開放理念。」新方法「只寫基本資料及運算構成要素，讓任何人都能寫任何複雜度的萬事達幣合約，以符合自己的需求，甚至包括我們無法預料的需求」。

在那段簡介之下，布特林列出讓協定有效運作的程式碼和演算法。葛洛斯與威列特看了以後都深感佩服，但他們並不急於放棄自己開發的進展，改用布特林提議的替代方案。威列特尤其擔心這種開放平台缺乏安全性，因為無法確保平台上那些程式碼都沒有錯誤。

「哇！我就知道我們有充分的理由應該聘用你！」葛洛斯寫道。

不過，要真正落實這個概念似乎複雜很多。那改變很大，需要跟開發人員討論。我們的主要優勢是目前開發得很順，我不想讓開發人員為了這些規格苦惱而阻礙開發進度。現在只做差價合約，之後再做廣義的通用模式，不是會快很多嗎？[7]

「這真的很有趣。」幾小時後威列特回信道：

我寫規格時，避開了指令碼，因為我擔心我無法考量到各種極端狀況、潛在的駭客攻擊和安全性漏洞。我認為，不管我定義什麼指令碼，總是會有人製造「麻煩交易」，搞得我很頭大。你有沒有想過這可能遭到濫用？

我確實覺得，如果我們做得更嚴謹，指令碼會是一種很先進的功能，可以增添很大的價值。不過，我也同意葛洛斯的看法，現在做這個可能導致開發人員卡在細節，大幅拖慢我們的進度。我猜想，極端狀況可能會倍增。我比較想看萬事達幣先做核心功能，以後再實驗指令碼。

布特林對他們的回覆非常驚訝。他很納悶，為什麼他們看不懂他的提議比原案好多了。他本想開發出一個功能來說服他們，但很快就放棄了這個念頭。他們的方式根本錯了。

他越看這些比特幣二·〇專案，越覺得它們像一把瑞士刀。那些人花這麼多時間做指甲銼、開瓶器、小剪刀……，但是，如果現在沒有人想用那些東西，他們只想要一把刀子或全然不同的東西，那該怎麼辦？為什麼不打造類似樂高積木那樣的東西，讓人人都可以隨心所欲做他們想做的東西呢？

「算了！我自己來」

他回頭去做彩色幣專案，把團隊提出的建議更新到白皮書中。不是每個人都對那些更新感到滿意，一直有人提出建議，但布特林並未回覆谷歌群組的任何一條訊息。

艾力克斯．米茲拉希（Alex Mizrahi）是該專案最活躍的開發者之一，兩年後，他在那個谷歌群組中寫道：

> 問題在於，布特林沒有事先討論就開始寫白皮書。他開這份規格前，幾乎不知道我們在這個電郵討論群中討論了一年的議題。而且，他也沒有足夠的時間完成這個任務，他想在一、兩個月內完成所有事情。我看到這份規格以隨意的方式編寫，覺得很失望。至於想法，他有很多。我真的考慮過三種他設計的彩色核心程式（color kernels），但都不是很好……據我所知，沒有一個實作採用他的想法。[8]

以前，布特林覺得自己在現實世界中格格不入時，他在比特幣的線上論壇找到了一群友好的同好。現在，他在比特幣社群裡遇到了發展瓶頸。

有一次他從 eToro 走回特拉維夫時，覺得他已經不需要彩色幣、萬事達幣或任何人去做他想做的事情了。

「算了！我自己來。」他心想。

第2部　登場

第6章

白皮書

2013年11月27日星期3上午10點49分，郵件主旨「以太坊簡介」

維塔里・迪米崔耶維奇・布特林（Vitaly Dmitriyevich Buterin）還是新生兒的時候，周圍鬧哄哄的滿是大學生。一九九四年一月三十一日，他出生在莫斯科附近的中型城市科洛姆納（Kolomna）。當時，他的父母都是資工系的五年級生。

出生三個月後，父母便帶他住進學生宿舍。那層樓是由數個小房間沿著一條長長的走廊排列而成，走廊盡頭是交誼廳和公共廚房。娜塔莉和迪米崔輪流照顧布特林，夫妻倆一人去上課或在床邊小桌讀書時，另一人就負責看顧新生兒。

畢業後，他們搬到莫斯科，希望在大城市裡找到待遇更好的工作。那時是一九九五年，俄羅斯仍陷在四年前蘇聯解體所造成的經濟危機中。通膨率每個月以二位數飆升，近半的人口生活貧困，由於許多缺乏競爭力的國營企業倒閉，俄羅斯的生產力暴跌到一次大戰結束以來的新低。老百姓習慣的一切都遭到破壞或停擺，整個國家正在收拾殘局，想辦法活下去。惡性通膨導致娜塔莉的父母幾乎在一夜之間失去了畢生積蓄。

一邊盪鞦韆，一邊玩心算

在這場劇變中，布特林的父母比較幸運。娜塔莉開始在一家旅行社上班，薪資待遇比多數的程式設計師高，而且有機會學習英語。迪米崔在銀行擔任軟體工程師。他們很快就跳槽了，娜塔莉在番茄醬製造商亨氏（Heinz）擔任辦公室經理，很快就被拔擢到財務部。三年後，她到投資銀行晉新資本（Renaissance Capital）工作，也是負責公司財務。與此同時，迪米崔創立了一家向企業銷售會計工具的軟體公司。

父母上班時，布特林由外婆照顧，外婆也從科洛姆納跟著他們搬到莫斯科。他從小在數字方面就展現出非凡的天賦，他的父母會把數學融入遊戲中。在玩蹺蹺板或盪鞦韆時，他們會問他算術問題，他馬上就能心算出答案。四歲時，布特林最喜歡的玩具是電腦。他的電腦沒有裝滿新奇的電玩，他只喜歡在微軟的小畫家程式上嘗試不同的形狀和顏色，或是花一整個下午在 Excel 試算表上輸入數字並測試公式。

一九九八年，亞洲金融風暴爆發，海外對俄羅斯的主要出口品（石油）需求驟減，本就步履蹣跚的俄羅斯經濟再次遭到重擊。俄羅斯政府的債務違約，央行不再把盧布匯率守在固定區間，導致盧布暴跌。在經濟萎縮下，許多公司為了生存而削減開支，晉新資本也不例外，娜塔莉因此遭到裁員。

娜塔莉與迪米崔的婚姻也開始破裂。他們認識時雙方都很年輕，很快就結婚。他們開始考慮搬到一個經濟動盪較少的地方，以便追尋新的機會，體驗新的文化。儘管他們的婚姻面臨壓力，兩人處於分居狀態，但還是同意搬到同一個地方，好讓布特林與父母雙方都能維持親近的關係。

他們研究了許多國家，以判斷哪個國家最容易獲得工作簽證。對他們來說，最好的選擇是澳洲和加拿大。其實他們兩個國家都沒去過，最後決定去加拿大，理由是「距離比較近，氣候比較像俄羅斯」，可能也比較容易適應。

七歲那年，寫了一部三十幾頁的「兔子百科全書」

娜塔莉先搬到加拿大中部的愛德蒙頓市（Edmonton），她在那裡取得了會計學學位，以便繼續在金融業工作。一年後，迪米崔帶著布特林搬到多倫多，他們抵達後不久，娜塔莉也搬了過去。他們決定讓布特林留在迪米崔身邊，這樣一來，布特林就不必經歷太多的變動。

布特林第一次上幼稚園是在多倫多。以前在俄羅斯，他和父母及祖父母的互動較多，從來沒和一大群孩子相處過，所以進了幼稚園，他打同學、咬同學，還會搶同學的玩具，溝通困難。雖然他很快就學會寫字以及跟數字有關的東西，但學英語花了較多的時間。

迪米崔陪他坐在堆滿樂高玩具的地板上，一邊玩，一邊用英語跟他交談。布特林把彩色的樂高積木拼在一起時，迪米崔可以感覺到孩子的小腦袋瓜裡有很多想法想要表達出來，但布特林試圖以言語表達時，卻講得七零八落。

對布特林來說，以電腦打字比較容易。七歲時，布特林還不太擅長以複雜的句子表達自己，但他用微軟的 Word 軟體寫了一份三十幾頁的檔案，稱之為「兔子百科全書」（The Encyclopedia of Bunnies）。那份檔案看起來很技術性，結構像科學論文，還有目次跟圖表。它列出你能找到的化學元素，並以數學說明事物的運作方式。迪米崔回憶道，那是兒子的第一份白皮書。

布特林就讀加拿大的公立學校時，是讀資優班。然而，即使是資優班，對他來說還是沒有足夠的挑戰性。父母幫他請了一個數學家教，那個家教曾是烏克蘭大學教授，他教布特林比較進階的數學。他坐在教室裡背公式，讀完必讀的書目，考試或作業不需花太多的心思就能拿高分，但他根本不明白做這一切的意義所在，上課實在太無聊了。下課鈴一響，同學都衝出教室去運動和聊天，他則留在教室裡。個性靦腆的他，難以跟其他孩子相處及交往。

中學畢業時，父母認為他需要改變，需要沉浸在更有挑戰性的環境中，需要一個鼓勵他在課堂上發言並與同好互動的環境。他們決定讓兒子去讀比較專精的私立學校，布特林幫他們把選項縮小到四所學校。他在那四所學校裡各待了一天，後來決定去讀阿貝拉德高中（Abelard School），這所學校每個年級只有十個學生。

他可以上高階數學課，也修習拉丁語和古希臘語。他從幾乎無法在大眾面前說話，變成加入學校的辯論隊。課餘時間他仍繼續上數學家教課，也上程式設計課，並前往加拿大各省及海外參加數學和辯論錦標賽[1]。祖父母家的書架上擺滿了他從那些比賽中拿回來的獎盃。

除了數學、程式設計、語言、辯論以外，他也花很多時間玩《魔獸世界》。在《魔獸世界》中，玩家在一個充滿龍和精靈的「蒸汽龐克」（Steampunk，一種流行於一九八〇至九〇年代初的科幻題材，故事設定於某種蒸汽科技突飛猛進後的虛擬世界）世界裡扮演各種角色。娜塔莉也想激發布特林在音樂方面的天賦，讓他上了一段時間的鋼琴課，但他興趣缺缺，沒有學得很好[2]。

新商業模式：要看全文，請發送比特幣

二〇一一年，就在布特林讀高中期間，迪米崔向布特林提到比特幣。

迪米崔說：「嘿，這個概念真的很有趣。」那時迪米崔還開著自己的軟體公司，並努力跟上最新的技術發展。他在網路上偶然發現比特幣，並試圖向布特林說明他所了解的比特幣。

「但是這東西在現實世界中沒有任何支援，怎麼會有價值？」布特林說。

約一個月後，布特林上網瀏覽時，「比特幣」這個詞再次出現，這次他花了較多的心力去理

解。他閱讀技術文件，搜尋比特幣論壇，直到他終於想通。他也想取得一些比特幣，想成為比特幣經濟的一分子。但是光買比特幣感覺不像真正參與其中，所以他決定以工作的方式來賺取比特幣。

他上比特幣論壇發表文章，提議以寫文章的方式換取比特幣當稿酬。結果，《比特幣週報》部落格的站長回應了，提議每篇文章付給他五個比特幣，當時相當於四美元。布特林努力存了二十個比特幣後，以八．五個比特幣買了一件T恤。

他很喜歡那種進入一個平行經濟的感覺，在那裡完全不需要傳統貨幣和銀行。他體認到，你可以創造一個完整的世界、一個新社群，不必依賴現有的金融基礎設施。

他還為《比特幣週報》部落格想出一種新商業模式：他發表一篇文章的第一段，剩下的部分要等比特幣社群發送二．五個比特幣給部落格，全文才會公開。結果這招奏效，後來他每篇文章可以賺到約二十至四十美元。那些比特幣來自世界各地的匿名用戶，這也是他喜歡加密貨幣的另一點。跟過去在矽谷的車庫及大學裡謀畫的技術創新不同，這次的創新是真正全球性的。

在三年內，布特林從對比特幣抱持懷疑的態度，進而開始撰寫比特幣文章，接著開始投入比特幣專案。

在為比特幣「周遊列國」六個月後，布特林的最後一站落腳在舊金山。

他在舊金山陡峭的山坡路上上下下時，繼續精進新區塊鏈的概念，他想把平台打造成可做任何分散、不受審查的應用。他去造訪瑞波公司的技術長史特凡．湯瑪斯（Stefan Thomas）位於市場街

（Market Street）南方的公寓，並在那裡待了兩週，急著開始投入開發。

他打開筆記型電腦，輸入：「終極智慧型合約和分散式應用平台。」

以太坊不是又一個比特幣專案，而是……

為了替這個系統取名字，他想從科幻小說的術語找靈感。在瀏覽維基百科時，他突然看到了「乙太」（ether），他記得小時候在一本科普書上看過這個字。

乙太是一種未被證實的概念，指一種非常微妙的物質，瀰漫在空間裡，可傳遞光波，就像實體物質可傳遞聲波一樣。於是，他自創出 Ethereum（常見中譯為「以太坊」）這個字。布特林希望他的平台成為各種應用的基礎與媒介，就像中世紀科學家所認為的乙太那樣。當然，這名稱聽起來也不錯。

「理想上，這應該是一條獨立的區塊鏈，但我無法靠一己之力把它打造出來。」他心想。

最理所當然的做法，是利用比特幣為基礎，就像萬事達幣那樣。但布特林放棄了這個想法，因為比特幣社群正為了協定的一個功能而爭論不休。當時程式設計師正準備發布新版的加密貨幣協定，改變 OP_RETURN 的指令碼，讓任意資料都能儲存在比特幣區塊鏈中。而二〇一四年三月的更新，將每個交易的儲存量從八十位元組減為四十位元組[3]。

結果，這項更新引起那些以比特幣為基礎打造貨幣的團隊（例如萬事達幣，以及另一個名叫「合約幣」〔Counterparty〕的類似專案）強烈反彈。但比特幣開發者認為，對比特幣進行限制是必要的，這樣才能防止有人濫用免費的儲存空間、膨脹了區塊鏈。

「這是一種占便宜的行為，」比特幣開發者傑夫．加茲克（Jeff Garzik）在比特幣論壇上寫道：「既然絕大多數（超過九〇％）的比特幣區塊鏈應用是做貨幣使用，使用完整的節點做為啞型資料儲存終端機（dumb data storage terminals，指功能有限，例如只能儲存、不能刪除的資料儲存節點），就是在濫用免費的網路資源。」[4]

大家紛紛為此發了數百封貼文、發出公開信，或是在區塊鏈媒體 CoinDesk 上發表文章，但布特林決定避開這場爭議，何況他也不確定社群上其他人能否認同他的想法。他正在規畫的創新，很容易引來比特幣社群的質疑和批評。

他認為質數幣（Primecoin）是一個比較理想的選擇，這個較小的區塊鏈，政治衝突較少，以太坊在這個社群中也會比較有分量。

十一月下旬的那兩週，他專心撰寫以太坊的白皮書，有時是在湯瑪斯的公寓裡寫，有時是在瑞波公司的辦公室寫。

湯瑪斯正在為瑞波幣打造一個智慧型合約層（他最終沒有發布），他很興奮地跟布特林分享進展，並聽取布特林跟萬事達幣和彩色幣合作的經驗。但是他發現，布特林不太說話，總是沉默寡言，所以有點失望。

布特林把過去幾個月腦中浮現的所有想法都寫成白皮書，從他跟卡拉福那些無政府主義的駭客一起共事，到後來跟不同的比特幣二・〇團隊合作所想到的概念，都寫下來。當他看到自己的想法具體化時，更清楚意識到他所想的平台，跟之前嘗試的平台多麼不同。

「以太坊協定的設計理念，在許多方面都跟現今諸多加密貨幣的設計理念相反。」他在最後一段如此寫道，自己也露出了微笑。以太坊不單是另一個比特幣專案而已，而是自比特幣問世以來，最雄心勃勃的加密貨幣專案。

開發者能打造任何夢想，就像一台無限機器

寫完後，他再次檢閱那十二頁白皮書，並草擬了一封電子郵件，他打算把這封信寄給一個群組，他認為這群組中的成員最可能為他提供好意見。那是二〇一三年十一月二十七日星期三，上午十點四十九分，郵件主旨是「以太坊簡介：一種通用的智慧型合約／DAC平台」：

大家好，

我想邀請大家讀一份白皮書的初稿，這是我為過去兩週默默進行的專案所寫的。專案名稱是以

太坊，目的是做為智慧型合約及分散式自治公司的通用運算平台，並把域名幣（Namecoin，二〇一一年發布的加密貨幣名稱）、萬事達幣、彩色幣及其他類似專案的功能做了基本歸納，我稱之為「加密貨幣二・〇」，白皮書的連結在這裡：http://vbuterin.com/ethereum.html。

基本上，它把所有的金融合約和代理程式，統整成一個名為「合約」的實體，它可以自動發送及接收交易，維護一個任意大小的內部狀態，而且有指令碼，以組合語言寫成，在每次收到交易時執行指令碼。使用這個方案，任何子貨幣、分散式交易單、域名幣式清單、金融合約、智慧型財產，都將很容易執行。

這只是第一個版本，我只寄給為數不多的人（約十三人）。我希望每個人都讀一下，看有什麼想法，有哪些看懂或看不懂的地方。等收到大家的意見與建議後，我會更新為第二版，再發送給更多人。最後的第三版，將對大眾公開。同時，我也會開始寫一個Python客戶端。有人想加入這個專案的話，歡迎發電郵給我。

祝好

布特林

他原本以為，大家一定會把他的構想批評得體無完膚，「這麼龐大的概念之所以沒人嘗試過，肯定有很好的理由。」他心想。

布特林想利用支撐比特幣的區塊鏈技術來打造一個新平台，但這個新平台有很多關鍵特色跟比特幣不一樣，有些改變是以前從未嘗試過的。他預期有人會批評他在白皮書中提出的改變，並解釋為什麼那樣改行不通。

沒想到，竟然沒人這麼做。相反的，布特林那封電郵被大家一再轉發，他收到大量的來信表示他們為這個專案感到興奮，並希望跟他合作。

到了十二月初，他所獲得的回響已經足讓以太坊成為獨立的區塊鏈了。布特林的願景太大，大到另一種區塊鏈根本無法承接。他想為所有事物打造一個基礎網路，一部巨大的電腦，可以同時存在一個超大全球網路的所有節點上。它可以處理你扔給它的任何東西，不會停機、不受干擾，所有開發者都可以打造自己的夢想，沒有人能阻止他們與他們的程式。就像一台「無限機器」（infinite machine）。

｜第7章｜

第一批回覆者

讓每個人掌控自己的財產、身分、命運，簡直就像天啟

安東尼・東諾弗里奧（Anthony D'onofrio）較廣為人知的是他的化名「質地」（Texture），他每個週末都會開四小時的車去見懷孕的女友。

女友住在加州塞瓦斯托波爾（Sebastopol），是位於索諾馬郡（Sonoma County）葡萄園附近的小鎮，在舊金山以北約兩小時的車程。東諾弗里奧則是住在美熹德（Merced），那裡可說是進出優勝美地國家公園的大門，位於舊金山以南約兩小時車程。此時正值立冬，氣溫開始下降。

東諾弗里奧開著那台二〇〇二年出廠的白色BMW 325i上路時，路上車流出奇的少。他開了一家大麻食品公司，刻意買這種保守車款，盡量避免受到關注，因為他車上常常載著大麻糖。

他想著最近和前室友的對話。前室友在比特幣社群上非常活躍，他是個開發者，一直勸東諾弗里奧去聽比特幣的播客（Podcast）。現在他一邊開車，一邊

聽著播客。前幾個月，他遲遲不肯聽，覺得比特幣不過是一種假錢，只會讓一群可用耗電硬體去挖礦的「礦工」變得更加富有，和他的主張根本大相逕庭。

擁抱、大麻、微笑和重建社會

他覺得自己不太在乎錢。在認真投入大麻食品事業以前，他花了三年時間做了許多實驗，包括免費擁抱運動。免費擁抱運動是站在人群川流不息的公共場所，為陌生人提供擁抱，鼓勵大家無私、隨機地展現良善。

他帶著一箱T恤和麥克筆到紐約的聯合廣場站上一整天。一天結束時，有三十個孩子穿著他們自己創作的T恤離開。後來，他離開紐約，回到家鄉阿肯色州的小石城（Little Rock），在那裡創立一個名為微笑教堂的「宗教」，承諾發送冰棒和提供免費擁抱。

當他終於花光積蓄、身無分文時，他想回頭做全職的程式設計。從事前面那些實驗以前，他本來就是靠程式設計維生，後來也偶爾兼差做。他做程式設計時，常連續十二個小時窩在電腦前，姿勢不良導致手腕與手臂傷害，即使後來不再做程式設計了，這幾個部位依然疼痛不已。製作食物是他擅長的另一件事，市面上似乎缺乏優質食品的供應，所以他決定投入食品業。

開車去見女友的途中，他一邊聽播客《暢談比特幣》（*Let's Talk Bitcoin*）節目，一邊吃大麻糖。

也許他需要敞開心胸，才能了解朋友究竟在熱中什麼。他已經開車上路約兩小時了，放任那些描述金錢未來的話語鑽入腦門。快到奧克蘭時，他的腦子也清醒了，覺得彷彿有一個**異象**從空中射進他的額頭。

他回憶道，他穿過海灣大橋時，播客的聲音漸漸在他耳邊淡去，當下只剩下他、天上的星星、橋下的海水。他看到了未來。

他看到的未來不是比特幣，也不是金錢，而是更恢宏的事物，是建構人類社會結構的基本方式。社會遭到破壞，孤立無助，任由菁英群體擺布，這種情況即將改變。區塊鏈技術將賦予大家重建社會的能力，讓每個人掌控自己的財產、身分、命運。那簡直就像……天啟。

「我得跟主持《暢談比特幣》那傢伙談談！」他回到家後匆匆對朋友這麼說。他認為那個播客的主持人亞當．樂文（Adam B. Levine），是幫他更深入這個奇妙新世界的最佳人選。

「沒錯，我看到了未來，我稍後再解釋，但是請幫我找到那個人。」

他的朋友說：「其實我正要飛去華盛頓見樂文。他正和妻子在那裡家族旅遊，但是要我過去找他，我猜是因為他的公司剛剛獲得突破性的進展，他想跟我談談。」

「不，不，不！」東諾弗里奧說，一邊揮著手，塗著黑色指甲油的雙手顯得相當醒目。他理光頭，戴針織帽，身材結實壯碩，身穿連帽T，搭配太陽眼鏡，這是他的一貫風格。「取消你的航班，上我的車，我們一起開車過去，這是一趟區塊鏈公路之旅。」

具備「圖靈完備性」，就能執行任何程式碼

他們開了二十小時的車，直奔樂文和妻子度假的溫泉會館，中間僅停下來加油，一整路都在聊加密貨幣和區塊鏈技術，將如何改變世界。

在溫泉度假會館，他們與樂文一起跳進湯池，繼續這種有關未來發展的長談。他們聊著一個接一個的概念，每個概念都比前一個更瘋狂。他們在按摩浴缸、桑拿浴、蒸汽室之間來回切換時，隨著新奇的點子源源不絕地冒出，他們的大腦彷彿不斷受到震撼。

「像萬事達幣那種以比特幣為基礎的開發，可以創造出那麼多的可能性。現在還有一些完全獨立的區塊鏈也出現了，例如合約幣和未來幣（NXT）。」樂文說，「每個人都想把區塊鏈技術擴展到P2P現金以外。」

他們聊到布特林的《以太坊白皮書》時，是穿著白色浴衣和拖鞋，躺在池邊的躺椅上。東諾弗里奧花了點時間閱讀那份白皮書，他說：「所以這個東西想成為我們一直談論的所有代幣及區塊鏈應用的平台，但它沒有為各種用法設計特定功能。」

「沒錯，它是以一台機器做為核心。」樂文說。

「以太坊虛擬機（Ethereum Virtual Machine）。」東諾弗里奧一邊說，一邊翻著那份白皮書。

「對，它具有圖靈完備性（Turing-complete），可以處理你扔給它的任何程式碼片段。」樂文說。

「圖靈完備性」是以數學家艾倫．圖靈（Alan Turing）命名的概念。具有圖靈完備性的機器，能執行任何程式碼。比特幣有一種支持某種運算的手稿語言，但以太坊的圖靈完備語言，是為了支持程式設計師夢想的任何東西，而且依然以分散的方式運行。

「具圖靈完備性的機器有個問題：無限迴圈可能毀了它。例如，你叫電腦做Ｘ＋Ｘ，只要結果小於五就一直加下去，你也告訴電腦Ｘ等於一。電腦會一直加Ｘ，加到機器當機為止。」樂文說。

東諾弗里奧說：「哦，所以它很容易遭到攻擊。」

樂文回應：「對，但以太坊用其內部加密貨幣『以太幣』解決了這個問題。每個運算步驟都有成本，用戶需要拿以太幣付費。每次你叫以太坊執行一段程式碼時，你也要告訴它，你最多願意支付多少以太幣。如果它得不到足夠的錢來執行程式，機器就會停下工作。」

「所以，以太幣不單只是像比特幣那樣的Ｐ２Ｐ兌付而已，也用來讓網路運轉？」東諾弗里奧說。

「對，所以布特林把以太幣稱為『加密燃料』，它是推動以太坊網路運作的燃料。」樂文說。

東諾弗里奧把身體靠向椅背，手指抵著太陽穴，大腦再次感受到震撼。

以太坊和比特幣一樣，是採用工作量證明的區塊鏈，這表示礦工會因為驗證交易而獲得以太幣做為獎勵。礦工決定要不要為了賺酬金而去處理那筆交易。以太坊把燃料跟以太幣分開，用意是即便加密貨幣的價格會隨著市場上的供需波動，運算成本仍可持平。例如，一筆交易的運算成本是 100 gas，它永遠需要 100 gas，但是發送者付給礦工去處理交易的以太幣數量，則根據以太幣的市價而定（gas 是以太坊用於衡量程式執行一個動作所需「計算量」的單位。當你執行交易時，必須支付礦工處理費，而處理費就是以 gas 計算，並以「以太幣」支付）。

比特幣和以太坊的帳戶模式，就像錢包和存摺

以太坊與比特幣區塊鏈的一個顯著區別，是帳本記錄方式不同。比特幣是使用「未花費交易輸出」（Unspent Transaction Output, UTXO）模式。比特幣帳戶的每一筆餘額，是由其他交易剩餘未花用的比特幣所組成。一筆餘額通常包括許多ＵＴＸＯ，就像一個實體錢包，裡面可能包含許多面額的鈔票和硬幣。用比特幣買東西，你可能必須使用ＵＴＸＯ的組合，就像你用十美元和五美元的紙鈔去買價值十二美元的東西。這筆交易餘下的三美元，將成為一個新的ＵＴＸＯ[1]。

以太坊則是使用「帳戶／餘額」（Account/Balance）模式，追蹤每個帳戶的總餘額或「狀態」。如果說比特幣的ＵＴＸＯ模式類似鈔票和硬幣，那麼以太坊的模式比較像支存帳戶，可以針

對可領取的金額進行細膩的掌控，更容易執行較複雜的程式。

布特林在白皮書中舉例，避險合約（hedging contract）就比較適合採用以太坊，而不是比特幣。例如，當A和B都投入價值一千美元的比特幣，三十天後，指令碼會把價值一千美元的比特幣發送給A，其餘的發送給B。因為UTXO只能選擇全有或全無。但以太坊則有兩種帳戶：外部擁有帳戶（externally owned account）與合約帳戶（contract account）。外部擁有帳戶是由人們的私鑰所控制，不含程式碼。合約帳戶是由程式碼控制，每次合約帳戶收到一則訊息，程式碼就會啟動，讓它把訊息讀寫到內部儲存中、發送其他訊息，或創造新合約。

這促成了以太坊和比特幣的另一個關鍵差異，布特林稱之為以太坊的「第一類公民」（first-class citizen，程式語言中的術語，亦稱 First-class object，指能在程式執行期間，創造並做為參數傳遞給其他函數或存入一個變數的實體）——合約帳戶和外部帳戶擁有同等的權力，而這個特徵也使得自動執行程式碼的應用程式變得更加容易使用。如果區塊鏈技術的目的是去掉中介者，這個概念就深植在以太坊的核心中。

這些部分一起組成一個基礎層：內建有圖靈完備性程式設計語言的區塊鏈，能讓任何人編寫智慧型合約及分散式應用程式。

布特林寫道，有些應用程式可以建立在以太坊的基礎上，例如數位貨幣、避險合約、網域名稱系統、信譽系統（reputation system，一種由實體相互給出看法和評價，以確定這些實體的等級和類別的合作性篩選機制。例如 eBay 的信譽系統，是在每一對用戶完成一次交易之後，記錄下雙方的評級）、股東經營的公司（資金要轉移到哪裡，可由法定人數的投資者來決定），「甚至有可能成為社群網路的基礎」。另一個例子是農作物保險。「怎麼做？很簡單，就是依據天氣資料、而不是任何價格指數」，換言之，就是一種分散式的交易市場。類似的例子不勝枚舉。

布特林想鋪好軌道，讓你能想像的任何交易都能以P2P、不可竄改、不被審查的方式運作。他想像的是一台世界電腦，把權力從那些傲慢的公司與政府的手中拿回來，讓世界變得更有效率、更公平。可能性無限寬廣。

「其他加密貨幣的目的是增加複雜性，以及增加『功能』的數量。」他寫道。

以太坊則反其道而行，取消了一些功能。以太坊的協定不「支援」多簽交易、多重輸入與輸出、雜湊碼、鎖定時間、甚至連比特幣提供的許多功能也不支援。所有的複雜性都是來自一種有圖靈完備性的全能組合語言，這種組合語言可以用來打造任何可用數學描述的功能。

白皮書寫到最後，布特林的興奮之情溢於言表。

「因此，我們有一種加密貨幣協定，它的程式庫非常小，但是它可以做任何加密貨幣所能做的一切。」白皮書如此總結。

霍斯金森，來自毛伊島的數學小子

迪歐里奧讀到布特林的文字時，他也判斷這可能是了不得的創舉，儘管他自己技術不夠純熟，還無法掌握細節。他把白皮書轉發給查理斯・霍斯金森（Charles Hoskinson），霍斯金森正在為加拿大比特幣聯盟（Bitcoin Alliance of Canada）製作一些教育課程。

霍斯金森穿著紐扣襯衫，筆夾在胸前口袋，由於髮際線有點高、身材微胖，看起來比二〇一三年時的實際年齡二十六歲大了十歲。沒有人會想到他是在夏威夷毛伊島出生長大，直到八歲才舉家搬到科羅拉多州——他母親的義裔大家族就定居在那裡。

夏威夷的生活很美好，他在家自學，因為父親馬克曾是夏威夷公立學校系統中的少數白人學生，他自己小時候的上學體驗不佳，因此不想讓兒子也經歷相同遭遇。所以，霍斯金森有更多的自由，可以把額外的時間花在數學和電腦上。他最喜歡做的事情之一，就是跟著媽媽、哥哥一起從住家步行三十分鐘到圖書館。他從圖書館借閱科幻小說及《鐵達尼號》的繪本（那是他幾年前發現的），翻閱程式設計手冊，即使他一個字也看不懂。

他們搬到美國時，父母打算送他去正規學校就讀，但因為他們已經很習慣在家自學，一直抽不出時間去辦理入學。霍斯金森並不介意整個夏天都在半工半讀，半工半讀讓他十五歲就修完了高中課程。

由於年紀太小，還無法取得正規大學的學位，他先到科羅拉多州威斯敏斯特（Westminster）的富朗社區學院（Front Range Community College）修兩年的數學課程。後來，他轉學到丹佛大都會州立大學（Metropolitan State University of Denver），在那裡修習數學和電腦一年。十九歲時，他完成學業，終於準備好攻讀比較長期的大學學位。

起初他想當醫生，部分原因是覺得自己有延續家族傳統的壓力。他的父親、祖父、叔叔都是醫生，但現在他的哥哥也是醫生，他覺得自己可以自由去做其他事情。他的首選是數學，畢竟他已經深入研究數學多年了。

對他來說，數學真的很美。他觀察各個科學領域，發現物理學家、生物學家、化學家就算很有成就，但往往一百年後當更好的模型誕生，大家就忘了過去有所貢獻的人。他不想被遺忘。他發現，數學是唯一一個定律恆存數千年的領域，他喜歡那種接近永生的感覺：一旦你證明了某件事，你就是永恆的。

霍斯金森也喜歡數學本身沒有實用性這一點。某些規律和公式只為自己而存在，就像詩歌的存在不是為了特定目的，而是為了獲得讚賞及揭示更深刻的真理。當然，數學的世界裡充滿了一堆讓人頭痛的複雜難題，但三不五時總會出現一個簡潔易懂、令人感覺美好的公式。他很喜歡尋找那種美好的珍寶。

於是，霍斯金森去科羅拉多大學波德分校攻讀數學博士學位。但三年後他發現，他想解開某個重要問題好讓自己在數學界名留青史的想法，跟成為專業數學家的永續職涯並不相容。他思考的問題越來越複雜，卻沒有實際的產出（亦即在學術期刊上發表論文）。二〇一二年，他決定先休息一下，搞清楚自己真正想做什麼。

他不想當醫生，也不想當數學家。他也試過投身政治，但無疾而終。二〇〇八年他曾休假幾個月，自願為自由意志黨效力。他加入榮・保羅的競選團隊，推動「監督聯準會」的運動，跟著他們高呼口號，寫抗議標牌。

美國聯準會的財報和資產負債表都有定期審查，但自由派的榮・保羅主張：聯準會應該受到更嚴格的監督。美國央行不僅需要公開帳目，其貨幣政策也需要接受審查。這在當時是熱門話題，因為聯準會正積極調降利率，並增加經濟刺激措施，以幫助景氣從二〇〇八年的金融危機中復甦。

上百名國會議員支持這項提案，但最終仍因票數不足而未通過。霍斯金森花了幾個月時間走遍全美，在愛荷華州和新罕布夏州挨家挨戶地敲門，在街頭發送小冊子，拿著一長串的電話號碼撥打電話，就是為了看到提案通過。

經過這場運動，他覺得累了。他目睹「占領華爾街」運動被左派的社會進步主義收編，基層群眾和右派的茶黨被死忠的保守派接管。那些原本該帶來改變與透明化的政治運動，都被當權者吸收了。他因此不再相信自己能做出改變，也不再相信他認為已破損的系統可以修復。再怎麼嘗試，都已經毫無意義了。

辭去科羅拉多大學的教職後，霍斯金森接了一些顧問案，做程式設計工作。那些大都是無聊的案子，只是在他搞清楚自己真正想做什麼之前，幫他賺取生活費的差事。他就這樣漫無目的地生活，直到他注意到比特幣的價格正在飆升。

二〇一一年，他在資訊科技網站 Slashdot 上看到一篇文章後，讀了比特幣的白皮書。當時，他認為那是有趣的概念，但比特幣的波動性使它不可能成為廣泛使用的交易工具。對他來說，在比特幣發揮作用之前，必須先有很多基礎設施，例如可靠的交易所和流動性，但這些基礎建設當時根本不存在。

二〇一三年，油價首次突破百元大關時，他再次關注比特幣。比起兩年前，當時的交易所專業多了（至少霍斯金森是這麼想。當時主要的交易所是 Mt. Gox，只是後來 Mt. Gox 也因為遭到駭客竊取八十五萬個比特幣而關閉）。他發現，一些創投業者也投資比特幣，越來越多的商家開始接受比特幣，還有許多狂熱的宣導者與創新者匯組成社群。

跟他之前涉足自由派政治活動期間所看到的不同，加密貨幣的革命者想改變，不需要事先徵求什麼許可，而是直接動手去改變。任何想改變的人都可以使用該系統，並把銀行拋諸腦後。這是一種抗議的終極形式，他心想：「比特幣會一直存在，而且會有一整個產業以它為基礎，壯大起來。」

他決定學習有關比特幣的一切知識，並利用他的學術背景，把那些知識建構成一套任何人都能了解的課程。他從位於波德市（Boulder）附近的住家，透過筆電有系統地瀏覽比特幣的維基百科所有頁面，看了原始程式碼，並與比特幣的核心開發者交流。

他做了 PowerPoint 簡報，並錄下自己做簡報的影片。一個月後，他錄了約十堂課，時間從三十分鐘到兩小時不等，並把那些課程免費上傳到線上平台 Udemy 上。課程名稱為：「比特幣——我如何學會不再憂慮並愛上加密貨幣」[2]。

這是霍斯金森在一個無人知曉的社群裡出名的方法。他認為，這麼做就會有機會找上門。很快，事實證明他的想法沒錯。他把課程放上網才幾週，就吸引了數千名學生，並結識了比特幣界的名人樂文、安德烈亞斯·安東諾普洛斯（Andreas Antonopoulos）、維爾、艾瑞克·佛西斯（Erik Voorhees）。

中國英文教師兼作家李笑來也是他的學生，李笑來在他任職的公司上市時，變賣了公司股票，以不到一美元的價格買了數千個比特幣。二〇一三年，他成了千萬富豪，並創立一個加密貨幣基金。

嘿，我喜歡你的課，我想投資你五十萬美元

有一天，霍斯金森收到李笑來的信，信中表示：「嘿，我喜歡你的課，我想投資五十萬美元讓

你創立另一個加密貨幣專案。」

霍斯金森以為是詐騙信，看過就忘了。但幾天後，李笑來又來信。這次，霍斯金森上網查了一下這個人，發現真有其人，而且還是中國比特幣社群的重量級人物。

他回應，他得想想自己想做什麼，並發信給李笑來說：「我有機會創立一個新事業。你認為加密貨幣領域需要解決的最大問題是什麼？」

李笑來認為，加密貨幣圈欠缺的一大關鍵是分散式交易所，因為那可以讓用戶直接交易加密貨幣，不必靠第三方儲存資金。當時，大家越來越擔心 Mt. Gox 可能破產（Mt. Gox 在二〇一四年二月，正式申請破產保護）。

霍斯金森認為，只要有一個可靠且流動性強的分散式交易所，加密貨幣就很難遭到消滅，因為沒辦法關閉交易。已經有一些專案嘗試那樣做了，但它們並未吸引足夠的用戶參與，如果他們能聯合起來會更好[3]。

霍斯金森把他的新專案命名為 Invictus（拉丁文「永不屈服」之意），並在比特幣論壇上發文宣布這個專案的成立：「顯然我們需要開發一個P2P交易所，以確保所有加密貨幣的長期生存。在建立P2P交易所方面，似乎有很多創新和不同的方法，因此我覺得，為了協調創新、融資、腦力激盪，並減少不必要的重複，比較謹慎的做法，是把積極開發交易所的人都集中到一個專案中。」

一個多小時後，有人率先回覆那則訊息，帳號名稱是 bytemaster，他只回了四個字：「算我一份！」

那個人，就是丹．拉里默（Dan Larimer）。

霍斯金森聯繫拉里默，才發現原來他已經在做類似的事情了。就在霍斯金森發文的六天前，拉里默在比特幣論壇上發布他的提案〈沒有法幣存款的法幣／比特幣交易所〉[4]。

霍斯金森說：「有個中國人給了我一些資金，你要跟我合作嗎？我當執行長，你做技術長。」

拉里默同意了，於是霍斯金森飛到維吉尼亞州去成立公司。他抵達洛亞諾克機場（Roanoke），那裡有一個Y字型小航廈，有兩條跑道，每天約有六十個航班。其他旅客到站後，很快就離開，於是整個航廈幾乎只剩他與鄰座的一位養豬戶。

後來，拉里默終於出現，他們開車去他位於弗洛伊德（Floyd）的住家，弗洛伊德是維吉尼亞州西南部的鄉村小鎮，人口約四百人。那是霍斯金森第一次見到拉里默，但他正要跟拉里默合創一家公司，還要住在他家。

他們還解雇了執行長，你忘了？

拉里默的笑容帶點調皮，他跟父親史坦（Stan Larimer）同住。史坦是工程師，曾在國防業做研發專案。他對加密貨幣越來越感興趣，這促使他與兒子一起投入他的最新專案。七月四日，他們在維吉尼亞州成立 Invictus 創新公司（Invictus Innovations），由李笑來擔任董事，李笑來的比特基金（BitFund）是主要投資者。接下來三個月，都是在籌備公司及發布研究報告。

他們發表的研究中，最引人注目的是九月在 LetsTalkBitcoin.com 上發表的兩篇文章。他們在文章中提出「分散式自治公司」（Distributed Autonomous Company, DAC）的概念，又稱為「分散式自治組織」（Decentralized Autonomous Organization, DAO）——此一概念將在未來幾年內，改變以太坊的歷史。

ＤＡＯ是革新的概念，是創設一個由電腦經營的組織，營運規則設定在電腦程式中，執行上盡可能減少人力參與。由於這個組織是建立在以太坊之類的公共區塊鏈上，決策和資金流動是完全透明、不可審查、不可改變的。

史坦認為比特幣「可視為一家無人公司」，因為它會自動執行一些銀行功能，亦即為客戶的帳戶記帳，並在收到簽名「支票」後在帳戶之間轉帳。

他們認為，ＤＡＯ不必局限於加密貨幣，可以提供無人的託管服務、清廉的仲裁服務、不忽視其組成分子的治理、眾包的創投公司等等[5]。

Invictus 迅速發展，抱負更加遠大，不再只想打造一個Ｐ２Ｐ交易所而已。他們也想打造一種工作量證明的加密貨幣、分散式的身分管理系統、加密訊息平台。他們的目的是建立一個生態系統，用戶可以在其中交流與交易，無需提供個資，也不必信任中央化的第三方。他們把該專案命名為 BitShares，並在十月的亞特蘭大比特幣大會上簡報他們的願景[6]。

不過，那時霍斯金森與拉里默已經開始意見相左。他們的計畫需要更多資金，拉里默主張像萬事達幣那樣以眾籌的方式募資，但霍斯金森認為風險太大。最後，霍斯金森決定退出公司，要求拉里默收購他的股份。

以上是霍斯金森的說法。實際上霍斯金森離開公司的原因從未公開披露，二〇一四年一月比特幣論壇上的貼文至少顯示了一件事：他們是不歡而散。一位論壇用戶發文大罵 BitShares，洋洋灑灑列了一長串批評，霍斯金森留言回應：「你忘了提，他們還解雇了執行長：）。」[7]

拉里默寫道：「除了說他辭職是出於個人原因，霍斯金森的其他說法，在某種程度上都違反了保密協議或是在散布謊言。當心這條鯊魚，他可能今天是你的朋友，明天卻密謀毀滅你。」

「我從未簽過保密協議，也沒撒過謊。」霍斯金森回應，「我不再理會這個問題了，我的誠信也沒受到質疑。你是唯一把我撤資的人，而且還接收了我全部股份。拉里默，我不需要擊倒你，我只要完成六月間我請社群幫我做的事情。祝你一切安好。」

霍斯金森在第一次經營事業失利後，黯然回到科羅拉多。在他決定接下來做什麼之前，至少他還有足夠的資金維持生計。與此同時，他繼續投入「比特幣教育專案」，並應迪歐里奧之邀，為加拿大比特幣聯盟製作內容。他沒有等很久，就想出接下來要做什麼了。

霍斯金森看完布特林的白皮書後，告訴迪歐里奧：「這東西確實很有前景。」

迪歐里奧邀請霍斯金森一起和布特林、艾里西、郤崔特通電話，郤崔特是在收到白皮書的電郵後加入那個專案。他們決定了一個大致的時間表：一月底，布特林將在邁阿密舉行的北美比特幣大會（North American Bitcoin Conference）上推出以太坊，並在會後一週舉行眾籌。

後續幾週，只有他們五個人——布特林、艾里西、郤崔特、霍斯金森、迪歐里奧——定期打電話討論以太坊。不久，很多人加入那個 Skype 小組。迪歐里奧希望所有相關人士在大會期間齊聚邁阿密，以便判斷他們是否適合一起創建一家公司。

他在 Airbnb 上租了一間大房子，以容納所有感興趣的參與者。他甚至為一個網名為 Gavofyork 的開發者買了張機票，這個人，一直在倫敦默默開發以太坊[8]。

第8章

邁阿密豪宅

熱切的對話和敲鍵盤的聲音，孕育了無數夢想

蓋文．伍德（Gavin Wood）從沒見識過迪歐里奧為以太坊成員在邁阿密承租的那種豪宅：八間臥室、幾乎一樣多間的浴室、一個露台，一座運河邊的花園，大家還可以跳入運河和海豚共泳。運河邊有碼頭和幾艘獨木舟供大家隨時取用，豪宅內有酒吧、撞球桌、兩間起居室。

伍德一頭少年白，臉龐削瘦，五官細緻，他連機票都買不起。在布特林的請託下，迪歐里奧幫他出了機票錢。他一直住在倫敦友人的公寓空房間，在一家只有兩人的新創企業工作，負責開發一個利用人工智慧來讀取及簡化法律文件的程式。

他和創業夥伴把二〇一四年二月訂為最後期限，在這之前，他們必須決定究竟要為他們的公司向創投公司募資，還是做別的事情。伍德也不知道「別的事情」是什麼，他只知道一定跟程式設計有關。

童年就開發電玩，還登上雜誌

伍德在康福斯（Carnforth）出生長大，那是在英國蘭開斯特北方約二十分鐘車程的小鎮。約七歲時，母親向鄰居買來一台舊電腦，他用那台電腦自學程式設計。那台電腦上有三個遊戲，他家也沒錢在康福斯的電器行買更多電玩給他。他別無選擇，只能自己寫電玩程式。

隨著年齡增長，他繼續製作一九九〇年代遊樂場大型電玩的那種遊戲（例如充滿爆炸、邪惡角色跑來跑去讓玩家追殺）。他甚至郵寄一張磁碟片給電腦雜誌社，裡面存了他自己開發的電玩（那個年代網路尚未普及），雜誌因此刊出一篇文章，介紹他和他的電玩。

他不光喜歡開發遊戲，也喜歡玩遊戲，他最喜歡的遊戲是《邊境：精英II》（*Frontier: Elite II*）。那是開放式的遊戲，沒有預先設定的任務，玩家在未來的銀河中交易商品和人類，目的是（不管合法或非法）盡量收集資源。

十幾歲時，他第一次接觸到網際網路。此後，他對電腦更加癡迷。週末，他住在一個朋友的農場上，他們開始透過IRC聊天室跟蘭開斯特大學的一個大學生聊天。由於當時他們才十七歲，話題很快就聊到一起出去玩。他們問聊天室另一端的人，能不能幫忙把他們弄進城裡的夜店，因為那家夜店只讓大學生跟特定名單上的人進入。對方答應了，就這樣，網際網路幫他們一舉改變了現實生活。

後來，伍德去約克大學讀資工系，接著取得音樂視覺化（music visualization）的博士學位。大學期間，他也開始為開源運動做出貢獻，在 Linux 上編寫軟體。大學畢業後，他寫信給兒時的偶像戴維．布拉本（David Braben），布拉本就是他曾經很癡迷的遊戲《邊境：精英 II》的開發者。伍德在信中說，他很擅長寫程式，想為布拉本工作。

他飛去劍橋面試，獲得錄用，但只待了一年。那家公司並未開發遊戲的下一版，這點令他相當失望，他也覺得他不喜歡朝九晚五的正常工作。於是，他回大學去修改論文。

有一天，他跟房東聊到接下來的打算，她說她要去聖雅各之路（Camino de Santiago）朝聖，徒步穿越西班牙北部。伍德覺得那是個釐清思緒的好方法，就跟著她一起去了。走沒幾天房東就放棄，但伍德繼續走。旅程結束時，他認識了新女友。後續幾年，由於這位新女友為了研究工作四處遷徙，他便伴隨她一起走訪義大利、挪威、加拿大，後來又回到英國。

這段期間，他持續投入開源專案，為微軟做一些約聘工作，甚至在義大利的一所天主教學校裡擔任數學老師。這段經歷讓他想起自己在蘭開斯特皇家中學（Lancaster Royal Grammar School）的時光。那時他彷彿過著兩種平行生活：一邊在康福斯的教堂裡擔任祭壇侍童，一邊開發太空遊戲。

十三歲時，他覺得學校教的數學和科學，跟他在教堂裡學到的東西有太多矛盾，所以他離開教堂，變成「激進的不可知論者」，也就是說，他根本不在乎上帝是否存在。他教孩子碎形（fractal），希望孩子明白世界是由數學與規則集（rule sets）組成的，我們並不需要一個崇高又強大的造物主。

二〇〇八年底，伍德和女友在中美洲自助旅行。伍德還記得是在尼加拉瓜一家酒吧的電視上，聽到金融危機爆發的消息。對伍德來說，這應驗了他一直以來的想法：這個世界是由菁英統治，他們為了追求自身利益的最大化，不惜犧牲他人的利益。

面對這個問題，唯一的解決之道是「分散」。電腦科學清楚地告訴他，一個制度越是集權控制，引發嚴重故障點的機率就越高。對他來說，銀行體系就是這種封閉系統的例子，會腐敗潰爛，是合乎常情的。

回到倫敦後，伍德和朋友艾倫·布坎南（Aeron Buchanan）一起開發一款名為「米爾頓凱因斯」（Milton Keynes）的桌遊，玩家在遊戲中努力累積政治影響力以購買土地，並從房地產中收租（擁有妓院可獲最高分）。

接著，他運用以前博士班的研究，開發出音樂視覺化系統。他試圖把這套系統賣給夜店，但成效不彰。二〇一三年初，他跟人合創一家公司，以幫助客戶閱讀及撰寫法律文件。他開發出一種演算法，可以檢閱合約，並在發現潛在問題時跳出通知。他為自己編寫的程式碼感到自豪，但資金很快就耗光，他已經開始考慮尋找備援方案。

伍德雖然對中央集權的政府和大銀行不滿，但他也討厭抗爭，所以他對激進主義一向不感興趣。就在這時，他在《衛報》（*Guardian*）網站上看了一段影片，主張以比特幣做為傳統金融體系的替代品。這支影片讓他明白，加密貨幣是藉由迴避當權者來促進政治變革，不是直接與當權者對抗。他認為，這種科技確實有機會重新平衡權力，於是，隔天他上網搜尋影片主角的電子郵件，並寫信求見[1]。

廢棄大樓裡的《比特幣雜誌》全球總部

影片中的男子是阿米爾・塔吉（Amir Taaki），他最近建構開源碼庫和工具，讓人在比特幣的基礎上打造應用程式。他也是無政府主義者，與世隔絕，支持分離主義運動，會說世界語（Esperanto）。

就是塔吉，把艾里西和布特林帶到巴塞隆納附近那個駭客社區。他邀請伍德一起去倫敦中部一棟廢棄辦公大樓。有一群比特幣的人正以此為基地。

走進大樓，幾乎整層樓面都是光禿禿的牆壁和空無一物的房間，所有的小隔板和桌椅都搬走了，只剩下乏味辦公室生活的殘跡，地板鋪著灰色地毯，天花板貼了白色消音磚。那些進駐大樓的比特幣人士，只帶著很少的家當（通常只有一、兩個背包），他們坐在地板上，背靠著牆，在筆電上敲敲打打。

伍德等人走到一扇門前，門上以綠色簽字筆潦草地寫著：《比特幣雜誌》全球總部。他們看到總編艾里西和他的女友羅珊娜，睡在一張臨時用毯子鋪成的床上。伍德也見到強尼・比特幣

（Johnny Bitcoin，這人因熱中推廣比特幣及招募新的加密貨幣信徒而得到這個稱號）。

伍德決定加入這個圈子。那次參觀結束後，他開始思考如何為數位貨幣打造基礎設施，也思索如何設計分散式交易所，因為他認為分散式貨幣的交易，不該依賴可信賴的中央化第三方。他也和強尼·比特幣保持聯繫。

十一月時，強尼·比特幣把布特林的《以太坊白皮書》轉發給他。他看完白皮書的第一印象是，以太坊的概念雖然還不夠完善、設計決策也缺乏效率*，但看起來很有意思。他對以太坊抱持懷疑的態度，但還是決定寫信給布特林，說他願意以 C++ 程式語言幫以太坊寫程式，那是深入了解區塊鏈運作方式的好方法。

他在信中寫道：「強尼告訴我，我可以使用 C++（例如 github/gavofyork）。你目前開發以太坊的進度到哪裡了？」布特林回說，他以 Python 為以太坊寫程式，但進展不多，正在找能幫忙的程式設計師[2]。

伍德馬上開始動手寫程式，一路寫到十二月底，連耶誕夜都在寫。伍德做的第一個提交（commit，在 Git 中，每個版本稱為一個提交。每次對程式碼做一些更新時，就會把這次新增與修改的檔案加入新一次的提交）——亦即對以太坊原始碼的更改——就是在十二月二十四日完成的。他一連好幾天足不出戶，一直關在小房間裡，一次訂兩盒披薩，這樣他就不用經常起身了。他會去門口拿披薩，然後一路寫程式直到深夜，睡一下，隔天早上再繼續寫。

就在此時，布特林邀他到邁阿密，跟他們團隊的其他人會合。那是二〇一四年一月底，就在北美比特幣大會舉辦的前一週。伍德除了跟倫敦那群占用廢棄大樓的比特幣人士短暫見過面，以及最近為以太坊寫程式以外，還沒接觸過加密貨幣社群。他手上也沒有任何比特幣，所以當他在邁阿密那棟豪宅會見那群人時，覺得有點不好意思（他以為這些人都靠比特幣發了大財）。

比特幣價格當時達到新高峰，從二〇一三年初的一百美元左右，到十一月已經飆破一千美元。此後，價格回跌了一些，跌到約六百美元左右。那裡很多人第一次買比特幣時，比特幣只值幾美元，現在他們覺得自己很富有。比特幣的飆漲，證明了他們沒有看走眼，那種證明自己眼光正確的成就感，比靠比特幣致富更棒。

隨著開發者努力改進比特幣，許多替代的數位貨幣也首次出現。從二〇〇八年中本聰創造出第一個分散式數位貨幣算起到二〇一一年，比特幣一直獨霸市場。但是到了二〇一三年十二月，已經出現數十種新貨幣，它們又稱為競爭幣或山寨幣（alt-coin），投機風潮也助長了當年數位貨幣的漲勢。

以太坊的早期成員齊聚於邁阿密時，加密貨幣史上第一個競爭幣的泡沫剛達到最高點。他們擘

---

*設計決策（design decision）：設計本身就是一連串決策的過程，決策因素會因設計者所關心的議題而異，進而影響設計成果。

畫及夢想盛事的同時，也為將來更大的競爭幣榮景埋下了種子。但那是幾年後的事了，那一週，豪宅裡的人唯一關心的，是他們正在見證下一個比特幣誕生，亦即加密貨幣圈的下一個大事件。他們之中有些人也很想知道如何成為其中的一分子，而且各有各的理由——有人為了滿足自我，有人為了致富，有人為了改變世界，也有人以上皆是。伍德加入那個圍在白板邊的小組。比特幣大會結束後，他們打算舉行眾籌。現在白板上的圓餅圖顯示，他們打算如何分配眾籌的募資。當時的五位共同創辦人——霍斯金森、迪歐里奧、卻崔特、布特林、艾里西——將獲得大量股份。

「這……感覺很差。」東諾弗里奧對站在旁邊的伍德說。看起來，以太坊的大餅大致上已經在那塊白板上分好了。東諾弗里奧認為，不該一開始就討論這種事，因為當時大家還不清楚每個人要貢獻什麼，或具體的目標是什麼。

「對啊，我還以為這是一場駭客松。」伍德回應。

聽起來不錯，但是要怎樣做到呢？

但其實那片白板不只是在分配夢想中的財富，霍斯金森要談的其實是他最感興趣的：數字。保加利亞的開發者雅尼斯拉夫．馬拉霍夫（Yanislav Malahov）曾跟布特林合作過一個專案，那個專案是以比特幣區塊鏈為基礎，來進行數位註冊及轉移藝術品。馬拉霍夫記得，他是在聽霍斯金森講解時，第一次聽到「形態加密」（morphic encryption）這個詞。布特林是少數聽懂霍斯金森講解的人。有一次，霍斯金森突然給布特林出考題，接連在白板上寫了一個又一個複雜的數學問題，十九歲的布特林立即心算並說出答案。

伍德很快就對這些討論感到不耐煩，但他仍繼續融入其中，或至少想辦法維持融入。他很高興在那裡見到一個認識的人——他最近透過馬拉霍夫認識的艾胥麗・泰森（Ashley Tyson）。她跟科迪・威爾遜（Cody Wilson）合作，推出一個3D列印檔的搜尋引擎。

威爾遜創立了一個充滿爭議的非營利組織，專門開發3D列印槍的設計。在PayPal和銀行暫停那家新創企業的帳戶後，威爾遜開始涉足比特幣。泰森是在柏林的比特幣聚會上認識塔吉，並開始跟他和威爾遜一起開發「暗黑錢包」（Dark Wallet），那是為了讓交易更加私密的比特幣應用。

「你有參與這玩意兒嗎？」她問道。

「我最近為一個測試網寫了一些程式碼。」伍德說。在加密貨幣中，測試網的功能跟實際上線版完全相同，差別在於測試網是使用毫無價值的加密貨幣，而且只用來測試，以確保網路和其應用程式正常運作。

「你覺得這會是下一個比特幣嗎？」

「我不知道，但我們可以試試看。」

泰森一直問，以太坊的實際用途到底是什麼？她對「智慧型合約將徹底改變一切（從烤麵包機到銀行與政府等等）」這種籠統的答案並不滿意。

「它會很強大，你可以打造任何想像得到的東西。」布特林說。「JavaScript 的發明者從來沒想過讓人用它來打造 Gmail、臉書或比特幣錢包。我們也不知道大家會拿以太坊來打造什麼，但重點是，那會是分散且無法阻擋的應用程式。」

泰森心想，聽起來不錯，但她還是不明白他們要**如何**做到。不過，大家對技術和未來的討論、白板上的複雜文字、再加上現場沒有震耳欲聾的音樂，只有熱切的對話及敲打鍵盤的聲音——這一切讓她相信，這群興奮的技術專家正在打造特別的東西。

賭一瓶好酒，看你一個禮拜內寫不寫得出來

在邁阿密豪宅裡，第一天太陽下山後，大家開始比較頻繁地喝啤酒，有人開始抽菸或抽大麻。大夥兒一整天談論著區塊鏈浮誇不切實的未來，隨著夕陽西下，討論聲也越來越熱烈。

霍斯金森說：「Gavofyork（伍德的網路帳號），很高興終於能把臉和網路帳號連在一起了。」

「是啊，我也這麼想。」伍德回應，心不在焉地把目光飄向筆電的方向。

「你有工作要做，還是怎樣？」

「呃，其實，我以為我們來這裡是為了開發以太坊。」伍德說。

「當然是啊，但是了解團隊、建立共同的願景和計畫，不也是工作的一部分嗎？」

「但是沒有實際作為的話，光講那些也沒多大用處。」

「反正我們來這裡只有幾天，也做不了多少東西。」霍斯金森說，「我覺得這是互相認識的好機會。」

「一週的時間已經很充裕了。」伍德笑著說，接著，他突然眼睛為之一亮，「我很樂於跟你們打賭，我可以在本週結束前，寫好一個概略的測試網。」

霍斯金森笑著說：「好啊，我們來賭！我賭你在這週結束前，無法寫好一個以太坊的測試網……我們把截止時間設在布特林在比特幣大會上宣布以太坊之前好了，也許他還可以在大會上演示一下你的測試網。」

「好，一言為定！」伍德握握霍斯金森的手說。

霍斯金森說他們以一瓶好酒做為賭注。

從那之後，伍德待在豪宅裡的多數時間都在寫程式，反正他本來就比較喜歡寫程式，不太跟別人交談——不是因為他不喜歡人，他只是不太喜歡新面孔或一大群人。他每天都坐在屋內同一個地方（廚房餐桌的前端），筆電擺在前方，眼睛盯著螢幕，手指放在鍵盤上。大家會帶飲料和食物來給他，讓他繼續做他的事。

當他獨自坐在桌邊打電腦、而其他人都在聊天時，他突然意識到，他原本以為以太坊組織已經確立、角色分配也確定了，但實際上這個組織仍處於非常早期的階段，大家仍在摸索自己適合什麼角色。

他看著迪歐里奧、卻崔特、霍斯金森高談闊論著區塊鏈和分散式的好處時，發現自己是這群人當中最懂技術的人，或至少在寫以太坊程式碼方面，他是技術最成熟的人。對伍德來說，這點很重要。他一邊忙著打字，一邊想到三個英文字母：CTO（Chief Technology Officer，技術長）——他應該擔任技術長，以及共同創辦人。

什麼都能數位化？那簡直是駭客的夢想

不過，當時伍德並不是唯一在寫以太坊程式碼的人。例如沒有來邁阿密參加比特幣大會，而是選擇留在阿姆斯特丹家中的傑佛瑞．威爾克（Jeffrey Wilcke）。

威爾克從資工系休學，因為他認為大學的教學方式太學院派了。他涉足加密貨幣之前，曾為許多企業做程式設計。二〇一〇或二〇一一年左右，他第一次得知比特幣時，並沒有太興奮，他覺得那只是一種數位支付方式。二〇一三年年中，一位程式設計夥伴對他說，他正和一個加入「萬事達幣」團隊的人聯繫，並問他是否願意為他們工作。威爾克認為那很有趣，再加上他們當時也沒有別的案子可做，就同意了。

真正讓他興奮的，是幾個月後讀到布特林那份白皮書。他知道比特幣只是數位貨幣，但以太坊可以把**任何東西**數位化，那簡直是駭客的夢想：一個分散式平台，有足夠的靈活度來支持任何電腦程式。他想看自己能不能幫以太坊邁向成功，所以開始用谷歌的 Go 語言為以太坊寫程式。他不想太公開參與以太坊，因為他正在跟萬事達幣合作，所以他是以化名 Obscuren 加入以太坊群的群聊和論壇，並婉拒了去邁阿密的行程。

當時，威爾克正好去阿姆斯特丹的郊區拜訪父母。他待在父母家，把布特林那份白皮書中的一些有趣概念轉換成程式碼。他花了很多時間在以太坊，而不是在萬事達幣的任務上，雖然這讓他感到有點內疚，但他覺得自己似乎應該花更多時間投入以太坊[3]。

第9章 宣布

我知道，這是我們成功的最好機會

來邁阿密參加比特幣大會的人，陸陸續續來到邁阿密豪宅，拜訪這群加密貨幣專家。

豪宅八個房間都住滿了，許多人睡在沙發上，甚至地板上。廚房桌上堆滿了披薩盒，大夥兒討論這個新加密貨幣的各種可能性時，總是搭配著喝不完的啤酒。部落客和 YouTuber 來訪問布特林、霍斯金森、迪歐里奧，但卻崔特保持低調，沒接受任何訪問。他也是共同創辦人之一，但要求他們不要在網站或任何地方把他列為共同創辦人。

這群開源碼的信徒敞開大門歡迎任何人造訪，不過也有些太輕信他人了。有人因為沒關筆電，導致價值幾千美元的比特幣遭竊。大夥兒同心協力尋找遺失的比特幣，整整一天一夜，以太坊團隊忙著破解竊案。他們列出所有可能接觸那台筆電的人，並逐一排除那些基於各種理由不可能行竊的人。最後，在多倫多比特幣聚會上認識布特林的約瑟夫・盧賓（Joseph

Lubin）帶頭跟嫌犯對質，比特幣才終於物歸原主。

待過高盛卻期待見證金融系統崩解，是因為……

盧賓壯碩、禿頭，有一雙深不可測的黑眸，以前在普林斯頓大學讀電機系和資工系，是大學壁球隊的一員，跟邁克・諾沃格拉茲（Michael Novogratz）是室友。諾沃格拉茲原本在堡壘投資集團（Fortress Investments）擔任基金經理人，他管理的基金關閉後，自己創立了一家加密貨幣投資公司。

盧賓畢業後當過職業壁球員，但後來專注投入人工智慧、機器人的機器視覺、自主音樂創作的研究，在多家科技和研究公司做過不同的軟體工程工作。他在高盛的私人財富管理部門負責一項軟體專案兩年，二〇〇一年離職去領導鐵匠軟體顧問公司（Blacksmith）的紐約辦事處。接著，他在一家名為eMagine的公司繼續做軟體顧問工作，接著跟人共同創立一家避險基金公司。

由於資工和工程方面的背景，他原本就對加密貨幣感興趣，二〇〇一年九一一對紐約世貿大樓的恐怖攻擊，加上二〇〇八年的金融危機，更讓他對加密貨幣感到好奇。他對金融體系感到悲觀，也多所批評，認為由發債上癮的央行所管控的金融體系很容易腐敗，而央行輕率的政策正在使他們的貨幣貶值。

他曾想過要拋下一切遠走南美村莊，去等待金融體系崩解，但後來他搬到牙買加，去幫他的模特兒兼演員朋友打造錄音室。二〇一三年的假期，他去加拿大探望家人，那時他決定和迪歐里奧聯繫，因為迪歐里奧參與了加拿大比特幣聯盟。盧賓一直在關注加密貨幣的論壇和部落格，包括布特林的文章。他認為，加密貨幣也許可以讓世界擺脫現有的金融體系。他與迪歐里奧一起去參加多倫多的一場比特幣聚會，並在那裡見到布特林。

雖然他曾經待過高盛引發了一些猜疑，但他在加勒比海地區擔任音樂製作人的經歷，讓現場那些抱持無政府主義的駭客對他更有好感。他的經歷及財力，也使他成為現場最「成熟」的成人之一。迪歐里奧對霍斯金森說：「他真的能給我們幫助。」

以太幣首度轉移成功，換到約翰走路一瓶

週五，伍德寫好了以太坊基本版的程式。測試方法是看能不能在節點之間轉移數位貨幣，他把自己的筆電放在另一台筆電旁邊，那一台筆電也在廚房桌上（就在他過去幾天一直占據的地方）運行一個以太坊的節點。一小群人湊在他身後，看著他打出一些程式碼。

當他按下 enter 鍵時，他不僅試圖與第二台電腦直接溝通，而是透過整個網路傳送交易。如果他創造的測試版數位貨幣真的轉移了，那表示實際版加密貨幣的基礎已經存在了。那就好像為整棟房子裝上電線，然後按下開關。如果燈亮了，就表示接線都正確。

大夥兒沉默了幾秒鐘，伍德幾乎是屏息以待，結果……燈亮了！數位貨幣真的轉移了！伍德激動地和霍斯金森擊掌，布特林在一旁鼓掌說：「耶！」

布特林個性比較內斂，但其實也很激動。他夢想的區塊鏈正在建造中，他看著邁阿密豪宅裡的每個人，簡直難以置信。

伍德讓以太坊的測試網正常運作後，他認為自己在以太坊的核心圈中掙得了一席之地，並告知其他人這一點。

「我應該成為共同創辦人兼技術長。」伍德說。

迪歐里奧覺得伍德不適合當共同創辦人，他認為創辦人對投資者負有受託責任，那種責任不容小覷，而伍德是個剛來邁阿密豪宅的新人，他沒有參與早期的對話。雖然他擅長程式設計，並在寫程式方面有兩把刷子，但寫程式也不是非他不可。他們可以雇用別的程式設計師及工程師來做那些工作，寫程式是可以外包出去的。

伍德顯然不認同迪歐里奧的看法，但他決定不要當場與迪歐里奧對嗆。事後，雖然迪歐里奧仍維持原本的想法，但他可能覺得若伍德心裡不舒服，對整個團隊不利，因此當晚迪歐里奧走向伍德，主動跟他和解，並送他一瓶約翰走路紅牌威士忌（紅牌是約翰走路中最低階的酒款）。伍德至今仍留著那瓶威士忌，酒還剩半瓶，擱在他柏林那個極簡公寓的櫃子上[1]。迪歐里奧倒是不記得發生過這件事，但他也沒有否認。

沒有功能，就能無為而無不為

一月二十六日星期日，亦即大會第二天，布特林在邁阿密海灘會議中心的演講時間，是上午九點半至九點五十分。

那時的他甚至還無法在活動主廳發表演說，大會在議程上只介紹他是「《比特幣雜誌》的主筆布特林」。這天來臨時，邁阿密豪宅裡每個人都起得很早。參加大會的以太坊隊伍包括霍斯金森租來的一輛車及兩台優步，車上擠滿了緊張的開發者和創業家，他們就是這次大會的明星。

布特林的演講是從比特幣由上而下的概要說起，類似對全球第一種分散式數位貨幣的歷史摘要。他身上的黑色T恤鬆垮垮地掛在瘦削的身軀和肩膀，上面以白字橫寫著 ethereum.org。說話時，雙手迅速揮動做手勢，有時結巴、有點口齒不清。儘管如此，大家依然聚精會神地聆聽。

一團淡藍色的光反射在他身後的黑色布幕上，一盞聚光燈照亮了講台。除此之外，整個舞台是暗的。隨著他開始談論比特幣的局限性，他的演講也越來越精采。他頂著一個金色小平頭，前額寬闊，臉頰蒼白，臉上布滿了青春痘疤，搭配著尖下巴。但最引人注目的是他那細長的藍色雙眸。即使坐在觀眾席上，你也能看到他講述以太坊的願景時那雙眼睛閃爍著光芒。

「以太坊不強調特色，而是盡可能地簡單。我們不標榜特色，只有程式設計語言。」他加快了語速，「藉由這塊加密貨幣的樂高積木，你可以創造幾乎所有的加密貨幣。」

他講完時，全場觀眾起身鼓掌歡呼。布特林一下台，觀眾就圍著他，跟著他走出會場。他靠牆站著，身旁站著盧賓和迪歐里奧。布特林繼續解說以太坊時，數十人圍在他身邊，輪流發問，並舉起手機拍照錄影。

霍斯金森在 BitShares 的前事業夥伴拉里默也在人群中，他提出幾個尖銳的問題，質問當以太坊規模化時，要如何支撐數百萬名用戶及數十億筆交易而不讓這個網路掛掉。拉里默後來把那段影片傳到 YouTube 上，試圖逐一反駁布特林冗長的技術性回應[2]。

從大會回來後，整個團隊衝進邁阿密豪宅，大夥兒乾杯暢飲，熱烈討論他們將募集數百萬美元來實現夢想，大夥兒越聊越興奮。他們的想法是出售以太幣以換取比特幣，而且世界各地的人都可以向以太坊團隊控制的數位錢包發送資金。

卻崔特聽以色列的朋友說，他們可能比最初募資五百萬美元的目標多募到好幾百萬美元，那當然很好，但也令他緊張。如今布特林在大會上的演講獲得熱烈回響後，他開始擔心這場眾籌會吸引太多關注，因為這看起來像未註冊的證券發行。

「我們先冷靜一下。」他對大家說，「得先確定這樣做是正確的，我們可不想因此吃牢飯。」有處理證券經驗的盧賓也支持卻崔特的看法，最後每個人都同意他們應該重組，思考如何正確地進行眾籌。

以太坊的早期團隊鮮少共聚一堂，在邁阿密豪宅的那一週是少數幾次之一。這些因緣際會聚在那棟豪宅的人，都有特立獨行的性格，在社會上顯得格格不入，或因此成為反抗者及脫離體制。他們選擇的表達方式、他們展開那段旅程的工具，就是以太坊這個新協定。

現在做任何具體決定還言之過早，所以即使他們沒有共同願景也沒關係（他們確實沒有）。但在當時，「想看到以太坊成功」讓他們忽視了現實中的許多差異和理念。時至今日，他們大都很懷念在邁阿密的那段時光。

現在，只有一個可能的結論

決定延遲眾籌後，他們紛紛收拾行李，搭機飛往世界各地。這個孕育了無數夢想的房子闔上門後，很快就有另一位 Airbnb 用戶進駐。

伍德動也不動地坐在機場登機口附近，凝視著遠方。他的思緒時而紛亂、時而集中，這是過度興奮及睡眠不足的結果。過去幾天的畫面、對話、感覺在腦海重現時，他感覺腎上腺素在狂飆。外頭太陽開始西沉，現在只有一個可能的結論：「靠，這真的搞很大，非常大。」他心想，「管不了這麼多了，衝就衝吧！」

飛機一降落倫敦的希斯洛機場，他就打電話給一位共同創業的夥伴，說他要退出，專心投入以太坊。幾天後，他告訴一個朋友：「我不確定這是什麼，但我知道這是我們成功的最好機會。」

第10章

楚　格

從「金字塔」到「八面體」

一家新創企業該有幾位創辦人？創投業者通常不希望只有一個創辦人，免得萬一這個人太自負，無人可制衡。比較常見的是兩位創辦人，或是三位也可以，四位算是極限，超過四位就顯得混亂難搞，而且還可能得跟更多人分享財富。但這樣的原則，似乎不適用於以太坊。

在邁阿密大會結束後的那幾週，以太坊最初的五人小組——布特林、艾里西、迪歐里奧、霍斯金森、卻崔特——增加為八人，多了伍德、威爾克、盧賓。伍德如願成為技術長，霍斯金森在團隊早期透過Skype開會時，就已經獲任為執行長了。以太坊的網站上也列了一長串參與者與顧問名單。很多人想參與，布特林也樂於讓每個人加入。

布特林不在乎創投公司，也不在乎什麼股權分配。新創企業可能一定得到矽谷的沙山路（Sand Hill Road），向群聚在那裡的創投業者募資，但在這個代幣銷售的新世界裡，以太坊可以不必那樣做。以太坊不需要創投資金，因為他們可以接觸世界各地的投資者。其實布特林不想拿創投資金，因為對他來說，以太坊應該免費開放給所有人使用，不屬於任何人。

該開公司？還是設立非營利組織？

邁阿密之會後，團隊的首要任務是決定在哪裡成立公司或基金會。才開始討論，團隊就分成了兩派。

他們討論不同的組織架構，其中主要有兩種：設立一家營利公司，為一個非營利基金會開發的開源以太坊協定打造及支持應用層；或者，設立一個非營利基金會，來支持開源網路的開發，讓更大的社群在這個網路上打造應用程式和基礎設施。

霍斯金森、迪歐里奧、卻崔特主張成立營利性質的公司，布特林、威爾克、艾里西則是主張成立非營利的基金會。他們必須決定，在這個網路的新階段，他們究竟預期這個組織會發展成谷歌還是Mozilla（火狐〔FireFox〕的開發者）：前者是中央化管理、收入來源可預測的公司；後者是支持世界各地的開發者以更分散、更自然的方式來打造以太坊的基金會。

他們決定暫時擱置這個問題，先尋覓適合註冊成立組織的地點。由於早期的團隊已在多倫多成立一家公司，使用迪歐里奧的 Bitcoin Decentral（後來改稱 Decentral，意思是去中心、分散）公司做為總部，但現在他們想找一個更永久的家園，一個法規允許眾籌且課稅不會太重的地方。納入考量的主要國家包括加拿大、新加坡、荷蘭、瑞士。

歡迎加密貨幣的中歐城市

艾里西與羅珊娜自願去瑞士調查。他們在一月底抵達蘇黎世，並聯繫約翰・格弗斯（Johann Gevers）。格弗斯是南非人，他搬去蘇黎世創立區塊鏈支付公司 Monetas。格弗斯說服他們兩人相信他們來對了地方。

瑞士的稅率低，規章制度也令人滿意。那裡曾是歐洲金融重鎮，而且到處都是如詩如畫的山林和湖泊。艾里西向團隊彙報了他的考察結果，經過一番討論後，他們決定落腳瑞士。雖然以太坊的組織架構和營利／非營利性的問題尚未定案，但他們註冊了一家瑞士公司以簡化管理步驟（例如租用住所及開設銀行帳戶等等），諷刺的是，他們依然得像傳統事業那樣運作。

格弗斯介紹他們認識赫伯特・史特奇（Herbert Sterchi）。他的職業就是當人頭，因為瑞士法律規定在當地成立公司，董事會裡至少要有一位當地居民。但史特奇後來不光擔任人頭董事而已，接下來那幾個月，他為他們提供了關鍵聯絡人，並引導他們接觸瑞士的官方機構。

艾里西去註冊公司時，繫上唯一的領帶，以免讓人發現他其實借宿在朋友家中，而且為了去瑞士花光了積蓄。在格弗斯與史特奇特的指導下，他們選擇把「以太坊瑞士有限公司」（Ethereum Switzerland GmbH）開在瑞士企業稅率最低的行政區：楚格（Zug）[1]。

這個名字聽起來很可愛的楚格市，似乎到處都是一樣可愛的中世紀房舍，搭配彩色的木質百葉窗、屋瓦、鵝卵石街道。但舊城區很小，一下子就進入現代化大樓林立的新市區，可以看到瑞銀（UBS）、瑞士信貸（Credit Suisse）等公司租用的大樓，以及高檔的精品店和連鎖店。

最重要的是，這裡亟欲吸引高科技公司進駐。隨著消費者改買電子錶，楚格當地的鐘錶製造商一家接一家倒閉。因此，當地官員看到比特幣崛起，他們決定楚格將積極接納這種改變。

艾里西與羅珊娜抵達楚格不久後，以太坊的新任執行長霍斯金森也來了，其他的團隊成員亦陸續從世界各地趕來。艾里西曾在一場米蘭舉行的駭客松見過其中許多人（那場駭客松為期一週，是在米蘭一家廢棄的肉類加工廠舉行，艾里西去那裡之前是待在卡拉福）。

泰勒・格林（Taylor Gerring）曾嘗試在芝加哥以比特幣為基礎打造應用程式，但後來放棄了，他送走愛犬，跟女友分手，買了張飛往瑞士的單程機票。丹麥的馬賽厄斯・葛倫內巴（Mathias Groennebaek）也有類似的經歷。史蒂芬・圖爾（Stephan Tual）來自倫敦。洛倫佐・帕圖佐（Lorenzo Patuzzo）曾在巴塞隆納把房間租給艾里西與布特林，他也決定加入區塊鏈的行列。另外還有十位左右的早期團隊成員，他們是網頁、美術和程式設計師，他們把一切都押注在目前只有十九歲的人以白皮書寫成的想法上。

根據專案的需要及個人的能力，每個人的職銜將在過程中確定，而且無給薪。他們都是為了一個不成文的承諾，免費貢獻一己之力；那個不成文的承諾就是：他們將在眾籌中獲得一些加密貨幣。

他們是以迪歐里奧的貸款、以及後來盧賓的貸款來支付主要開銷。最大筆的開銷是房租與律師費。迪歐里奧估計，他和盧賓總共借給以太坊八十萬美元，但盧賓說不到五十萬美元，他們並沒有提供比較精確的估計。團隊的其他成員也盡其所能地貢獻己力，無償投入工作，耗用個人積蓄，刷卡支付日常開支。

標識像金字塔，象徵平台的無限可能

二〇一四年二月，他們在瑞士首都附近的小鎮上，透過 Airbnb 陸續承租不同的房子。他們待最久的地方之一，是邁厄斯卡珀爾（Meierskappel）的一個兩房公寓，那裡位於蘇黎世的南方約三十分鐘的車程。白天，他們圍坐在廚房的小桌子旁，筆電幾乎占滿了桌子的每一角。他們使用房子裡的所有椅子，包括從客廳搬來的小板凳，然後一起擠在桌邊，手肘碰在一起。他們建構網站，討論未來的組織架構、社群拓展，以及眾籌之前的宣傳溝通等議題。

帕圖佐負責設計以太坊的標識。他們抵達瑞士之前，東諾弗里奧已經重新設計以太坊的網站，並設計出一個結合兩個 sigma 符號（Σ）的標識，看起來有點像一顆鑽石。帕圖佐以那個符號為起點，他想設計一個更貼近他所理解的以太坊的圖案：一個供全人類使用的包容性平台。

它必須展現力量，但同時也要有靈活度及透明度。於是，金字塔的形象開始在他的筆尖下形成，接著演變成一個八面體，亦即兩個方形底部相連的金字塔。那個形體的許多面向象徵著平台的無限可能。以太坊團隊隨後把那個八面體提交到他們自己舉辦的商標競賽中參賽，並獲得網路投票的肯定。

艾里西和霍斯金森忙於行政工作。為了把以太坊登記成一家有限責任公司，他們必須去開一個銀行帳戶，這對加密貨幣公司來說不是一件小事，因為一般認為這種公司的風險太大。有些銀行當場拒絕讓他們開戶，但最後一家沒有美國分行或關係的小型瑞士銀行 PostFinance 終於讓他們開成戶頭。

下一場重頭戲，是搞清楚他們的眾籌在法律上是否站得住腳。史特奇介紹他們去找ＭＭＥ律師事務所的合夥人盧卡．穆勒（Luka Muller）和撒謬爾．巴斯曼（Samuel Bussmann）。ＭＭＥ從沒跟加密貨幣公司合作過，但總部位於楚格，所以認識有關當局。

穆勒專門負責法遵領域及反洗錢案件，巴斯曼擅長稅務。第一次見面時，霍斯金森與艾里西必須先為他們解說比特幣，接著才解說以太坊。兩位律師一開始聽不太懂，這是他們第一次深入了解數位貨幣。

「把這方面的相關文件都傳給我吧，你們要教會我搞懂這個東西。」穆勒說。他們把安德列・卡斯蒂略（Andrea Castillo）與傑瑞・布里托（Jerry Brito）幾個月前剛出版的《比特幣：決策者入門》（*Bitcoin: A Primer for Policymakers*），以及大量有關數位貨幣和密碼學的法律文件及論文寄給他。穆勒把那些東西逐字逐句讀了一遍，並提出詳細的問題。布特林和盧賓兩人有時也會加入。那是長達三個月的嚴峻歷程。

某天半夜，霍斯金森突然從睡夢中驚醒，嚇出一身冷汗。他突然意識到，他們是在一家律師事務所跟資深合夥人相處了幾十個小時。他心想：「天啊，這計費時數會嚇死人吧！」穆勒說，他研讀文件的時間還沒算在內。

睡在臥室壁櫥裡的執行長

每分每秒都很重要，他們都靠自己的積蓄過活，但仍然還沒找到比較穩定的住處。有一天，他們突然發現自己的生活竟如此說變就變，因為屋主告訴他們，要在那裡舉辦家族活動，限他們幾小時內就得打包離開。於是，十幾位成員連忙收拾行李走人。在深冬的瑞士，一夥人在空寂的街道上遊蕩著。

他們向擔任瑞士人頭的史特奇求助，他毫不猶豫地邀請他們到他位於琉森（Lucerne，距離那裡約十四公里）的住處。不過，當史特奇打開那個只有一間臥室的小公寓大門時，他們又皺起眉頭了——就算他們一夥人全站著，要塞進那小空間也很難。結果有人窩在沙發上，其他十個左右的團員並肩睡在地板上，霍斯金森則睡在臥室的壁櫥裡。

對霍斯金森來說，比睡在壁櫥裡更糟的是，一大清早五點，只穿著內褲的史特奇會打開壁櫥的門，優雅的對他說：「早安！」

｜第11章｜
太空船
以太坊就是他們的生活，也是他們的家

房東通常不喜歡把房子租給一群無業老外，尤其當那些老外把房子當成居住空間及打造加密貨幣公司的地方。

史特奇找到一位願意預收整年房租的房東，整年租金含押金約八萬兩千五百瑞士法郎。這筆錢，是由盧賓出借給以太坊的。

以太坊承租的房子位於楚格的郊區，距離市區二十幾條公車路線的最後一站僅幾步之遙，遠離湖泊，但更靠近山丘。這裡有一些玉米田，屋前的路旁還有一條小溪。那幢房子是一個由三棟相同房子所組成的小建築群的一部分，整個建築群看起來很奇特，充滿未來感，高高聳立，呈幾何狀，後來他們把它命名為「太空船」。

之前大夥兒擠睡在 Airbnb 租屋的地板上難以成眠，那些痛苦多多少少消磨了打造次世代區塊鏈的興奮之情。但是，二〇一四年三月五日他們第一次踏進

「太空船」時，打造區塊鏈的熱情又回來了。那裡空間開闊，採光充足，空氣中散發著一股淡淡的化學味，是新屋的油漆和混凝土散發的氣味。牆上掛著裸露的電線，因為他們是第一批進駐的人。

那間房子有地下室，一樓有一間衛浴，還有通往樓上的樓梯和電梯——沒錯，房子裡竟然有電梯！這點讓迪歐里奧非常惱火，他覺得待在瑞士的團隊花太多錢了。二樓有三間臥室及一間起居室，頂層有一個開放式廚房和生活空間，原本做為餐廳和客廳，現在被他們當成工作區域。房間的盡頭有一扇大窗，窗外有個平台。

一起生活，沒有「下班」這回事

他們努力把那裡變得更適合居住，合力把廉價的長木板擱在A型腳架上，做成一張大工作台，並把五顏六色的鹵素燈歪掛在牆上。帕圖佐設計了以太坊的標識後已經變成雜工，他從二樓的起居室隔出另一間臥室。

他們開始習慣這裡的生活，並逐漸發展出一套生活模式。大家輪流做飯、採買日用品、清理浴室及掃地。二月，積雪融化，陽光照射在露台上，他們會在用完早餐後先到戶外透個氣。他們的對話主要是討論以太坊，以及它可以做什麼。

當他們眺望遠處高樓之間的青山和湖泊時，夢想著區塊鏈上的身分辨識、物聯網、用智慧型合約來取代銀行。等他們回到屋內，羅珊娜通常已經安排好當天的雜事：日用品需要補貨嗎？誰去店裡補貨？中午吃什麼？誰來掌廚？

這群來自世界各地的程式師和設計師才剛認識不久，卻一起工作、吃飯、睡覺。他們幾乎不認識鎮上的其他人，所以下班後做任何事情也是一起做。其實「下班」這個概念並不適用，他們沒有固定的辦公時間，以太坊是他們的生活，也是他們的家。

整個瑞士的區塊鏈經濟，都跑來陽台烤肉了

每個人作息不同，所以房子裡總是有動靜。有人正要上床睡覺，有人才正要開工。

他們的主要任務之一，是為眾籌建立網站。這件事無法等閒視之，因為它必須把團隊的比特幣及以太坊的位址連接起來，並為貢獻者生成新的以太坊錢包，以便稍後接收以太幣，而且所有設計都必須夠安全，以防駭客攻擊。商標需要修潤，網站的其他部分需要完成，還要拍攝宣傳影片，到社群上宣傳溝通，寫部落格文章，參與社群媒體，以及協調視訊會議時間。

布特林、迪歐里奧和其他不在瑞士的以太坊成員，有時會來待幾天，所以睡覺空間的安排經常有變化。不過，多數時候每個房間都睡三個人，只有霍斯金森以及艾里西和羅珊娜是例外。霍斯金森和他的助理瑞若米・烏德（Jeremy Wood）占用了整個地下室。艾里西和羅珊娜有自己的房間。

即使他們有錢，這些來自大城市的老外，在這個小鎮裡也沒什麼娛樂活動可做。在週末或漫長的一天結束時，一小群人會脫隊到大自然中漫步，聊聊他們的工作進展。隨著幾週時間過去，他們越來越常談的，是發洩自己對其他人的不滿。他們偶爾會休息一下，把 YouTube 影片投影到辦公桌前的白板上，影片就覆蓋在他們的以太坊塗鴉上。

他們常喝酒及抽大麻直到深夜，有時在露台烤肉，並邀請當初建議他們來楚格開公司的格弗斯，以及瑞士比特幣（Bitcoin Suisse）的創辦人尼克拉斯・尼可拉森（Niklas Nikolajsen）一起同樂。尼可拉森曾幫他們把比特幣貸款轉換成瑞士法郎。當時以太坊、格弗斯創立的 Monetas、瑞士比特幣是瑞士僅有的三家加密貨幣企業，換言之，整個瑞士區塊鏈經濟都聚集在露台上烤肉了。

格林是二〇一三年底在米蘭的駭客松上認識艾里西的，後來他去邁阿密豪宅加入以太坊團隊。邁阿密大會於一月二十六日結束，二月九日他已啟程前往瑞士。他曾想過以比特幣為基礎，打造很酷的分散式應用程式，但現在他想在更靈活的協定上落實這個想法。

他喜歡瑞士那間房子裡的生活，但不久，一些芝麻小事開始令他惱火，例如採買日用品。每隔幾天，一群人會花一、兩個小時走路去採買日用品。他覺得這很浪費時間，提議網購送貨上門，但迪歐里奧與伍德不願意多花點小錢支付宅配費用，這點令他感到難以置信。

迪歐里奧對那群年輕人有點意見，覺得他們都是窮鬼，只會浪費別人的錢（這個「別人」就是迪歐里奧）。格林對艾里西說：「為什麼他們不明白我們做的事情很重要？這個世界不是只靠程式設計師和工程師就能運作的。」

葛倫內巴跟以太坊的關聯，也是始於米蘭那場比特幣錢包駭客松。雖然目前以太坊團隊裡沒有很多正式頭銜，但他自認為是營運經理。他曾在自己經營的顧問公司中跟大企業合作過，習慣按時完成任務及一定的組織結構。

他覺得自己似乎跟一群幾乎沒有實務經驗的人困在一起，這點開始令他感到不耐。例如，艾里西唯一的工作經驗是經營《比特幣雜誌》。除了幾個例外，其餘的人都是電腦技客，曾經到處接案，習慣獨立作業。有些人把那種心態也帶來楚格，只管埋首做自己的專案，不管這樣是否符合整體計畫或時間表。執行長霍斯金森喜歡把每個人集合在白板前，接著寫一些複雜的數學問題和圖表，但在葛倫內巴看來，就只是為了作秀。

有一次，霍斯金森花一整天的時間規畫一個模型，以便把以太坊賺的錢進行再投資。他的想法是創立一個系統來處理投資，並決定是否值得投入資金。葛倫內巴覺得他講的東西在未來幾個月根本無關緊要，甚至幾年內也無關緊要。他心想：「真是他媽的精神自慰。」

你要一個分散的新世界，還是加密貨幣界的谷歌？

霍斯金森與艾里西的大部分時間，是和ＭＭＥ律師、稅務當局、瑞士金管會的監管人員開會。

他們每週通好幾次電話，也開好幾次會議。他們先說明比特幣以後，就可以接著解釋以太坊——以太坊是一種能夠支援分散式應用程式的世界電腦，那些應用程式是靠平台的原生加密貨幣（以太幣）運行的。

講完這些，就可以開始討論這種新的融資方式——在這種方式下，用比特幣交換以太幣，不會讓眾籌的參與者獲得平台的任何權利或所有權。眾籌時，以太坊開發者仍在打造平台，這表示以太幣的擁有者暫時不能使用他們的以太幣。

不過，對霍斯金森來說，眾籌是一種不需要出售任何股權就能籌資的另類方式，還可以利用這種方法向矽谷投資者要求更好的條件。他想把以太坊打造成一個營利的實體，背後有所謂的「聰明錢」（意指有經驗及人脈的傳統投資者）資助，讓聰明錢來幫助這個新創企業蓬勃發展。在他看來，應該另外設立一個以太坊基金會來做眾籌，以分發以太幣，但主要的募資途徑還是找傳統的創投業者。

約莫此時，布特林和伍德正在矽谷訪問創投業者，但他們的目的不是要說服創投業者買下以太坊的部分股權。如果創投業者想參與眾籌，他們樂觀其成，但他們也不是為此而來。雖然當時他們幾乎沒什麼東西可以展示，但他們覺得自己真的想出很棒的概念，希望讓全世界都知道。

伍德說，那些會議是「教育會議」。他們拜訪了谷歌創投公司（Google Ventures）與其他的創投基金。他們也想了解，市場如何為他們這種事業估值。霍斯金森說，他們覺得，如果公司的估值有一・二五億美元，他們搞不好能募到一千五百萬到三千萬美元——跟比特幣軟體發展公司 Blockstream 不相上下。

霍斯金森並未隱藏他想成為加密貨幣界谷歌的野心，也沒有隱藏他對創投募資的偏好。他何必隱藏呢？在他看來，他們正在一個以區塊鏈為基礎的新未來裡，打造一家最大的公司。「公司」這種組織架構之所以主導世界是有原因的，那是把想法轉變成現實的最有效方式，因為組成公司的人（從老闆到經理、再到員工）都有直接的動機看到公司蓬勃發展，並有明確的角色去完成那個目標。對霍斯金森來說，非營利組織的動機與責任很模糊，因此它們永遠無法達到卓越。他希望以太坊達到卓越的境界，他知道以太坊做得到，也確信以太坊可以成為第一個市值破兆的公司。

但這些籌組「公司」的說法，讓屋內的一些人皺起眉頭，這不是他們當初想要的。他們想要一個分散的新世界，在那個新世界裡，他們不需要尋求矽谷投資者或華爾街銀行家的許可。他們開始向布特林表達自己的擔憂，布特林開始擔心霍斯金森正在失去團隊的信任。最重要的是，他看到這些內部的權力鬥爭，占用了大家開發以太坊的時間和精力，這令他感到失望。

誰是中本聰？

格林與葛倫內巴對霍斯金森的疑心與日俱增，有時霍斯金森似乎暗示他就是比特幣的創造者中本聰。中本聰的身分一直是個謎，但很少有人自稱就是中本聰，因為他們知道加密社群一定會要求看證據。對投入加密貨幣圈的人來說，霍斯金森暗示自己是中本聰，簡直就像宣稱自己是救世主。

二〇一四年三月初，亦即他們搬進楚格那間房子的隔天，《新聞週刊》（*Newsweek*）雜誌的封面標題是「比特幣背後的真面目」（The Face Behind Bitcoin）。該報導的記者指出，比特幣的發明者中本聰是一位日裔美籍的工程師，名叫多里安．中本（Dorian S. Nakamoto），住在洛杉磯附近一個小鎮上。記者在他家門口站崗，隨後又出現一連串的新聞報導。

這個消息在加密貨幣圈裡傳得沸沸揚揚，很快就有多里安的信徒及多里安的懷疑者針對這項發現的價值展開爭論。但是約十二小時後，一切爭論都消失了。一個與《比特幣白皮書》的作者、也就是真正的中本聰有關的電郵帳號，自二〇〇九年以來首度浮現，發了一條簡短的訊息：「我不是多里安．中本。」

那則訊息發布在P2P基金會的Ning頁面上（中本聰當初就是在那裡分享比特幣論文的），新聞網站TechCrunch寫電郵給P2P基金會的創辦人，他證實跟該帳戶有關聯的電郵，跟二〇〇九年發布比特幣論文的電郵是同一個[1]。

在以太坊承租的房子裡，葛倫內巴看到霍斯金森在他的筆電上打開中本聰的訊息，拿給設計師理查．懷爾德（Richard Wild）看，臉上露出狡黠的微笑和眼神。他可能沒有任何用意，但看在葛倫內巴的眼裡，他覺得霍斯金森在暗示自己就是中本聰。

其實，要判斷一個人是不是中本聰，是有一些加密方法可以證明的。比特幣的創造者應該握有控制第一批比特幣開採的金鑰，這些比特幣存在幾個比特幣位址中，從未移動過。即使比特幣的價格上漲，使它們如今的價值高達數億美元，那些比特幣也沒移動過。如果有人想證明自己是中本聰，他只要用比特幣創始區塊的金鑰發出署名訊息，然後移動一些早期的比特幣就可以了。

葛倫內巴雙臂交叉坐在那裡，看著霍斯金森與懷爾德對話，後來他終於受不了了。「你為什麼不乾脆辭職！快滾吧！」他說。

葛倫內巴、格林、圖爾、艾里西都留意到霍斯金森那些暗示，也同樣很不爽。但對霍斯金森來說，他只是在和懷爾德開玩笑，因為懷爾德真的相信霍斯金森是比特幣的創造者，那是他們兩人之間的玩笑。霍斯金森說，謊稱自己是比特幣創造者的人很下流。

瑞士有個「加密谷」

那晚，葛倫內巴在窄小的床上輾轉難眠，難道他放棄一切來到這個位於林中的房子，是為了跟一群不成熟的小夥子及自大狂共事嗎？他決定請女友過來一起住，心想既然羅珊娜和艾里西都在這裡，他女友來應該不會有什麼問題。

葛倫內巴的女友來了之後，雖然情況暫時獲得改善，但其他人對此很有意見，認為只有參與專案的人才能住進來。艾里西也認同大家的意見，幾天後他告訴葛倫內巴，他的女友必須離開。他送女友去搭火車時，覺得自己在那裡也待不了多久了。

與此同時，MME律師事務所終於準備好草擬交易的最終架構。以太坊將成立一家公司來管理代幣銷售，代幣銷售就像軟體銷售一樣。他們也將成立一個基金會，來管理募資及支持一個開源平台。

美國的基金會和瑞士的基金會有一個差異：在瑞士，基金會沒有受益人讓它轉移資金，基金會只能按照基金會契約中規定的目的來使用捐款，聯邦當局是以強制性的查帳來確保基金會符合契約規定。在這種結構下，代幣不算是證券，基金會不必為它收到的加密貨幣繳稅。

MME在律師事務所的一間會議室裡，向有關當局宣讀了這些條件。為了讓有關當局核准眾籌，以太坊答應把部分的營運留在瑞士，並雇用十二名瑞士員工。

瑞士允許以太坊以優惠條件進行眾籌的另一個考量，是希望為瑞士帶來新產業。Monetas的格弗斯參與了多次會議，他開始使用「加密谷」（Crypto Valley）這個詞，意指瑞士可成為開發區塊鏈的重鎮，就像加州的帕羅奧多是網路公司的中心一樣。瑞士人很喜歡這個概念，但法律方面，距離大勢底定還有好一段距離。

第12章
頂級律師
只要給我時間，我就會想出辦法

以太坊團隊確定了瑞士的法律架構後，接著必須確定他們可以在美國合法進行眾籌。他們知道這是很大的風險，因為美國證管會並未評估過數位代幣，所以銷售數位貨幣可能意味著他們出售的是未註冊的證券，可是他們也不想排除美國市場與潛在的用戶群。

二〇一四年四月，分散式檔案儲存平台 Maidsafe（這個平台是以威列特的萬事達幣為基礎打造的，布特林在以色列期間亦曾參與開發）在五小時內募集了約七百萬美元，《華爾街日報》稱這次交易很「狂熱」。不久後，美國證管會發布警訊提醒投資者，「一種新產品、技術或創新——就像比特幣——可能引發詐欺和高風險的投資機會。」

以太坊想做的事情幾乎沒有先例，而且監管機構已經在密切關注這些銷售了。迪歐里奧正在多倫多籌辦比特幣博覽會（Bitcoin Expo），以太坊的共同創辦人決定到那裡集會，討論未來的最佳走向。

掛著 Decentral 招牌，寫著「這裡接受比特幣」

四月初，他們在大會開始前一、兩週左右抵達多倫多，並到迪歐里奧位於市中心的辦公室裡工作。那是一棟狹窄的三層樓房子，磚牆、深棕色的屋頂和窗框營造出一種滑雪小屋的氛圍，外面掛著 Decentral 的招牌，門上一張小貼紙寫著「這裡接受比特幣」，裡面還有多倫多第一台比特幣 ATM。

迪歐里奧的 Decentral 辦公室是用來開發 Kryptokit 錢包，舉辦比特幣聚會和其他加密貨幣的相關活動，同時也是以太坊團隊的中心。除了艾里西，所有人都到了，連威爾克也從阿姆斯特丹趕來。他們都睡在那間房子的閣樓上，只有少數例外，例如卻崔特。卻崔特來得比較晚，他不像其他人那樣穿上以太坊標誌的T恤，而且又把部分時間花在彩色幣上，導致一些共同創辦人懷疑他是否真心想成為以太坊團隊的一分子。

這次多倫多的聚會，也是大家第一次見到史蒂芬．內拉約夫（Steven Nerayoff）。內拉約夫是律師，一九九〇年代末期，他在網路狂潮中辭去紐約某家高級律師事務所的工作，拋下一切搬到矽谷，在那裡創辦了兩家網路公司跟 eBay 競爭。

網路泡沫破裂後，二〇〇二年，他離開矽谷搬回紐約，創辦了第三家公司，這次是從事醫療保健業，公司名稱是自由長照（Freedom Eldercare）。二〇〇八年一家私募基金收購了自由長照，內拉約夫繼續創業，開了一家人工智慧公司，利用攝影鏡頭提醒大家城市內的停車罰單、垃圾收集、剷雪、犯罪等問題。內拉約夫業餘時也交易黃金期貨，他認為「法幣」最終一定會崩解。他說，二〇〇八年金融危機來臨時，他有一半的資產是現金，另一半是黃金。

他第一次接觸比特幣，就聽懂了怎麼回事，於是他聘請「比特幣紐約」（Bitcoin NYC）的創辦人喬納森・莫漢（Jonathan Mohan）當他的比特幣密探，一有潛在的投資機會就通知他。他因此得知以太坊即將展開眾籌，所以前來參加這次聚會。

對新來的人，以太坊團隊的成員常抱持懷疑態度。內拉約夫向以太坊團隊解釋，如果他們的眾籌賣得不好，會有法律後果，並為大夥兒講解證管會的規定。內拉約夫覺得霍斯金森與盧賓似乎很熟悉這些概念，其他人卻完全聽不懂他在講什麼。

「你知道該怎麼做嗎？」霍斯金森問。

「當然。」

「怎麼做？」

「不知道。」

大夥兒看著內拉約夫，心想這個人搞什麼鬼。

「我應該說，我**目前**還不知道，但我會搞清楚，我只是需要一些時間。」他看著布特林和霍斯金森：「我需要你們告訴我，你們會給我時間。只要給我時間，我會想出辦法。」

他們同意了。

以太幣是一種證券嗎？

在多倫多那幾天，他們也針對以太坊的組織究竟要走谷歌還是Mozilla的路線，討論了很久。還有，他們要創立一家營利的公司、還是非營利的基金會？

多倫多之行結束時，一些成員認為這個問題依舊懸宕，但霍斯金森、盧賓、迪歐里奧覺得已經定案。他們認為以太坊會是一個營利的軟體公司，將打造在開源協定上運作的應用程式。艾里西在楚格成立的有限公司將會解散，改由八位共同創辦人一起擁有另一家新公司。他們還是會設立一個基金會來管理募集的資金並支援開源協定。

內拉約夫回紐約後，找上普凱律師事務所（Pryor Cashman）的合夥人傑佛瑞·艾伯茲（Jeffrey Alberts）。普凱律師事務所是久負盛名的頂級律師事務所，客戶都是大人物。雖然普凱律師事務所當時尚未涉足加密貨幣，但艾伯茲專攻白領犯罪，所以他知道證管會怎麼想，這正是以太坊團隊所需要的。

以太坊團隊也設法和約瑟夫·葛蘭費斯特（Joseph Grundfest）通上電話。葛蘭費斯特在一九八〇年代末雷根執政期間曾是證管會委員，後來轉往史丹佛大學任教。他們問葛蘭費斯特：你覺得這是一種證券嗎？

霍斯金森回憶道，葛蘭費斯特說，如果以太坊團隊真的想要消除所有的不確定性，他們應該請證管會發出「不起訴意見書」（no action letter），但證管會不太可能發出這種書函，所以他們的最佳選擇是向律師事務所陳述事實和情況，並獲得書面形式的答案。之後，要是證管會對他們的募資案提出疑慮，他們可以出示文件，證明他們意圖良善。

他們聘請了普凱律師事務所，並請該事務所出具意見書。普凱律師事務所明確表示，它將在獨立研究該議題後撰寫意見書，而且極可能最後的結論是：以太幣是一種證券。這種情況萬一發生，以太坊就必須放棄眾籌，改走傳統的創投融資路線，或設法排除美國投資者。以太坊團隊同意了這些條件。於是後續幾週，他們跟律師及證管會的前委員開了多次會議及通話，以界定以太幣是什麼[1]。

這是內拉約夫唯一能想到的做法。他研究了加密貨幣圈已經出現的少數幾次眾籌，但它們的做法不完全符合以太坊想做的事情。接著，他也研究了美國證管會對眾籌的規定，但那個募資管道的上限是一百萬美元。於是，他又研究了證管會對證券發行的所有豁免先例，以尋找以太坊可以安全立足之地，卻找不到合適的例子。他心想：「這下麻煩了。」

接下來，他開始思考，也許他可以用「現實世界」中的東西來做類比，想出某種運作類似以太幣的東西，說明這種數位代幣的定位。

對內拉約夫來說，以太幣很像寄信時的郵票，又或者就像gas（另一字義是指汽油）這個名稱所示：像汽車需要加的汽油。有一天，他走在長島附近綠樹成蔭的路上，想著這些事，突然靈光乍現：沒有人會覺得郵票或汽油是有價證券，但它們是商品，有市場價格，可以買賣。以太幣也差不多，是可以買賣的商品，它的目的是在以太坊平台上提供一種功能，而不是做為一種投資，即使它的出售過程可能看起來很像公開發行。

當晚，他跟布特林說：「我有個瘋狂的想法，但我想先確定我想的沒錯。」

「好。」

「你必須先有以太幣，才能發送以太幣，對吧？」

「對。」

「你需要先有以太幣，才能執行分散式應用程式背後的程式碼。」

「對。」

「我知道你之所以取 gas 這個名稱是出於技術目的，但如果我們說 gas 在法律上就像汽油一樣，是一種商品呢？」內拉約夫繼續說：「如果我們說，我們賣的是一種產品或商品，它有功能，有實用性。所以，大家其實是付費購買『發送以太幣』的能力，也是付費購買『打造分散式應用程式（dapp）及啟動這些 dapp』的能力。」

「我覺得這樣講很合理。」布特林說。

有了布特林的認可，下一步就是向葛蘭費斯特請教這個概念是否恰當。

「呃……我有一個想法。」內拉約夫在電話裡謹慎地說明後，原本以為葛蘭費斯特會反嗆他，沒想到葛蘭費斯特竟然認同了。內拉約夫很意外，沒想到這樣講真的說得通。於是，他向普凱律師事務所傳達了這個概念。

葛蘭費斯特表示，他最終給了以太坊團隊兩個建議。一是設法讓以太幣馬上發揮作用。它必須是一種可在功能環境中盡快使用的程式碼。二是避開美國，因為以太幣可能被視為一種證券。

與此同時，開發者開始焦慮了起來。共同創辦人每週透過 Skype 通話一、兩次，向小組彙報每個人的進度。霍斯金森和盧賓通常是向大家彙報他們跟紐約律師的最新進展。當他們告訴大家普凱律師事務所正在研究「功能型代幣」（utility token）的概念時，伍德知道接下來他們要說什麼了。

「所以還要再兩週？」

眾籌一再被推遲兩週又兩週，他越來越不耐煩了。他們從二月開始等，先是為了取得瑞士律師的意見而推遲銷售，現在又為了聽取美國律師的意見而推遲。與此同時，他們現在資源非常拮据，又亟需雇用更多的程式設計師來開發平台。

二〇一四年四月，發表《以太坊黃皮書》

一月底時，伍德與威爾克分別為以太坊網路完成了概念驗證，也就是說，他們各自為這個平台寫了不同版本的程式碼，讓平台可以大致運行。但這兩個版本是獨立運行的，無法同步到彼此的鏈上，就像他們兩人互不搭理一樣。

下一步，是讓他們兩人寫的程式一起運作。為此，他們二月在阿姆斯特丹碰面，去了一家酒吧，在黑暗的一角找了張小桌子坐了幾個小時。他們在周遭的笑聲和閒聊中，配著啤酒，在威爾克用谷歌的 Go 語言所寫的程式與伍德用 C++ 所寫的程式之間建立了互通性。這表示同一組資料輸入這兩個版本，可以得到相同結果。

他們不是故意做兩個獨立版本，只是剛好在差不多的時間點同時投入以太坊的開發，彼此都不知道對方的存在，也沒有交談過。結果，這反而是發現問題的好方法，而且可以為事情想出更有效率的做法。有多重客戶端也比較安全，萬一一種程式遭到攻擊，還有備援方案[2]。

二〇一四年四月，伍德與威爾克建立以太坊的概念驗證後，發表了《以太坊黃皮書》，這是布特林白皮書的技術規格書。白皮書是首次描述以太坊的概念（包括運作方式的梗概），黃皮書則是深入具體的細節、以太坊虛擬機的主要特色，也是任何想要建立軟體實作的開發者可參考的指南。

在比特幣中，一個軟體實作是其他所有實作的參考範例；但在以太坊中，伍德的黃皮書是參考標準[3]。

網路三・○：讓大家在不必信任彼此下互動

伍德也把他對區塊鏈技術的總體想法寫了下來。他把分散式網路視為建構下一版網路（Web 3.0）的工具。網路一・○是一九九○年代的網際網路，那時還沒有使用者生成內容、索引搜尋、社群媒體平台，而且只存在桌上型電腦中。二・○就是我們現今的網路，有使用者生成的內容、串流影片和音樂、行動定位服務，在行動裝置上蓬勃發展。

二○○六年，《紐約時報》有篇文章首次提出網路三・○的概念，也就是第三代的網際網路。這個新的網路是由一些概念如「語義網」（一個可由機器、人工智慧、機器學習、資料探勘來處理的資料網）構成。亞馬遜以演算法向消費者推薦商品，就是三・○的雛形。

除了上述功能以外，伍德提出的網路三・○可以讓大家在不必信任彼此下互動。那是一種P2P網路，沒有伺服器，也沒有管理資訊流的權威。以太坊將有助於這種網路三・○願景的實現，以太坊的定義在很大程度上是為了幫忙塑造下一版的網際網路（以太坊團隊是把焦點放在分散式的消息傳遞、儲存、瀏覽器上）。

隨著他們越來越接近眾籌，伍德迫切希望團隊可以專心完成平台。他認為柏林是設立開發中心的最佳地點，有大量技術人才，而且勞力和住房成本比其他大城市低。伍德去找曾經一起開發桌遊及音樂視覺化新創企業的朋友布坎南，說服布坎南幫他在柏林成立一間辦公室。他們收拾行李，包括一輛自行車，裝進汽車後座，從倫敦開車前往柏林。

在紐約，內拉約夫、霍斯金森、布特林，以及其他幾位以太坊的成員坐在酒吧裡。他們收到了期待已久的普凱律師事務所的來信。

「我們認為，根據現有的法律在這個議題上的裁決，應該不會把以太幣的預售，視為受證券法第五條約束的證券發行。」證券法第五條規定，未向證管會登記註冊便出售證券是違法的。在附件中（裡面列出公司的事實與假設），律師寫道，他們預期以太坊基金會「將以太幣視為商品，而非投機工具」，而且不會向參與者承諾在創造出創始區塊後，會繼續開發或維護以太坊平台。

幾個月的辛苦付出終於有了回報。這份意見書意味著一家嚴謹的大型律師事務所相信，以太坊做眾籌並不違反證券法。這封信函給了他們足夠的保護（至少他們覺得那是一種保護），讓他們可以募資打造夢想中的專案。

這下，他們可以在一個看似安全的避風港下，從世界各地想要參與的人那裡獲得資金。但他們賣的東西不是有價證券，也不含任何公司的股份、不發放股息、投資者沒有任何權利。他們賣的是數位代幣，是在平台上使用的功能性代幣。

普凱律師事務所是第一家為加密貨幣公司的眾籌出具意見書的大型律師事務所，二〇一七年初，類似的意見書將為一個又一個首次代幣發行（ＩＣＯ）做好上路的準備。

第13章

血色婚禮

被害人被引誘到城堡裡，遭到屠殺

該面對另一個棘手問題了：以太坊究竟該長成什麼樣子？

在共同創辦人不斷開會及視訊討論以太坊的結構後，布特林覺得成立公司是必要之惡，因此瑞士律師起草了一份成立以太坊公司的文件，由所有的共同創辦人（共八人）和史特奇（在地的人頭董事）親自簽署。

他們同意於二〇一四年六月七日在楚格見面，正式成立公司。

但其他以太坊成員有不同的盤算。他們已經在楚格那幢房子裡住了好幾個月，除了工作以外，幾乎沒做其他事情，而且分文未取，霍斯金森給他們的最後期限卻越來越緊。當時最重要的任務是把網站架好，為眾籌做好準備，包括接收比特幣、為貢獻者設定數位錢包以便儲存以太幣等等所涉及的一切技術細節。他們也不確定募資完成後，他們的財務狀況會變成怎樣，因為每個成員都搶著為自己爭取更多的錢。

陰謀論四起：邪惡企業思維的化身？

有些人對霍斯金森及其管理方式的厭惡，已經演變成完全不信任。一些駭客原本就非常不滿現有的金融系統，他們認為霍斯金森根本是邪惡企業思維的化身，這種思維將腐蝕以太坊的靈魂。他們懷疑霍斯金森想跟華爾街銀行和矽谷的創投基金合作，而不是使用以太坊打造出更好的未來。

一天晚上，大夥兒坐在地板上，有些人吸著大麻，看著藝術電影《嗑到茶蘼》（*Enter the Void*）。一位成員轉向霍斯金森的助手烏德。

「你算是朋友嗎？」他問道。

「什麼意思？」烏德說。

「你算是**朋友**嗎？」另一個人又重複一遍，並強調朋友二字。

「嗯，算吧。」烏德回應，接著移開目光，假裝全神貫注地看電影。

在以太坊團隊共享的一個 Slack（一種雲端即時通訊軟體）管道上，大夥兒的懷疑逐漸變成越來越古怪的陰謀論。內拉約夫認為有些言論帶有反猶太色彩，也有些人說卻崔特隸屬於以色列情報機構摩薩德（Mossad），還有些人認為霍斯金森可能來自國家安全局（ＮＳＡ），覺得他可能會把以太坊交給高盛。

這些訊息出現時，布特林正好待在內拉約夫位於長島的家中遠端工作（他造訪紐約時常這麼做）。

「嘿，布特林，你有看到聊天串裡發生的事情嗎？」

布特林走過去，他看到那些內容時不發一語，但整張臉漲紅了，平時溫和的眼神中閃爍著怒意。他什麼也沒說，拿起筆記型電腦，站起來，走進另一個房間開始打字。

「這些指控毫無意義。」他寫道，「以太坊是『用戶不可知的』（user agnostic）。如果銀行想用，那也很好。」

但不管布特林多麼希望大家和睦相處，群聊中依然不斷冒出有意無意的弦外之音，他也越來越常接到格林、葛倫內巴、圖爾、艾里西來電抱怨霍斯金森。

一間屋子，幾個派系？

有一天晚上，格林跟艾里西透過 Skype，和圖爾及葛倫內巴通電話（圖爾和葛倫內巴已經搬到倫敦的辦公室）。楚格那間房子很暗，其他人都在睡覺。他們四人手上都拿著酒，而且那已經不是他們的第一杯了。

圖爾說：「現在出現太多派系了，太多人朝著不同的方向發展，有些人有更好的理由留下來。」這是他們第一次公開談論這個問題，「伍德顯然想要更多權力，但這很正常，畢竟他是打造以太坊的人，可能投入的心血比布特林還多。另外有些人有較多商業經驗，例如待過高盛的盧賓……他可能看著以太坊心想：『天哪，我在跟一群孩子打交道。』霍斯金森的問題在於他很自負，以及他宣稱的一些東西……」

「他顯然已經失去大家的信任了。」格林說，「你無法領導一個不信任你的團隊。」

「這裡的每一個人，都為了這個專案犧牲了一切。」圖爾說，「真的是一切，我已經破產了，沒有錢，心情糟透了，我不得不回去找份正常的工作，因為這裡沒有給薪，但我依然做得要死，每天工作十八個小時，每一天都是。所以，我選擇我認為最有可能獲勝的那一邊。」

「那應該是工程師那邊。」葛倫內巴說。

場景轉移到紐約，內拉約夫送霍斯金森去機場，讓他搭機去楚格跟團隊會合，但內拉約夫有種不祥預感。「我覺得情況很不對勁。」他說。

「什麼意思？」霍斯金森說。

「我是說真的，我感覺得出來。」內拉約夫說，「我感覺這有點像《蒼蠅王》的情節。我只是不知道誰是小豬（小豬在《蒼蠅王》裡代表人類所剩無幾的理性）。」

霍斯金森跟他擁抱道別，對他的預感一笑置之。

六月七日的血色婚禮

六月七日早上霍斯金森抵達楚格時，病倒了。

他從去年十二月起每天工作，往返於瑞士、多倫多、紐約之間，為每個小細節抗爭，為了法律問題及眾籌而倍感壓力，現在身體終於撐不住了。他拖著生病又疲累的身子抵達楚格那棟房子時，意識到內拉約夫的預感可能是對的。除了本來就在楚格的成員，還有圖爾和葛倫內巴也從倫敦趕來了，此外還有幾位他不認識的人。他們都避免跟他說話，偶爾朝他的方向看一眼。格林還特別整理了一個資料夾，裡面說明為什麼他認為霍斯金森不適任。

「感覺情況很不對勁。」前一天晚上才抵達楚格的郤崔特看到霍斯金森時，對他這麼說。這是霍斯金森在一天內第二次聽到同樣的話，現在他開始信了。

迪歐里奧也沒進入狀況，他是來簽四月時大家在多倫多已經達成協議的文件：以太坊將由八位共同創辦人一起創立為公司。他心想：「這些人在這裡幹什麼？」

對布特林來說，過去兩天就像搭雲霄飛車一樣。兩天前，年僅二十歲的他榮獲 PayPal 共同創辦人兼億萬富豪投資者彼得・提爾（Peter Thiel）的獎學金十萬美元，可以用來開發以太坊，也促使他決定不回大學完成學業了。

但現在，他感到矛盾又困惑，以太坊團隊出現對立的派系，每個派系都在遊說他站在他們那邊。

他請每個人圍坐在長桌邊，外頭春光明媚，屋內氣氛低迷，每個人的面前擺著闔上的筆電及寫著潦草註記的紙張。

五人小組中最低調的卻崔特，也遭到波及

「團隊關係顯然有些緊繃。」布特林對聚在一起的團隊說，「我們何不輪流發洩一下不滿？」伍德說接下來發生的事，是他這輩子最緊張的時刻。威爾克說他覺得腎上腺素狂飆，他認為這是他必須做的最重要事情——確保以太坊不會成為公司。對卻崔特來說，大家圍坐在長桌邊的那幾個小時，就像《權力遊戲》中那一場血色婚禮，被害人被引誘到敵方的城堡裡，遭到主人屠殺。

霍斯金森說，那天對他來說毫無尊嚴可言。迪歐里奧拒絕參加這種痛苦的活動。「我到那裡的唯一原因是為了簽文件，我甚至不認識那些人，他們竟然要抱怨我和這個團隊，這根本就不公平。以這種方式突襲我們，搞得我們措手不及是不對的。」他說。

但討論還是繼續進行，大部分的不滿都衝著霍斯金森而來。當他主張以太坊應該要有一個有效率的管理結構時，大夥兒指責他是唯利是圖的自大狂，想要打造一個階級制度，讓自己高高在上。

當他指出公司結構是提高以太坊獲得採用及獲利的最佳途徑時，大夥兒指責他把錢看得比什麼都重要，而且為了達到個人目的不擇手段。

大家的指控聲及人身攻擊，蓋過了霍斯金森的聲音，其中一些攻擊他的人，還是他自己招募進來的。他越來越沉默，頹然坐在椅子上。

不是每個人都攻擊他。布特林、盧賓、迪歐里奧、卻崔特都沒有批評他，但也沒有幫他說話。伍德也沒有批評霍斯金森，他對霍斯金森的為人處事沒意見，但他確實覺得，如果以太坊要選執行長，只有布特林有資格擔任。不過，他轉而批評卻崔特。

「卻崔特不該在領導小組中，他真的沒做什麼。」伍德說，現場許多人也認同他的說法。卻崔特覺得那根本不是事實，他在這個專案花了數十個小時，並參加了創辦人會議。沒錯，他依然參與彩色幣的運作，那占用了他一點時間，也許那是團隊認為他不夠投入以太坊的原因，但是他大部分的精力的確都放在以太坊上。

楚格這間房子就像壓力鍋一樣，累積了所有的緊繃氣氛、個人怨恨和猜疑，如今終於爆炸了。

這一夜，他要決定別人的命運、公司的走向

整個房間靜了下來，八位共同創辦人站在陽台上，形成一個鬆散的圓圈，開始交談。

「這裡有些人做了很大的貢獻。」伍德最後說道，「他們雖然不是核心開發者，但都是團隊所需的人才。如果他們都把矛頭指向霍斯金森，那實在很糟糕。」

「不對，這太荒謬了。」迪歐里奧說，「他們只是不想讓任何人掌權。霍斯金森是在我們共同同意下獲選為執行長的，沒錯，他確實在發號施令，雖然他們不喜歡，但專案沒人主導，根本無法運作。」

霍斯金森只是站著，望向別處。

艾里西說：「讓霍斯金森繼續留下來的話，很難留住其他人。至於卻崔特……」

「我很樂意退下來，改以其他更好的方式來幫助這個專案。」卻崔特說，「但我們已經有創辦人協議，我希望每個人都能根據自己迄今為止貢獻的心力和時間，獲得自己應得的以太幣份額。」

經過一番你來我往的討論後，他們決定交給布特林定奪。他可以挑選領導團隊，並決定如何推進專案。

八位共同創辦人中，有七位回到屋內，他們把布特林留在陽台上。才不到一年前，他的腦中浮現了「世界電腦」的願景，他一直很歡迎想要為此貢獻的人加入。這就好像布特林創造出一塊彩虹色的黏土，是他夢想的基礎。他把黏土拿出來跟全世界分享，讓每個人都有機會去塑造它。然而，不是每個人都認同它應該是什麼形狀，以及誰應該分到多大的比例。就像遊戲室裡的孩子一樣，他們開始為自己抓取黏土塊。

布特林才二十歲，身上的破舊牛仔褲及褪色T恤遮蓋著他瘦削的身體，看上去可能跟其他年輕的電腦技客沒什麼不同。但跟他年紀相仿的人，很少需要面對他那天做的事情。

現在，他必須決定那些為了幫他實現夢想而放棄一切的人接下來的命運，也要為一個即將合法但不確定的眾籌中募集數百萬美元的科技專案，決定接下來的走向。他擔心他們，但最重要的是，他必須思考怎麼做對以太坊最好。圖爾看到布特林坐在陽台上，抱著團隊放在外面的一顆紅色軟球，輕輕地前後搖晃著身子，想著下一步該怎麼做。

感覺像過了約一個小時，他才回到屋內，大家都圍著他。

「以太坊會是一個非營利的開源專案」是布特林宣布的第一件事。「八位創辦人永遠都是創辦人，他們會得到他們應得的一切，包括積欠的工資和以太幣。今後，領導團隊仍由八人組成，這個領導團隊包括伍德、威爾克、艾里西、盧賓、迪歐里奧、圖爾、格林和我。」

就這樣，他剔除了霍斯金森與卻崔特，把圖爾和格林升為共同創辦人。卻崔特遭到移除，是因為團隊認為他對這個專案不夠投入，他自己也主動退出了。霍斯金森呢？即使他希望以太坊有最好的發展，但他已經失去其他成員的支持與信任。迪歐里奧留下來了，但他對於以太坊該如何發展的願景已經幻滅了。盧賓已經打算離開以太坊，去經營一家營利的公司，打造他自己設想的應用層。

霍斯金森沒跟任何人說話，他回到地下室的房間，坐在床墊上，垂頭喪氣。後來，他的助手烏德下來找他，提議幫他買一張回家的機票。

「我還不想回家。」霍斯金森說，「你可以幫我訂一張去英國的機票嗎？」

「當然，但是為什麼不直接回家？」

「我不想回家面對父母、妻子和其他人。本來我代表這個價值可能高達十億美元的組織，以執行長的身分去谷歌演講，上電視，在大型會議上發言。現在我將一無所有地回家，我實在做不到。」

樓上的勝利者則是狂歡到深夜。

第14章

「投資」或「騙局」？

以太坊不是股票，你也不是投資者

「對你來說，這不是真正的投資機會。」肯・賽夫（Ken Seiff）第一次聽到以太坊時，對方這樣告訴他。那是二〇一四年二月，就在布特林於邁阿密宣布以太坊這個專案之後。

賽夫與多數人一樣，從未聽過以太坊（Ethereum稱得上是一個字嗎？）。他的朋友艾胥麗・泰森寄了封電郵給他，主旨是「關於比特幣的一些事」。以太坊是郵件中提到的第二項，排在三月初的「德州比特幣大會」之後。

「他們將在幾個月後進行首次公開募資。」她在郵件中繼續寫道，「這是比特幣社群裡正熱烈盛傳的消息。」

泰森曾跟塔吉和威爾遜合作開發「暗黑錢包」。她主動表示，在三月的大會上可以介紹賽夫認識以太坊的創辦人。

德州的比特幣大會是在奧斯丁的賽車場舉行，亦即美洲賽道（Circuit of the Americas）。一些與會者開玩笑說，這裡跟加密貨幣的起起落落、踉蹌起步和飆漲趨勢很搭。那些展示比特幣的藝術作品及挖幣硬體的攤位，跟停在賽道旁的一輛紅色法拉利及一輛黃色藍寶堅尼爭搶著鎂光燈。

根據《比特幣雜誌》報導，那是第一輛用比特幣購買的藍寶堅尼跑車。當時比特幣的價格是六百美元。三年後，隨著比特幣價格飆升至那個價格的三十倍，社群媒體上的藍寶堅尼迷因可說是無處不在，許多早期投資者成了百萬富翁。賽夫是現場少數穿著鈕釦襯衫的男士之一，泰森則是出席大會的少數女性之一[1]。

泰森說：「他們在那兒。」她看到伍德與布特林，「走吧，我介紹你們認識。」

賽夫覺得他好像要去見兩個超級偶像似的。展廳裡每個人似乎都往他們的方向移動，想聽聽他們說什麼，或許還能遞名片給他們。

接下來兩天，賽夫一直跟在伍德身邊，請教他關於比特幣和以太坊的意見，有時布特林也會加入討論。賽夫已經習慣跟技客這幫人相處了，他創立一家線上零售公司，幸運地撐過了網路狂潮，後來又為亞馬遜、谷歌、布魯克斯兄弟（Brooks Brothers）的多個部門提供顧問服務。但他覺得，伍德與布特林很不一樣，向他們請教問題時，他們的回答非常深入且細膩，他不禁佩服他們的天賦過人。

回到紐約後，賽夫對於比特幣多了一個心得：如果要用網際網路來做類比，電子郵件相對於網際網路，就像比特幣（一種加密貨幣）相對於區塊鏈技術。他終於明白，以太坊並不像電子郵件，它不是應用程式，而是許多專案（例如網際網路）的基礎協定。這點讓他相信，以太坊若是成功了，可能比建立在其上的任何應用程式都還要宏大。

纏著以太坊團隊，只為掌握預購時間

他相信自己的直覺，覺得現在正是全心投入以太坊的時機。他認為，比特幣的市值已高達八十億美元，在他這種人看來，未來的漲幅微乎其微。他寫電郵向他的投資銀行，詢問以太幣該如何定價。這有點好笑，因為與此同時，以太坊團隊正在楚格與律師討論，如何出售數位資產又不讓人覺得他們是在出售證券。

「XX〔公司名稱隱略〕有人做IPO的證券定價嗎？」賽夫在寫給投資銀行的信中如此寫道。

> 悄悄說件事，目前在比特幣、加密貨幣、區塊鏈的世界裡，我正在看一筆非常有趣的交易（名為Ethereum.org）。我認為創辦人了解公開發行證券的定價方式會有助益。

〔中略〕

他們的投資模式很特別，因為他們是發行一種貨幣，而不是出售股份——那個貨幣是該平台要求的支付形式。

賽夫在電郵中提到，在以太坊出現以前，當加密貨幣的新創企業透過銷售數位代幣來募資時，大家認為銷售代幣很像出售股票。事實上，大家把那種眾籌籠統地稱為ＩＰＯ，儘管它們並沒有向監管機關註冊。以太坊率先提出了「出售數位代幣不像發行證券」的概念。那些數位代幣是區塊鏈平台上的資產，它們有功能，不是投資工具。

賽夫的投資銀行表示幫不上忙，但他並未就此放棄。接下來的四、五個月，他一直纏著以太坊團隊，以獲得「預售」時間的最新消息（這裡稱為「預售」是因為，以太坊計畫在數位代幣實際發行、交易、可用之前，就先銷售）。

這是他頭一次願意把錢交給一家新創企業，對方卻不急著跟他要錢。他開始意識到這是以太坊理念的一部分，以太坊的設立不是為了權勢，而是為了讓世界更「去中心化」，把政府、矽谷、華爾街手中的權力還給人民。這讓他更想把錢交給他們。

越來越多人像賽夫一樣，對以太坊的出現感到興奮。二〇一四年六月，以太坊還沒推出，但全球有四十九座城市已經辦了五十八場以太坊聚會，從多倫多到法蘭克福、香港、布宜諾斯艾利斯，都有他們的足跡。這些聚會是由以太坊成員前往世界各地，向新的粉絲說明以太坊專案。每場聚會的規模約二、三十人，他們聚在酒吧或共用工作空間（coworking space），談論他們在這個新的區塊鏈平台上可以打造什麼，並聆聽以太坊成員的說法。

購買前請詳閱：任何不良後果，概不負責

眾籌是以太坊團隊的最大焦點。在釐清法律問題並決定走非營利路線後，他們終於準備好了。二〇一四年七月，他們成立一家名為EthSuisse的瑞士有限責任公司，並成立以太坊基金會（Ethereum Foundation）。那家公司在眾籌結束後會立即解散，由基金會繼續管理資金，以支援平台的開發及打造基礎設施。所有的程式碼都是開源、自由的，因此任何地方的開發者都可以為該平台做出貢獻，並以那個平台為基礎來打造應用程式[2]。

瑞士、柏林、倫敦、多倫多的團隊正忙著測試眾籌的網站，以確保多簽錢包（multi-signature wallet）能夠正常運作，並設立所謂的「冷錢包」（cold storage wallet，一種離線儲存數位資產的硬體，以防止被駭），發布影片、部落格文章等文宣資料。他們也發布了〈以太坊創始銷售的條款〉及〈以太坊產品購買協定〉。那是任何人都可以從以太坊網站下載的ＰＤＦ檔案，參與交易不需要簽署那些檔案。

那些檔案可以乾脆以大寫字母一再重複寫道：「這不是證券發行，以太坊不是股票，你不是投資者。我們對於你購買以太坊可能發生的任何不良後果，概不負責。」

相對於其他眾籌，以太坊的一大創新是告訴參與者，他們是從一家瑞士公司購買軟體，用來在以太坊上打造應用程式的「燃料」。雖然那些文件的目的是為了澄清以太坊不是證券，但內容讀起來卻很像股票和債券的募資說明書。

該文件開宗明義寫道：「以下條款適用於購買以太幣（ＥＴＨ）的買家。以太幣是在以太坊開源軟體平台上，執行分散式應用程式的必要燃料。」

文件下面又提到：「根據瑞士法律，創始銷售（Genesis Sale）是銷售合法的軟體產品」，而且該產品的銷售是「由瑞士公司 EthSuisse 進行的，該公司是在瑞士法律下營運。每個以太幣的潛在購買者都有責任判斷，他在自己所屬的司法管轄範圍內，是否可以合法購買以太幣」。為了進一步消除以太幣跟貨幣或投資之間的任何關聯，該條款也指出，打造以太坊平台的開發者是志願者，他們將獲得「以太幣的餽贈，以答謝其奉獻」。

銷售條款和購買協定中充滿了對加密貨幣投資的波動性與風險的警告，並提醒只有「加密代幣及區塊鏈軟體系統」的「專家」應該參與這次銷售。

要成為世界電腦，不能排除美國

這些法律聲明顯示，以太坊團隊非常清楚他們正在踏入一個充滿監管地雷的領域。但這也顯示他們對自己的信心。他們之所以如此大費周章，是因為他們知道如果未來以太坊變得非常大，這筆價值超過一千萬美元的第一次加密貨幣銷售，將會受到嚴格審查。事後證明，他們這樣想是正確的。以太坊創始銷售的合法性，在幾年後成了關注焦點。

美國有些人認為，那次銷售是證券發行，他們常提出著名的豪威測試（Howey Test）做為立論依據。豪威測試是一九四六年最高法院為了裁決一個案件而制定的，該測試指出，「當一個人把自己的錢投資於一家共同事業（common enterprise，根據美國證券法的規定，在這種企業中，投資者的財富，與企業發起人或第三者的努力與成敗密切相關，深受企業發起人或第三者的運作與成功所影響），並期望僅從企業發起人或第三方的努力中獲得利潤，這就是一種投資合約。」就以太坊這個例子來說，以太幣的買家就是希望以太坊的開發者和其他參與計畫的人繼續努力壯大平台，這樣他們就可以從以太幣的升值中獲利。

相反的，認為以太幣不是證券的人則指出，這種加密貨幣不是為了代表公司或企業的價值而設計的，而是用來執行該平台上的應用程式，以及獎勵那些維護該網路的人。他們指出，並「沒有」共同事業支援以太坊，以太坊的開發與運行靠的是一群分散的人，他們為該平台編寫程式碼，建構應用程式，並維護用來驗證交易及計算步驟的電腦。他們認為就算以太坊基金會消失了，以太坊還是會繼續運行。

以太坊團隊針對是否應該排除美國買家，以避免遭到美國證管會刁難，做了很冗長的討論。但布特林堅持，以太坊應該是人人都能使用的。如果把全球最大的經濟體排除在外，以太坊怎麼可能成為「世界電腦」呢？在宣布這項交易的部落格文章中，他寫道：「我們不會把美國排除在外，耶！」

加密貨幣的IPO，肯定是騙局？

任何參與這筆交易的人，都必須因應這種監管上的不確定性，同時也要因應專案尚未上線就參與投資的高風險。目前，唯一存在的是一個充滿漏洞的測試網。再加上，創辦人將獲得他們創建的部分代幣，這已經足以在早就多疑的加密貨幣社群中掀起爭論。

經營加密貨幣交易所的密爾恰・帕波斯庫（Mircea Popescu）據傳擁有許多比特幣，他表示他會在八個月內以預售價的一半出售以太幣，形同做空以太幣。他看準以太幣的價值會跌到比他出售以太幣的價格還低，他想藉此賺取差價。

帕波斯庫在一次網路聊天中表示：「叫他們去死吧！他們開的售價太誇張了。」[3]

比特幣論壇上有一串貼文的標題，是「以太坊是騙局」，其中第一則寫道：「這些人做的事情根本有問題，也不安全，甚至可能不合法。」後面又寫道：「最重要的是，這是愚蠢的概念，這就是ＩＰＯ，加密貨幣的ＩＰＯ**都是**騙局。」那串貼文總共長達三十頁，後面有人寫道：「以太坊是龐氏騙局，被一些富有的投資者操縱，他們認為把大把的錢投入這種貨幣，就會吸引更多投資者把更多錢投進去。」還有人對以太坊的共同創辦人進行人身攻擊，點名盧賓跟高盛的關係是值得大家提防以太坊的理由。另一個更惡毒的人還這麼說：

> 迪歐里奧就像《孤雛淚》（*Oliver Twist*）中的費金（Fagin，教唆犯，他教唆一群孩子靠竊盜維生），布特林則是大家眼中的程式設計天才，他被利用來扮演首席開發者的角色。Bitcoin Decentral 公司就像一個以太坊邪教，開口閉口談「烏托邦」，質疑迪歐里奧或布特林等人的資歷是離經叛道……

當然，有些人以類似下面的貼文反駁：

> 如果布特林參與其中，那就不是騙局了，事實就是那麼簡單。那就足以讓我認為以太坊是真正的比特幣二・〇。你知道他是哪種專家嗎？他就算沒比中本聰更好，可能也媲美中本聰。

第15章

以太幣開賣囉

外面還有很多瘋狂的人，我們終於相遇了

七月二十二日午夜時分，以太幣開始在瑞士銷售。他們架好的銷售網站上有一個即時計數器，列出以太幣的即時銷售數量。隨著銷售量攀升，以太坊團隊鬆了一口氣。

開賣十二小時內，售出七百萬個以太幣，約合二百二十萬美元。從十二月和一月團隊多數成員開始投入專案以來，這是一段漫長又艱辛的等待。每個人都累壞了，多數人也耗盡了積蓄。

「之前我們一直承諾，交易將在兩週後進行，為期六個月。由於我們對募資時間設下這樣的預期，許多成員吃盡了苦頭。」布特林在宣布這筆交易的部落格文章中如此寫道，「我們確實錯估了在美國和瑞士通過相關法律流程的難度，以及架設安全的銷售網站和冷錢包系統，所牽涉的複雜技術問題。」

交易的頭十四天，以太幣的價位訂在一比特幣兌換兩千以太幣。十四天結束時，價值將直線下降至一

比特幣兌換一三三七以太幣的最終價格，這意味著一個以太幣的價值是〇．〇〇〇七四七九個比特幣，或以二〇一四年九月的比特幣價格來換算，約值三十美分[1]。

雖然單價是固定的，但發行量不是，因此購買者想買多少以太幣都可以。不過，投資者把比特幣發送到以太幣的 EthSuisse 錢包位址時，並沒有立即獲得以太幣，而是獲得以太坊錢包和密碼，等到以太坊平台上線後，他們就可以用錢包跟密碼取得以太幣。之所以這麼做，是為了減少交易的投機性質，只在代幣可以實際使用時，才進行交易。

加密貨幣的預售，叫做「預挖礦」

以太坊網路的上線，目標訂在二〇一四跨一五年（北半球）的冬季。

當以太坊區塊鏈的第一個區塊開採出來時，以太坊團隊將根據眾籌募得的金額，來創造以太幣。他們會為共同創辦人及其他早期的團隊成員發行第二批以太幣，那批以太幣將是募資金額的九．九%。另外，他們也會為以太坊基金會發行第三批以太幣，金額跟第二批一樣。

這種加密貨幣發行，就是所謂的「預挖礦」（premine），因為貨幣是在網路自己生成代幣之前創造的，就像比特幣是用來獎勵礦工那樣。

這個概念有爭議，因為有一些狂熱者說，中本聰在比特幣網路啟動時，宣布開始挖礦的時間，並事先發布了軟體，讓任何感興趣的人都有同等機會獲得比特幣。以比特幣的例子來說，比特幣的總供給量是由礦工創造的。

以太坊和其他預先開採貨幣的專案之所以遭到批評，是因為加密貨幣的供應，可能更集中在那些參與預售的「內部人士」手中，他們可能操縱價格或影響治理決策。在以太坊出現以前，幾乎任何有預挖礦的加密貨幣專案都很快被視為騙局。以太坊並未改變這點，它依然因此遭到批評，但它確實有助於加密貨幣的合法化。

播客主持人兼比特幣愛好者麥特．奧德爾（Matt Odell）在二〇一八年十月提出這些批評，布特林在推特上回應：「我個人因為首開先例，協助將預挖礦合法化而感到自豪。我覺得，只讓那些操作電腦、耗用大量電力的人從加密鑄幣中獲利，是很可怕的概念。」

銷售文件指出，以太坊區塊鏈上線且預挖礦的以太幣發行後，礦工最初每年生產的新以太幣是眾籌的二六％——這個發行率不是固定的，每年的上限是產生一千八百萬個新以太幣。這表示，以太幣的供給會隨著時間增加，但供給量的成長率則會逐步下降。

以太幣供給量的增加，意味著最初持有大量以太幣的人，其持有比例將逐漸下降，所有權將更加分散。供給量成長率逐漸下降，則將避免以太幣充斥市場及壓低價格。以太幣的供給量無上限，也確保那些支援網路的人永遠都能得到新的以太幣做為獎勵。這是以太幣與比特幣的另一個差異，比特幣的供給量是固定在兩千一百萬個。

以太坊的文件及布特林的部落格文章都表示，他們不保證以太幣的未來價值。以太幣的銷售條款文件中有一個圖表，圖中以下斜線來表示以太幣供給量的成長率，那張圖表確實為潛在的買家帶來希望。

一直打聽預售日期的賽夫，卻遲了七天才動手

比特幣持續匯入，七月二十九日星期二，亦即眾籌第七天，賽夫決定採取行動。

四天前，他剛從舊金山搬回紐約。他和妻子住在紐約東村的拉德羅旅館（Ludlow Hotel），搬家公司的卡車載著他們的家當從西岸駛來。在搬家結束前，他向其創投基金的投資人借用辦公室工作。

就像平常一樣，那天，他一大早就開始跟投資者及投資的公司開會，晚上才回到借用的辦公桌回電話及處理郵件。據賽夫計算，那天的比特幣價格約為五八〇美元，每個比特幣可買兩千個以太幣，所以一個以太幣的價格約為〇．二九美元。賽夫習慣以創投基金的方式思考，他把比特幣視為後期階段，亦即D輪投資，而以太坊則是種子投資（指新創企業在首次公開發行之前，剛有初步的創業想法時，用來創業的第一筆資金）。這表示以太幣有更大的成長空間，但失敗的可能性也比較高。賽夫認為，由於以太坊能夠支援各種區塊鏈應用程式，它的潛能變得較比特幣更無可限量。

他在腦中想過這些論點很多次了，但是當他連上以太坊那個灰白相間的網站時，又重新思考了

這些論點。網站的正中間，顯示目前售出的以太幣數量。那個數字的左邊是交易的剩餘天數，右邊是以現價銷售的剩餘天數。整個介面清楚地傳達出「快點行動，把你的比特幣傳給我們」的訊息。那些數字下面有一個黑色按鈕，上面寫著「買以太幣」，以及相關條款、購買協議、白皮書、預期收入用途的連結。他已經看過那些文件了，但又迅速瀏覽一遍。「以太幣的所有權不帶有任何權利……購買後無法退款……加密貨幣燃料……分散式應用程式。」

他讀著那些文字，深吸一口氣，「好，動手吧！」[2]

啊啊啊啊！區塊鏈沒有退費機制

他的心跳開始加速，他點下「買以太幣」的按鈕時，不知道會發生什麼。

螢幕上出現一個新網頁，上面顯示三個步驟。第一步告訴他：「輸入購買金額，以比特幣或以太幣輸入皆可」，最小值是〇．〇一個比特幣，最大值是五十萬個比特幣。

他們之所以設定這個上限，是為了避免單一買家持有特別高的比例。銷售條款也寫道：「Eth-Suisse 將限制任一實體、人、企業或團體在創始銷售結束後，掌握以太幣總銷售量的一二．五％以上。」但是，從文件中看不出他們要如何追蹤任何人的購買量是否超過那個上限，因為買以太幣只需要一個電郵地址，而 EthSuisse 將在銷售結束後解散。

賽夫並不打算花五十萬個比特幣，但他決定把個人財富的很大一部分，押注在以太坊上。於是，他輸入了購買金額。

第二步是輸入他的電郵地址。第三步是創建一個密句（passphrase），用於加密及讀取錢包。他每一步都檢查了無數次，接著按下「繼續」。第四步告訴他：「在螢幕上移動滑鼠以生成一個隨機的錢包，完成後，你將跳至下一畫面。」

他邊做邊想：「這太奇怪了，當他意識到沒有返回鍵時，他的焦慮激增。接著，他點擊一個按鈕，把一個以太坊錢包下載到他的電腦中，接著就出現一個比特幣錢包位址跟二維碼，那是讓他傳送比特幣的地方。他打開自己的比特幣錢包，複製地址——一串數字與字母組成的亂碼——然後發出低沉的叫聲：「啊啊啊啊！」並按下發送。

就這樣，他送出了他原本持有的半數比特幣，現在那些比特幣正進入某種加密迷宮。他不禁想到：「變成以太幣！」

那是他一生最驚心動魄的時刻之一。區塊鏈中沒有退費機制。萬一你複製了錯誤的位址，或搞砸了其中一步，你再也討不回那些比特幣了。

在比特幣網路中，確認交易需要約十分鐘的時間。十分鐘一過，交易就是永久的，完全無法改變。賽夫把身體靠向椅背，盯著筆記型電腦的螢幕看了一會兒。

交易完成。

募到一八三〇萬美元，只花了四十二天

其他數千位買家把比特幣投入以太坊交易這個黑暗空洞時，肯定也想著同樣的事情。很難具體說出有幾筆交易，但區塊鏈顯示，有超過六千六百筆交易進入 EthSuisse 的比特幣位址。不過，參與的總人數可能少得多，因為大買家可能以幾個不同錢包做了多次交易。

銷售結束時，買家總共買了六千多萬個以太幣，每個以太幣以三十美分計算的話，總計是一八三〇萬美元，銷售非常成功。

在以太坊的創始銷售以前，只有五個加密貨幣專案做過類似的眾籌，Maidsafe 以總募資六百萬美元排名第二。與一般的眾籌相比，那也相當成功。七個月後，艾里西發表一篇部落格文章，文中提到：「維基百科顯示，以太坊是網路史上的第二大眾籌專案，僅次於第一大眾籌專案的七千萬美元。但第一大眾籌專案歷時數年才達到那個成果，而不是四十二天。」

在眾籌期間，艾里西滿二十七歲。那群依然待在楚格的以太坊團隊，以五顏六色的橫幅來裝飾房子，藉此機會慶祝艾里西又添了一歲，也慶祝那些源源不斷流入的比特幣。房子裡的所有筆電都一直開著那個網站，所以他們一邊暢飲及享用生日蛋糕時，網頁的中心顯示他們出售的以太幣正悄悄地穩定增加。

「我承認我們都抱著很高的期望，但沒有人預料到，二十四小時內，我們會超越之前提出的任

何計畫。無論如何，那是我這輩子所得過最棒的生日禮物，這要嘛證明了我們並不瘋狂，要嘛證明外面還有很多瘋狂的人，我們終於彼此相遇了。」[3]艾里西寫道。

誰拿走最多以太幣？

以太坊團隊其實寫下了他們所抱持的高度期望。在一份名為〈預期收入用途〉（Intended Use of Revenue）的文件中，他們列出了三種情況：第一種是銷售收入不到九百萬美元的情況，第二種是銷售收入介於九百萬至兩千兩百五十萬美元，第三種是超過兩千兩百五十萬美元。

對他們來說，最糟的劇本也比之前所有加密貨幣的眾籌要好。在那三種情況中，他們都會撥出一百八十萬美元做為出售前的費用，撥一百萬美元做為法律應急基金。剩下的金額中，七六．五%流向開發者，一三．五%用於交流與社群拓展，一〇%做為研究費用。

以太幣的總供給量是從七千兩百萬個開始，其中五百九十萬個（按規定是占最初募資六千萬個以太幣的九．九%）是為八十三位早期貢獻者創造的，以太坊基金會也會獲得等量的資金。貢獻者所獲得的那筆資金中，布特林獲得的比例最多，約為五五．三萬個以太幣。在倫敦領導交流的圖爾後來在 Reddit 上發了一篇憤怒的文章，透露一些內部人員分別獲得多少以太幣的具體資訊，尤其他認為那些人並沒有做出多大的貢獻。

布特林設計了一套系統，根據每個人加入專案的時間及貢獻的時間來計算分配的以太幣。以太坊基金會不能投資眾籌，所以它不會獲得過高的份額並引發過度集中的警訊。而且，預售進行時，它只能領取五千個比特幣以加速開發。設立這個限額，是為了避免基金會把比特幣拿去再投資以增加其持有的金額。

但以太坊的發行規定中，並沒有限制早期貢獻者在眾籌期間購買以太幣的上限，只要他們不違反「持有的以太幣數量不超過總數的一二・五％」這個規定，就可以任意購買以太幣。然而，系統也無法執行這個限制。共同創辦人有很大的動機去買更多以太幣，因為他們最初可獲贈的以太幣數量是看募資的總量而定。簡言之，不管他們投入多少錢去買以太幣，他們都會免費獲得更多的以太幣。

那些借錢給以太坊的人，以太坊也會償還他們的貸款，加上二五％到五〇％的利息（利息高低視貸款時間而定）。布特林把一半以上的積蓄借給了基金會，沒有多少資金可以投入買以太幣。有傳言指出，盧賓是這次眾籌中持有最多以太幣的大戶，但他否認這個傳聞。

銷售有明顯的人為操縱痕跡

看到以太坊的成功，來自比特幣論壇跟其他地方的批評者並未善罷干休。在沒有證據佐證的情況下，他們推測基金會和以太坊團隊操縱了交易量，以吸引更多買家。否則要如何解釋以太坊的交易量比其他的眾籌超出這麼多呢？

普雷斯頓・伯恩（Preston Byrne）是專注於新創公司及加密貨幣事業的律師，二〇一八年四月，他發表一篇部落格文章指出，「二〇一四年用比特幣購買以太幣的代幣預售中，多數以太幣可能流向一個人，或者，更有可能的是流向幾個關係密切的共事夥伴。」因為比特幣的流動圖看起來出奇的平均，幾乎跟數學冪函數的圖完全相同。他認為，如此完美，顯然是機器人所為。

伯恩說，這非常可疑，「以太幣預售的最初兩週看起來非常奇怪，幾乎沒有隨機性——看起來**很完美**，」而且，「除非布特林巧妙利用心電感應來聯繫每個人的大腦，否則每個買家要如何以如此有條理的方式參與預售？」所以，足以左右市場的以太幣數量，可能集中在少數人手中[4]。

研究公司 Chainalysis 後來證實了「以太幣的分布很集中」這項質疑。該公司二〇一九年五月的一份報告發現，僅僅三百七十六人，就持有三三％流通的以太幣供給量[5]。

一位網路化名為 Hasu 的匿名加密貨幣研究員，在伯恩發表那篇文章後，對那次的眾籌做了進一步分析。他發現，在四十二天的週銷期間，需求有兩次上升，一次是開賣，一次是結束的時候，當投資者在上漲前購買以太幣，就會出現這種現象。然而，跟伯恩一樣，他也找不到「為什麼圖表看起來如此平順」[6]的原因。

雖然布特林希望沒有內部人士操縱銷售，他也說他沒有參與那種行為，但他說，最終他並無法知道是否有人做了那種事。至於他自己，他幾乎沒有足夠的錢來投資，因為他把大部分的錢都花在以太坊的創業上了。

一種全新的融資模式通過了考驗。在這種融資模式中，一群駭客組成的烏合之眾既沒有商業計畫，也沒有產品，更沒有用戶與收入，卻能從世界各地向成千上萬人籌集到數千萬美元。

以前，任何想買臉書或谷歌等大型科技公司股票的人，都需要開一個美國銀行帳戶。如果你想要投資那些尚未到公開市場募資的新創企業，情況又會變得更複雜。但現在，任何人都可以成為最頂尖科技公司的投資者，只要可以連線上網，並擁有至少〇．〇一個比特幣就行了。

一月，賽夫聯繫伍德，想了解以太坊的上線進度。他們曾經承諾以太坊平台（以及賽夫購買的以太幣）將在那個時候上線。

二〇一五年一月三日，賽夫寫道：

嘿，伍德：

新年快樂！希望你新的一年順心如意。

現在進度怎樣？仍舊計畫第一季上線嗎？

祝好

賽夫

二〇一五年一月六日，伍德回覆：

嗨，賽夫：

新年快樂！目前為止確實很順心如意 ;) 進度很順利，我們預期多多少少會如期上線，一切要看外部安全審查的結果而定，目前已經開始進行外部審查了。我們正考慮逐步上線，而不是像最初計畫的那樣一次推出，所以今年應該會陸續出現各種消息與改進。

伍德

二〇一五年一月六日，賽夫寫道：

哈哈。我見識過無數次計畫非改不可的情況了，歡迎來到創業地獄。凡是擊不垮你的，會讓你更堅強。

很期待看到你們接下來幾年推出的東西。

這將會帶來天翻地覆的破壞。

第 3 部 上線

第16章

啟　動

即將遇見人生的「莫非斯」

奧雷爾（Aurel）高䠷瘦削，留著小平頭，跟他那又長又鬈的絡腮鬍以及達利式的黑髭形成了反差。二〇一三年，他把手頭上的ＩＴ公司股票賣光（那是一家服務醫院的公司），全拿去買了比特幣。他不確定自己想做什麼，所以就買買比特幣、交易比特幣、也開採比特幣……反正什麼都做一點。

但當時是熊市，其實做什麼都不太順利，他只是覺得寧願把時間花在這項新技術上，也不願花在那些老醫生和無聊的祕書上（他老是得叫他們重開機）。他認為自己涉足比特幣可能太晚，錯過了大賺一筆的時機，所以他一直在尋找下一個重大發明。

不太會寫程式，怎麼貢獻一己之力？

此時大約是二〇一四年二月，以太坊的消息才剛宣布。奧雷爾住在布加勒斯特，是艾里西堂哥的朋友。堂哥提議透過Skype通話，介紹他認識艾里西。那次通話結束後，奧雷爾已經完全信服了以太坊，但他覺得自己能做的很有限。他知道自己發現了很棒的東西（而且才剛起步），但可惜他不會寫程式碼。

他問艾里西，要是他能在羅馬尼亞找到最好的開發者，可以帶著那個人一起去瑞士楚格投效他們嗎？艾里西說可以。不過，他原本聯繫的人卻在最後一刻放他鴿子，所以他只好在出發前一天，胡亂抓了兩個傢伙跟他一起去楚格。

結果他帶去的其中一位開發者，在眾籌網站的架設上幫了很大的忙，最終留了下來。奧雷爾也為網站做了些基本碼的修改，但三週後他發現自己已經沒多少事可做，就離開了。回到家後，他跟以太坊專案保持聯繫、籌辦以太坊聚會，並打造一個以太坊的羅馬尼亞網站，以建立社群。

在一次聚會上，奧雷爾像往常一樣到處介紹自己，並回答有關以太坊及加密貨幣的問題。他注意到有個人顯然不感興趣。他站在一小群人旁邊，正打算離開。

「嘿，請問你是……？」奧雷爾問道。

「保羅。」[1]他說。

「你想更了解以太坊嗎？」

「好啊。」

奧雷爾使出渾身解數為他解說，但保羅看起來像在跟瞌睡蟲奮戰。突然，有件事引起他的注意。

「那是什麼？」他指著奧雷爾試圖組裝的以太坊挖礦機——那是一堆雜亂的電腦硬體，以及糾結成團的電線。

「喔，那是我正在組裝的一台以太坊挖礦機，我想在以太坊正式上線前，先準備幾台。」

多瑙河畔的以太坊挖礦場

「為什麼要有挖礦機？它們的功能是什麼？」

「還記得我跟你說過以太坊區塊鏈和比特幣一樣，都是靠電腦來確認交易嗎？這就是協助確認交易的電腦。當它運用電算功能來確保以太坊的網路安全時，就會收到以太幣做為獎勵。」

「這玩意兒可以鑄造加密貨幣？」

「對，我知道它看起來很遜，但我可以把它弄得更好。」

這是那天晚上第一次，保羅眼神發亮。三天後，他回來找奧雷爾，揮著手機，向奧雷爾展示一張工業建築照片。那棟建築是由巨大的水泥磚建成的，建築上方佇立著冒煙的煙囪。

「我們的新辦公室。」他說。

他們飛到羅馬尼亞的一座農場，設立他們的採礦事業。照片中的工廠就坐落在那裡，在一片森林的中央，旁邊是一個從多瑙河獲取能源的水力發電廠。保羅從他以前的工作知道，那家工廠有很多閒置空間。他們算出那裡足以容納約一千五百個GPU（圖形處理器），圖形處理器因為速度快，可用來挖掘加密貨幣。

太完美了，他們可以租下那些閒置空間，並從附近的發電廠獲得便宜的環保能源。

不到一週後，也就是二〇一五年五月，他們就住進新工廠附近的一家小旅社。奧雷爾把他的微薄積蓄都投入這個新事業了，大部分資金是保羅出的。

很多人可能認為他們瘋了，畢竟以太坊的網路上線延遲了好幾個月，根本就還沒有礦可以挖。

從二〇一四年七月開始眾籌以來，位於阿姆斯特丹與柏林的開發者，就馬不停蹄的開發第一個以太坊網路。整個團隊也不斷擴張，朱塔・施泰納（Jutta Steiner）加入柏林團隊，領導安全審查。住在里約熱內盧的艾利克斯・凡德桑迪（Alex Van de Sande）則負責開發使用者介面，並與柏林團隊的法賓恩・弗傑斯戴勒（Fabian Vogelsteller）一起打造以太坊錢包和瀏覽器。

菲力斯・龍格（Felix Langue）和彼得・斯濟拉奇（Peter Szilagyi）加入了威爾克領導的Go Ethereum團隊（簡稱Geth）。克里斯欽・雷懷斯納（Christian Reitwiessner）、李安納・胡希凱恩（Liana Husikyan）和伍德一起，為名為Solidity的智慧型合約打造本地開發語言。弗萊德・詹弗（Vlad Zamfir）正在研究改進以太坊內部運作的方式，而派普・米瑞安（Piper Merriam）則為智慧型合約和開發者打造工具。

以太坊社群的規模，是以聚會的數量來衡量，此時全球已有一百一十五個以太坊群組，約是眾籌時期的兩倍。隨著柏林開發中心的成長，再加上眾籌結束，待在楚格那間房子的人也越來越少。

他們達成的一大成果，是把區塊的確認時間從六十秒縮短為十二秒。相較於比特幣的確認需要十分鐘，這是很大的進步，但依然遠遠落後每秒可處理數千筆交易的威士（Visa）和萬事達（MasterCard）等傳統支付系統。

他們的計畫，是讓以太坊在接下來的一年裡，經歷五個不同階段：奧林匹克（Olympic）、疆界（Frontier）、家園（Homestead）、大都會（Metropolis）和寧靜（Serenity）。

當他們進入「寧靜」階段，這個網路將已經從能源密集型及浪費的工作量證明，轉變為一種不同的共識機制，稱為權益證明（proof of stake，亦譯為「持有量證明」），那是依賴每個節點持有的貨幣數量，而不是依賴電腦運算力。另外，他們也會採用多種技術來幫以太坊支援更多的交易數量，換句話說，是要解決始終存在的擴展問題。

一台電腦，接了六張顯示卡

但是，五月初奧雷爾在多瑙河邊建立採礦場時，布特林才剛宣布以太坊發布「奧林匹克」版，這是以太坊第九次、也是最後一次概念驗證。在這個階段，以太坊基金會設立一個兩萬五千個以太幣的基金，以獎勵社群在系統上線之前測試區塊鏈的極限。基本上，就是鼓勵大家去破壞以太坊。

測試階段結束後不久，只要沒有出現重大錯誤或挫敗，以太坊就會正式上線[2]。

這表示奧雷爾和夥伴正處於關鍵時刻。他們希望以太坊正式上線時，他們的採礦場已經準備就緒，以便在開採難度增加之前快速獲得大量以太幣。但是，取得所需的特定硬體並不容易。他們搜遍整個網路，打電話給不同的供應商，卻只拿到三十個圖形處理器。

後來，他們直接從波蘭與荷蘭的工廠進口零件。最後，當他們能夠為各種不同的零件——包括組裝電腦所需的顯示卡、中央處理器、主機板，以及連接所有機器的電線、記憶卡、冷卻用的風扇——找到供應商後，那些零件開始以數百箱的規模運進他們的工廠。

他們找來一個六人團隊負責拆箱，處理這個近乎工業規模的案子。不久，他們身邊就布滿了紙板、包裝紙、保麗龍。那些拆箱後的電腦零組件散布在空廠房的地板上，周遭都是拆箱後堆積如山的包裝廢棄物。

「我們要怎麼組裝那麼多東西？」奧雷爾問道。

「反正做就對了。」保羅說。

接下來的兩個月，他們每天都在組裝採礦設備。每個中央處理器都接上六個圖形處理器、一塊主機板和記憶卡。他們在電腦連接了六張顯示卡（而不是一張），並執行以太坊的挖礦演算法。他們安裝了作業系統，下載了以太坊的挖礦程式碼，並為每台挖礦裝置編寫程式。

他們算是挖礦程式碼的首批測試者，所以他們發現一些程式漏洞和問題仍未解決。奧雷爾常透過一個 Skype 群組，跟以太坊的開發人員保持聯繫。

他們決定選擇編號一〇二八二〇一

到了七月初，以太坊已經整整一個月沒發現任何程式漏洞，以太坊的網路通過了測試階段的大量使用，安全審查也大功告成了。下一步是在上線前先凍結程式碼兩週，以確保其穩定。由於以太坊網路的成長速度是可以預測的，於是他們推算出七月三十日（亦即程式碼凍結兩週結束後）將創造出哪個區塊，時間大約是當天柏林時間下午五點，這也意味著多數開發者都能在醒著的時候看到。

在當天下午五點左右預計會出現的區塊很多，他們選定的區塊編號是一〇二八二〇一。為什麼特別選這個區塊呢？因為這個數字既是回文，也是質數——完全符合電腦怪咖的風格。

圖爾在七月二十二日的一篇部落格文章中，為想要加入主網路的開發者說明了步驟：「以太坊不是『中央發行』的東西，而是透過『共識產生』的。使用者必須自願下載及執行特定版本的軟體，然後生成及載入創始區塊，以加入官方專案的網路。」

以太坊網路的這個階段命名為「疆界」，取自美國拓荒時期（American frontier）未開發的地帶，那裡對移民者來說充滿了機會，但也有很高的風險。「疆界」版的用戶必須等創始區塊生成，然後把創始區塊載入他們的以太坊客戶端。創始區塊基本上是一個資料庫檔，裡面包含以太幣銷售的所有交易。用戶把創始區塊輸入客戶端（用來讀取網路的軟體）時，那表示他們決定根據以太坊的條款加入網路。

接著，就是等待編號一〇二八二〇一這個區塊出現在以太坊的測試網上。這個區塊出現時，它會得到一個雜湊值（指所有的區塊資訊都會送入密碼雜湊函式，函式會吐出一個固定長度的字母數字短句），這就是創始區塊的鑰匙，並透過它加入即時網路。

不滿金融危機，開始學寫程式

當世界各地的以太坊開發者都致力投入那些為了讓網路平順運作的複雜程式碼時，奧雷爾與夥伴忙著組裝挖礦裝備，以便跟上以太坊網路的上線時間。他們不眠不休的組裝了四十八個小時，中途奧雷爾一度體力不支，倒在地板上睡了幾個小時。

與此同時，一小群築夢者與怪咖也在紐約布魯克林的一棟辦公大樓裡，為以太坊網路的上線做準備。他們窩在布希維克社區（Bushwick）一個共用工作空間的一樓，全擠在兩個狹小的房間裡。布希維克是布魯克林的一個社區，社區的人認為威廉斯堡（Williamsburg）變得越來越貴，越來越中產階級化，所以搬來此地。這群人當中，有十幾個人分別來自美國企業界、金融業、科技界的不同領域，他們正忙著打造盧賓的新創公司 ConsenSys。

ConsenSys 是盧賓自己出資成立的，目標是用以太坊的開源協定層為基礎，來打造應用程式。它將透過投資新創企業、輔導新公司創業、為較大的公司提供技術諮詢，以及宣傳以太坊與分散式系統來達成目標。

傑夫・史考特・沃德（Jeff Scott Ward）是盧賓首批雇用的員工之一。二〇〇八年金融危機爆發時，他還在皇后學院學平面設計。畢業後他一直找不到合適的工作，所以選了一份薪水很低的寫程式工作。他覺得自己未來沒希望，但那些貪婪的企業跟銀行卻可以在搞亂世界後全身而退。他心想：「我們這個世代又沒犯什麼錯，卻無法過得比父母輩好，這種情況實在很不公平。」

占領華爾街運動開始抗議的第一天，他就去參加了。但他很快就離開現場，因為他覺得站在那裡舉起拳頭抗議並不能改變什麼。他倒是在想，該怎麼做才能改變現狀？隔天，他去買了一堆為初學者而寫的 JavaScript 教科書，開始學寫程式。他不知道接下來能幹嘛，但他確信只要他下定決心改變，就能戰勝危機，出人頭地。

學會寫程式後，他在一家行銷公司找到一份開發使用介面的工作。之後，他又去紐約證交所做同樣的事，後來又去一家叫 TradeBlock 的公司上班，該公司號稱要成為數位資產界「彭博終端機」（Bloomberg Terminal）。

約莫那時候，亦即二〇一四年的年中，他開始關注以太坊專案。他覺得以太坊試圖把 JavaScript

的程式設計功能套用在加密貨幣上，看起來正是科技界需要的下一步。他準備好飛往瑞士或多倫多，或以太坊所在的任何地方。

沃德在 LinkedIn 上看到盧賓的個人檔案，發了訊息給他，表明自己對以太坊多麼憧憬，並問盧賓正在進行些什麼。盧賓把 ConsenSys 的事情告訴他，不久，沃德就搭地鐵前往布希維克社區，希望獲得錄用。

沃德認為，他即將遇見人生的「莫菲斯」（Morpheus，電影《駭客任務》中的角色）。他看過盧賓談話的影片，覺得盧賓是一個強大又神祕的光頭佬，手上握著帶領他走出「母體」（Matrix）的鑰匙。

他抵達共用工作空間時，已在腦海反覆演練著要如何自我介紹。在盧賓現身前，他不斷給自己打氣。他滔滔不絕地講述他如何意識到「我們不需要銀行或政府，加密技術能為經濟弱勢者帶來機會，為無法進入全球市場的非上市公司帶來機會，總之……為絕大多數的人帶來機會！」他也大肆批評了造成二〇〇八年金融危機的罪魁禍首，並提到他把以太坊視為加密貨幣界的 JavaScript。「它會不會像《鬥陣俱樂部》（*Fight Club*）裡的建築那樣崩塌？不會。它有機會降低系統性風險嗎？當然，我認為長期來看它幾乎一定會降低系統性風險，那是一種比較好的運作方式。」他也對剛獲得二〇一四年世界科技獎（World Technology Awards）的布特林讚不絕口，馬克．祖克柏也獲得該獎項提名，但布特林最終勝出。他說：「布特林簡直就是下一個艾倫．圖靈！」沃德滔滔不絕發表意見時，盧賓話不多，只是雙臂交叉站著，覺得這個年輕人挺妙的。當天稍晚，他前往以太坊聚會的途中，錄用了沃德。

一開始，沃德堅持他要看到合約條款才正式接受錄用。他預期會看到新創公司常見的條件——薪水外加股權等等。但是等了數週，遲遲不見合約出現。最後，他還是決定加入，因為他不想錯失良機。

二〇一五年年初，ConsenSys 的辦公室是由不到十二名開發者、設計師、工程師組成的團隊，大家都很專注於打造非常根本的基礎設施，以便日後建構一個以太坊帝國。

軟體程式的編輯器、函式庫、數位錢包、儲存系統、應用程式商店等等——多數開發者視為理所當然的一切基礎架構，都得從頭開始打造，而且是以全然不同的架構完成。大部分東西是開源的，程式是在相同的執行環境中運行。這表示每個部分相連，可做為基本構成要件，讓其他公司的開發人員拿去開發其他東西。

後來，他們開始接到來自企業、政府、央行的電話。這些機構聽聞區塊鏈技術後，都想了解更多資訊。ConsenSys 團隊也主動接洽外部組織，安德魯．啟斯（Andrew Keys）是頭一個盧賓從企業界挖角過來的員工。他拿出《財星》兩百大企業排行榜，一一聯繫他們的技術長或工程師，希望讓 ConsenSys 團隊為這些企業說明區塊鏈技術和以太坊，並進一步推銷。

每當 ConsenSys 的員工休息時，對話通常會轉移到以太坊的上線，以及首度開採和交易以太幣有多麼特別。一度，有人提議他們應該購買採礦設備，那將有助於以太坊網路的穩定和分散性。此外，他們也可以因此獲得便宜的以太幣。當他們意識到所剩時間不多時，細節的討論變得有點急切。他們一致同意，這一切都將由個人出資完成，與ConsenSys無關。

沃德馬上行動。他連上Craigslist網站，看到東漢普頓（East Hampton）有人出售約十四台二手比特幣挖礦設備，每台裝置各有四個圖形處理器。由於採礦難度增加，比特幣的礦工現在使用ASIC卡，使用圖形處理器的開採裝置已經過時，但對以太幣來說卻很完美。於是，ConsenSys的一群人開著小車出發，把挖礦設備硬塞進後車廂與後座，載回辦公室。其中大部分的裝置被各自帶回公寓安裝，有幾台則是裝在工作空間的其中一個房間。這一來，他們的工作空間更擁擠，而且開始運轉時整個工作空間也變得更熱。

二〇一五年七月三十日，以太坊正式上線

以太坊上線日逼近時，布特林飛到柏林與開發者見面。

柏林辦公室位於十字山社區（Kreuzberg）一座老建築的一個開放樓層，是伍德與布坎南一起找的，裡頭擺了一些辦公座椅和二手家具，包括一排褪色磨損的黃色天鵝絨電影座椅。裡面約有十幾名程式設計師，大都二十來歲，來自歐洲和美國等國家，負責開發以太坊客戶端和基礎協定。

柏林辦公室曾在二〇一四年十一月舉辦以太坊的第一次開發者大會（或稱 Devcon0——零是多麼重要的數字！他們當然要確保年度聚會是從零開始算起）。約三十人參與了那場開發者大會，包括核心開發人員、設計師、行銷人員，他們聚集在辦公室的一個房間裡，坐在摺疊椅上，聆聽大家談論專案的遠景和現狀。演講者甚至不用麥克風，他們直接站在人群前說話，就好像在家庭聚會上向大家敬酒或宣布消息一樣。伍德在那場為期五天的開發者大會上，開宗明義就指出「向上發展，會導致權力集中」，因此以太坊的使命是「分散化」。

上線日二〇一五年七月三十日到來時，他們裝了一台大電視，做為顯示測試網路的螢幕。在深色背景下，綠色與黃色的字母和數字顯示節點名稱、gas 價格，重要的是，還有最新區塊號碼等資訊。大約每隔十六秒，就會新增一個區塊。新區塊的數字出現在螢幕上方，比其他的數字大，數字不斷增加。當天結束時，布特林與伍德聚在電視前，其他開發者也跟了過來。一些人開了啤酒，站著一起看區塊數字不斷增加。

在羅馬尼亞，奧雷爾和他的團隊在當天完成了最後一批採礦裝置的組裝。為了趕在以太坊上線前準備好所有的軟、硬體並讓它們正常啟動，他們的手痠痛不已。以太坊上線時間快到時，他們湊在一台小筆電前，開著以太坊網路的螢幕。

與此同時，Go Ethereum 團隊的群聊正在倒數計時。

「再兩百五十個區塊!!!半小時!!!現在沒有什麼能阻止它了，哇哈哈哈哈！:P」其中一位開發者寫道。

有人發送了一個 Google hangout 視訊通話的連結，那是為了讓世界各地的以太坊成員一起慶祝網路上線而設立的，但駭客們似乎還是待在聊天室裡比較自在。

「沒有人說話，呵呵。」

「太多技術人員了。」其中一人回應。

「噢，唱首歌吧！:D」威爾克說。

隨著上線時間逼近，程式設計師紛紛恭喜威爾克，成品終於要推出了。他回應：「這是團隊努力的成果。」有人在聊天室裡貼出火箭發射及邪惡博士的哏圖。等到只剩十個區塊時，每開採出一個新區塊，就有兩、三人加入倒數，直到測試網路在下午四點二十六分，在柏林達到第一〇二八二〇一號區塊[3]。

「上線，所有系統啟動！再重複一次，所有系統啟動！」一位開發者寫道。

「我們起飛囉！」[4]另一人寫道。

叮！叮！叮！又挖到以太幣了

以太坊程式碼的設計，是讓任何下載創始區塊到客戶端的人，現在都可以加入上線的區塊鏈。

以前，只要有人打開以太坊軟體，就會看到幾行程式碼，顯示測試網路的最新資訊。現在他會看到類似的東西，不同的是，現在那條區塊鏈是活的。對外部觀察者來說，很難看出有什麼變化，但是對那些在柏林以太坊開發中心關注這件事的人來說，這可是值得熱烈歡慶的差別。

測試網到達預定的區塊時，螢幕上突然出現榮．保羅的哏圖，他興高采烈的舉起雙臂，周圍環繞著綠色雷射光束，白色的大寫字母寫著：「成功了！」

柏林的團隊歡聲雷動，開香檳慶祝。布特林盯著正在形成的新鏈，笑了起來。

當時是紐約時間上午十一點多，ConsenSys的威爾克睡過頭了。他醒來時，以太坊已經上線，他發現自己忘了打開客廳那兩台採礦裝置，連忙摸索那套裝置並打電話向朋友求助。好不容易啟動後，他設定來通知他挖到以太幣的電報機器人開始運作，每回挖到以太幣，就會發出「叮！叮！叮！」的聲音。

他在「叮！叮！叮！」的背景聲中，連上ConsenSys的Slack頻道，看著慶祝資訊大量湧入。這一切真的發生了！證明他把全副身家押在這項新科技上是對的！

不過，以太幣上線這件大事，除了兩、三個加密貨幣圈的網站有報導之外，並未登上任何媒體頭條。就在那一天，全球都在關注在印度洋發現的殘骸，是否跟飛往北京途中失蹤的馬航飛機有關。有人對一位美國牙醫在辛巴威殺死一頭名叫塞西爾（Cecil）的獅子而憤怒，有人關心印度絞死了一九九三年策動孟買爆炸案的兇手，以及里約熱內盧能否在隔年奧運會之前處理好水汙染問題。

總之，幾乎沒人關注以太坊。

就在一年半前，布特林寫下他認為可以進一步推動加密貨幣發展的基本結構，伍德在他的黃皮書中精進了那個概念，寫成電腦語言。數十位開發者、設計師、部落客，以及世界各地數百位投機者聚在一起，很多人甚至拋下一切，離鄉背井，勒緊褲帶過著苦哈哈的日子，只為了讓這一刻實現。以太坊正式上線，意味著他們終於可以開始大展身手。開發者現在可以著手在這個新的區塊鏈上打造各種應用程式。來自創始銷售的以太幣也轉入每個貢獻者的錢包，一個接一個的新區塊（由四十個左右的節點組成）開始在網路上發布，一個貨真價實的以太坊正在成形。

布特林繼續守在電視前，觀看區塊鏈的成長。那晚他就寢時很興奮，第二天一醒來就打開筆電，看著以太坊的區塊鏈仍持續成長。

賽夫發大財了

賽夫倒是沒有一直追蹤專案進展，沒有參加任何群聊或線上論壇，更沒有在 GitHub 上（那裡可以看到程式碼的進展），以太坊團隊也沒有跟以太幣的買家聯繫。他幾乎忘了這件事，直到上線約八個月後，他寫信給伍德。

二〇一六年三月十八日，賽夫寫道：

伍德，以太幣有價值嗎？有流動市場嗎？可以買賣嗎？謝了。

祝好

賽夫

二〇一六年三月十八日，伍德寫道：

嗨，賽夫，

以太幣的現值是一〇．二五美元，你可以在這裡追蹤：http://coinmarketcap.com/currencies/ethereum/。

你可以很容易在一些交易所買賣以太幣。它跟比特幣之間有不錯的流動性，跟法幣的流動性也不算太糟。我推薦 Kraken（www.kraken.com）和 Poloniex（poloniex.com）。

伍德

二〇一六年三月十九日週六，賽夫寫道：

伍德，

我買以太幣時，以為我用比特幣買了以太幣。但現在以太幣的價格一〇．七六美元並不合理，那表示它漲了三十倍或四十倍左右，這有可能嗎？

很抱歉打擾你，但我要怎麼知道我擁有多少以太幣？

祝好

賽夫

二〇一六年三月十九日週六，伍德寫道：

是的，沒錯，目前匯率是一個比特幣兌換兩千個以太幣。如果你當時用比特幣購買，那你現在就持有以太幣。只要你有以太幣的位址，很容易就可以查看任何線上的區塊瀏覽器（block explorer）。

賽夫持有的以太幣讓他一夕暴富，至少帳面上是如此。他按照伍德的建議，連上區塊瀏覽器，貼上以太錢包的位址，確認他真的發了。這是他做過最好的投資，甚至是他夢想過最好的投資。感覺不像真的，那巨大的風險為他帶來巨大的報酬。

伍德回信說：「歡迎你用賺來的錢請我喝杯啤酒。;-)」

第17章

縮減跑道

清理門戶吧，房間裡的大人

陳敏（Ming Chan，音譯，瑞士出生的美籍華人）匆匆走進麻省理工媒體實驗室（MIT Media Lab）去參加一場研討會。她看到後方一張桌子有個空位，旁邊有個年輕人正在用筆電打字，會議就要開始了。

這所她二十年前就讀的名校，有個主任級的職務懸缺，當天她原本是來接受最後一輪面試的。在這之前，陳敏與夥伴凱西．迪崔歐（Casey Detrio）負責替蘋果公司的 iOS 系統設計及開發應用程式，在完成一款耗時四年的 app 後，他們開始探索其他領域，其中之一就是區塊鏈科技。迪崔歐告訴她，有個區塊鏈研討會正在校園召開。

研討會中場休息時，她向旁邊一位男士自我介紹。那人正是以太坊共同創辦人伍德。當時是二〇一五年年初，離上線還有幾個月時間，伍德向她展示以太坊 dapp 的演示，而她則拿出 iPad 向伍德展示她和迪崔歐一起設計的 app。伍德大大稱許那個 app，說那是以太坊需要更關注的東西。

領導團隊剩三人，其中兩人搞分裂

當時以太坊的領導階層一片混亂，迫切需要一位執行長。霍斯金森和卻崔特走了，艾里西也離開團隊，開了一家名叫 Akasha 的公司。盧賓忙著經營 ConsenSys，迪歐里奧正在打造數位錢包 Jaxx。只剩下布特林、伍德、威爾克主導以太坊。

但伍德與威爾克的關係越來越緊張，他們各自建構最常用的以太坊客戶端程式。兩人之間的溝通開始中斷，各自領導的團隊越來越壁壘分明，而且相互較勁。

此外，開發團隊和專案的「商業／公關」部門之間的關係也更緊張，因為每個部門都想為自己爭取更多資金。眾籌完成後，布坎南負責監督 EthDev 的財務（EthDev 是以太坊的開發部門）。他指出，雖然開發部門可獲得的資金早有定案，但以太坊收到比特幣後，一切又從頭開始討論，每個部門都在爭自己該拿到多少錢。

這些爭吵令布特林倍感壓力。布特林努力尋求共識，接納每個人的意見，但領導團隊是很累的一件事，他比較喜歡研究如何改進以太坊，而不是管人。伍德與威爾克也想專心開發程式，於是他們決定為柏林辦公室聘請一名經理，為以太坊基金會聘請一名董事，所以他們找了凱莉・貝克

（Kelley Becker）來管理 EthDev 及協助焦頭爛額的布坎南。

以太坊也聘用了三位董事。但這三位出身傳統企業的中年男人，與典型的以太坊開發者似乎有點格格不入。拉斯・克勞維特（Lars Klawitter）曾在勞斯萊斯擔任高階職位，瓦定・大衛・列維京（Vadim David Levitin）曾在《財星》五百大企業負責業務開發，韋恩・亨尼斯—巴雷特（Wayne Hennessy-Barrett）曾是肯亞行動貨幣事業 4G Capital 的創辦人兼執行長。

貝克搬到柏林以前，曾在舊金山和藝術界的非營利組織合作，二〇一五年二月開始在以太坊工作，其目標是為該基金會建立標準與細則。但她很早就注意到，還有更緊急的事要做。現金快用完了，但她無權做出必要的決定。

在內部日益緊繃的情勢下，正好陳敏前來希望爭取執行董事的職位。六個月後，她從多位角逐者中脫穎而出，布特林覺得她是可信任的人，以太坊的董事也接受布特林的建議。陳敏在二〇一五年三月接受了這份工作，但基於瑞士的規定，她必須等到七月（專案上線之後）才能正式就職。

陳敏知道她即將投入一個複雜的專案。這裡每個人都對以太坊基金會的理念以及以太坊該如何組織，各有不同的見解。基金會當時的管理仍停留在草創時期，但成長很快，已經有約二十名成員，坐擁價值數百萬美元加密貨幣，急需好好整頓一番——這正是陳敏的任務。管理上有所謂「清理門戶」（house cleaning）這個詞，而陳敏還真的決定「清理」楚格那間已經人去樓空的房子。她要求看一些文件，原本以為公司會有一套還行的檔案管理系統，沒想到卻看到成堆的財務、法遵、審查、稅務等文件，胡亂塞在廚房的櫥櫃裡，或是散亂地堆放在大廳的箱子裡。有些資訊存放在硬碟、隨身碟、筆記型電腦中，還有一些是存在布特林的腦子裡。

「別擔心，我可以記得每一個數字與字母。」他說。

「也許你有過目不忘的記憶力，但是三個月、六個月、一年後，你還記得每個細節嗎？況且，這樣是行不通的。我們需要一套有條有理的紀錄。」她說。

她告訴布特林，把所有文件整理好應該是首要任務。他們把瑞士那間房子當成基地，她在那裡搞清楚所有不同的帳戶和法律實體、員工、稅務、現金流。但在完成這一切之前，他們也必須搞清楚如何削減開支。以太坊基金會在網路上線幾個月後，就面臨營運資金耗盡的危險。

緊握比特幣，眼睜睜看著暴跌……

以太坊眾籌的過程中，比特幣的價格不斷下跌，從二〇一四年七月二十二日募資開始時的六百多美元，到四十二天後募資結束時，跌至近五百美元。問題在於，除了基金會從「預挖礦」獲得的以太幣以外，眾籌中獲得的資金，全都是比特幣。

團隊中的一些人（尤其是伍德與布坎南）一直主張至少出售部分比特幣，才能確保以太坊未來有足夠的現金。其他人（比如盧賓）認為，比特幣很快就會止跌回升，以比特幣的形式繼續持有眾籌的資金，將來會有更多的錢。最後，由於霍斯金森走了，太多人想做決定，但沒有人有最終的決定權，他們幾乎都沒把比特幣拿去換成現金。

在眾籌的過程中，Reddit 上有人猜測以太坊正在出售比特幣，導致比特幣價格下跌。布特林馬上出面澄清那些謠言，並在八月十四日發文表示：「以太坊出售的比特幣不到一百個。」他們打算繼續以數位貨幣的形式持有資金。

「我們將握著比特幣不賣，主要是因為：一、我們認為比特幣的價格更可能上升，而不是下跌；二、用比特幣支付員工比較容易；三、萬一比特幣價格真的暴跌，那表示加密貨幣圈整體的吸引力減少，我們的專案也沒意思了。」[1]布特林寫道。

一年後，布特林將後悔做出這個決定。二〇一四年，比特幣持續下跌，二〇一五年初跌破兩百美元，那表示以太坊募集的一千八百萬美元的比特幣，價值只剩平台上線時的一半。此外，以太幣也在下跌。以太幣首次在 Kraken 和 Poloniex 掛牌時（這是七月上線時迅速支援以太幣的首批交易所），價格略低於三美元；但是到了九月底，迅速跌至七十美分左右。

「基金會的財力有限，這點確實是真的。一大原因在於，我們沒有在比特幣跌至二二〇美元以前，按計畫賣出我們打算出售的比特幣。」二〇一五年九月，布特林在一篇部落格文章中寫道。「結果，我們損失了約九百萬美元的潛在資本，原本打算要持續三年多的招募計畫，最終只持續不到兩年。」[2]

布特林在部落格中寫道，以太坊基金會每月的支出約四十一萬瑞士法郎，但陳敏看到的數字是一個月七十萬瑞士法郎。目標是從十月開始把開支削減到三十四萬瑞士法郎，中期進一步削減至二十萬瑞士法郎。布特林寫道，以每月三十四萬瑞士法郎的速度來算，他們的資金只夠撐到二〇一六年六月，也可能是二〇一六年十二月。他們希望到那時，基金會已經取得其他收入來源。例如，透過開發人員研討會、大會門票收入、捐款等等。

當時的情況很嚴峻。以太坊基金會持有二十萬瑞士法郎、一千八百個比特幣（當時約折合四十三萬美元）、兩百七十萬個以太幣（當時約折合一百七十萬美元），再加上四十九萬瑞士法郎的法律儲備金，以備官司辯護之用。布特林寫道，他之所以公開這些數字，是因為他希望基金會「盡可能透明化」。

陳敏很快的退掉楚格那間大房子，另租了間小一點的辦公室。她也開始逐漸關閉及減少以太坊基金會旗下的法務單位，這些單位是跟著開發者而設立的，一個地方只要有開發者存在，就會產生更多費用和令人困惑的文件。她關閉的最大單位之一，是圖爾經營的倫敦通訊辦公室。

「房間裡的成人」無事可做

執行這些棘手的決定，自然容易樹敵，但陳敏決定不當濫好人。基金會的運作——從財務到聊天室禮儀等小細節——她都親自參與，電話會議往往一開就是好幾個小時。大多數時候，她之所以不斷澄清及提醒大家，是希望降低基金會未來面臨的監管風險。

格林越來越不能接受陳敏的管理方式，兩人關係惡化，格林也發現自己的提案越來越難過關，電郵也越來越少獲得回覆。二〇一五年年底，他從陳敏的姊夫（陳敏的姊夫是夏威夷的律師，與陳敏的姊姊一起為以太坊基金會工作）那裡得知自己的合約未獲續約。

除了資金即將耗盡，瑞士監管機關也在了解基金會如何使用名下持有的以太幣。直到二〇一五年十一月的第一週，基金會仍無法使用該網路上線時所發行的以太幣。陳敏必須不斷向監管機構解釋，包括「創始」以太幣是如何創造出來的、以太坊基金會將如何使用以太幣，甚至還要說明以太坊區塊鏈如何運作、預挖礦與後來開採的以太幣之間的區別等等。後來，收到以太坊基金會能夠使用以太幣的信件那天，她如釋重負，欣喜若狂，當晚抱著那封信睡著了。

二〇一五和一六年，陳敏深入研究之後發現，有些文件缺漏或資訊互相矛盾。另外，還有數十萬美元現金下落不明。經過幾個月的團隊合作，他們追回大部分現金與文件，並且制定了管理文件與資金的相關安全措施。此外，迪歐里奧宣稱他早期借款給以太坊，以太坊仍積欠他五十二萬五千個以太幣。以太坊基金會花了好幾個月的時間，提供文件證明款項已經支付，後來終於不再收到他的律師信。

這是一項乏味、壓力大又辛苦的工作。陳敏聘請了律師、審查員、稅務專家來幫她處理這個爛攤子。慢慢的，基金會的運作開始步上正軌。儘管如此，很多日子她還是哭倒在辦公室的沙發上，她也常睡在那裡。

陳敏幾乎是獨力整頓以太坊基金會。新董事加入後，董事會只開過一次會。那幾個月裡，他們發現他們其實沒多少事情可做，因為布特林有三票，他們有三票，再加上一票決勝票。他們開始擔心，即使他們看到不同意的事情也無力改變，卻還是得扛起責任。

布特林解釋，過去基金會的內部發展促使他採用這種治理架構。克勞維特知道以太坊是布特林的創意發想，布特林不想冒險把基金會導向他不認同的方向。但克勞維特還是覺得，既然他無事可做就不該繼續擔任董事。到了秋季，三位「房間裡的成人」決定辭職。

與此同時，伍德對於基金會試圖減少撥給 EthDev（他所領導的開發團隊）資金，感到越來越沮喪。二〇一五年九月，他創辦了一家英國的營利性有限公司，名為 Ethcore，以追求他對以太坊發展的願景。創立那家公司，導致他與以太坊之間的緊張關係更加惡化。他與布特林談過這件事，他覺得布特林最終會加入他創立的新公司，繼續一起打造以太坊和以太坊的基礎設施。

但 Ethcore 成立後，陳敏從電郵及以太坊社群的其他交流中意識到，伍德身為 EthDev 柏林（由以太坊基金會資助的實體）的全職員工，自己卻在倫敦經營一家營利性的新創公司，是一種利益衝突。陳敏收到二十幾人來信詢問這個狀況，她覺得自己身為執行董事，有責任把情況弄清楚。不過，伍德說他不記得陳敏向他提過利益衝突的事，他說他離開主要是因為基金會不願繼續資助 C++

客戶端。

「伍德，我們不能以這種方式繼續下去。」陳敏數次在 Skype 對話中這樣說。

伍德說：「我們跟布特林協議過了，我將保留基金會的一份無給職，負責平台架構的諮詢和 C++ 客戶端的開發。他應該要遵守協議。」

「伍德，我沒辦法那樣做。」陳敏堅稱，「拜託，請理解我們的立場。我支持你和你創立的事業，覺得你應該會發展得很成功，也許那也對以太坊社群更有價值，但你不能一邊那樣做，一邊待在基金會裡。」

「我為以太坊做的事情比任何人還多，甚至可能比布特林還多。基本上，我是從頭開始把以太坊打造出來的。」他說，「現在你要把我踢出基金會？這樣對嗎？」

「我們沒有要把你踢出去，我想給你一個機會，讓你以自己的方式離開。」陳敏懇求道，「你來寫公告。」

「你是在開我玩笑吧？」

時光流逝，曲聲漸散，但我還有很多話想說

伍德試圖找布特林進來調停，但布特林沒有回覆他的電郵和訊息。最後，他終於接受自己不再

是以太坊的一員。沒錯，他很憤怒，但主要是感到難過。過去三年，以太坊是他生活的全部。布特林沒有出面幫他，也令他難過。但他終於懂了，他知道布特林決定讓陳敏負責處理基金會的科層架構，一旦他賦予她那些權力，他就不會再干涉了。最後，他不再爭論，但還是很難過，甚至暫時撤銷了他的 @ethereum.org 電郵帳號。

二〇一五年十二月，他憂鬱了一陣子，幾乎沒有離開位於柏林的公寓。後來當他決定不再去想發生的事情，才終於走出陰霾。他會繼續做他喜歡的事情：開發技術。

他在告別文中引用了平克・佛洛伊德樂團（Pink Floyd）的歌詞：「時光流逝，曲聲漸散，但我還有很多話想說。」並宣布他將「帶著沉痛的悲傷」離去，去開創新事業，實現他的網路三・〇夢想[3]。

那一年結束以前，他全力投入 Ethcore，那是他和負責以太坊安全審查的施泰納共同創立的公司。他帶著布坎南和多數 C++ 的開發者一起到新公司，用更先進的 Rust 語言打造出一個全新的以太坊客戶端，並把那個客戶端命名為 Parity，後來公司也以 Parity Technologies 取代 Ethcore 這個名稱。

二〇一六年四月，Parity Technologies 透過傳統的股權募資，獲得七十五萬美元的資金。那輪融資是由矽谷的區塊鏈資本公司（Blockchain Capital）及上海的分布式資本公司（Fenbushi Capital）領導的。他的老友賽夫也有股份。

他這樣做也表明了立場。「你可以把我踢出以太坊基金會，但你無法把我踢出以太坊。」

第18章

Dapps 初登場

記住：複雜是安全的敵人！

資金快要燒光，領導團隊陷入混亂，但以太坊的第一批新芽正在以太坊的網路上萌發。大家開始在這個平台上打造自己的應用程式，就像布特林夢想的那樣。

喬伊・克魯格（Joey Krug）是伊利諾州人，十歲時，他父親在 eBay 上買了一台 Apple II 電腦給他，他用那台電腦自學程式設計，閒暇時間都花在程式設計及電玩上，後來很自然的也開始挖採比特幣，他覺得那是使用桌上型電腦就能免費賺錢的方式。二〇一三年他搬到南加州，就讀波莫納學院（Pomona College）資工系。但一年後就休學，創立比特幣事業。

從比特幣轉往以太坊的預言者

接著，他搬到舊金山，租了一間地下室，開始在比特幣協定的基礎上打造應用程式，和世界各地志趣相投的程式設計師在網路上交流。

他看到一些討論分散式預測市場的學術論文，卻發現沒有人實際開發程式去做。克魯格覺得他可以打造一個平行的金融體系，在那個體系中，人人都可以打造任何東西的衍生性合約——從金價的投機、到誰贏得美國總統大選。

克魯格在網路聊天群中，認識了傑克・彼得森（Jack Peterson），彼得森當時在自己創立的區塊鏈新創公司工作，對克魯格提出的概念充滿興趣。他們決定攜手合作，並把他們的專案命名為Augur（意思是預言者），那將是首批在以太坊上建立的分散式應用程式（dapp）之一。所謂的dapp，是使用區塊鏈技術來降低中央化的低效率或避免第三方審查的程式。

不過，他們起初是在比特幣上打造Augur。比特幣協定的指令碼語言有限，他們必須為他們想做的一切打造自訂的功能。後來他們終於意識到，用比特幣做基礎來建構那些功能是不可能的，他們必須以一個完整的獨立鏈為基礎才行。

克魯格在一年前（二〇一三年）讀過《以太坊白皮書》，但當時他不懂為什麼需要一個支援智慧型合約的區塊鏈。如今他接受了布特林的建議，轉往以太坊上打造dapp。

他們在以太坊上只花了二十四小時，就打造出在比特幣上花了兩個月才做出來的東西。這還是在以太坊上線之前——那時只有核心開發者及一些像他們那樣的狂熱者在使用以太坊。

以太坊上線才兩週，預言者就自辦眾籌

二〇一五年，在以太坊的「疆界版」主網發布的幾個月前，他們發布了一個測試版。Augur 有自己的內部代幣，名叫信譽幣（Reputation, REP）。用戶可以對未來事件下注，例如「川普會贏得二〇二〇年的總統大選嗎？」並根據結果收到以加密貨幣為基礎的股份。為了維持系統的徹底分散，正確的結果需由共識來定義，這就是信譽幣的功用所在。

信譽幣的持有者以信譽幣來賭一個結果，押注的時間是在事情發生之前或發生後的極短時間內。押對結果的人，可以拿回押注的信譽幣，外加用戶為了參與該流程而支付的部分費用。所有的交易與支付，都是透過以太坊智慧型合約進行[1]。

所以，當克魯格與彼得森考慮募資以便繼續開發該協定時，透過眾籌信譽幣，比去找創投業者募資更為合理。眾籌將把代幣發給潛在用戶並募集資金。他們也不希望被幾家創投業者掌控協定。

八月十七日，以太坊網路上線兩週後，Augur 啟動了第一個以以太坊為基礎的眾籌。這次銷售持續了四十五天，在沒有銀行或基金的幫忙下，他們向分散在全球約三千個數位位址，出售了一千一百萬個信譽幣，每個信譽幣的價格是六十美分，總計募得約五百三十萬美元。克魯格、彼得森、其他的開發者留下二〇%的募資。這種資助開源協定的新方法，再次證明是成功的。

Augur 也是第一個用所謂的「ERC20 代幣標準」來建構信譽幣的公司。那是兩個月前，亦即二

〇一五年六月，布特林提出的概念，他稱之為「標準化合約API」（Standardized Contract API）。他在GitHub上寫道：「雖然以太坊讓開發者打造任何類型的應用程式，不限於特定的功能類型，並以『缺乏功能』自豪，但是為了讓用戶與應用程式互動更方便，我們還是有必要把某些很常見的使用案例加以標準化*。」[2]

他接著為貨幣、分散式交易、註冊、資料輸入等等，列舉了十幾種常見功能的程式碼。Reddit上有人討論那篇文章，討論串的標題是「來談談貨幣標準」，以太坊成員也參與了討論[3]。

約莫這個時候，馬丁・貝克茲（Martin Becze）一直默默為以太坊打造一個JavaScript客戶端。他住在印地安那州父母家後院的露營車裡，後來以太坊基金會雇用他為約聘人員。

他認為要改進以太坊，需要一套更正式的提案流程。所以，他參考了比特幣改進提案（Bitcoin Improvement Proposals, BIPs）和程式設計語言Python的改進提案（Python Enhancement Proposals, PEPs），創造出以太坊改進提案（Ethereum Improvement Proposals, EIPs）。

十一月，以太坊的開發者弗傑斯戴勒以布特林最初寫的代幣標準草案為基礎，寫出一份適當的規範來解釋每個功能與操作，並在以太坊GitHub的EIP檔案庫上開了一個議題。他稱之為

---

*使用案例（use cases）：一譯為用例，指軟體或系統針對如何反應外界請求的說明。每個使用案例會提供一或多個場景，說明系統如何和最終用戶或其他系統互動，也就是誰可以用系統來做什麼。

「ERC：代幣標準」。ERC是「以太坊意見徵求」（Ethereum Request for Comment）的縮寫，依循使用ERC的網路工程師及研究人員的常見做法。那套標準後來稱為ERC20，因為那是當時大家討論的第二十個議題[4]。

那是一份非常簡單的檔案，只有六個常用的代幣函數，而且呼叫某些函數後只會觸發兩個事件。由於它非常簡單，也因為開發者對於在以太坊上部署代幣很感興趣，所以很快就獲得開發者的青睞，大家開始把它當成任何代幣都能直接拿來複製貼上的模板。如果你曾經自己架過網站，就知道套用現成的模板比自己建立容易多了。ERC20就是為代幣做類似的事情。

在以太坊上開發程式，出奇的簡單

丹麥學生如恩·克里斯滕森（Rune Christensen）曾在中國教英語及經營人才招募事業，他也是少數打造以太坊專案的人之一。

二〇一一年，對這項科技的興趣，再加上加密貨幣的潛在獲利機會，吸引克里斯滕森接觸比特幣。他收掉人才招募事業，開始大舉投資加密貨幣。二〇一三年他在比特幣飆漲時賺了很多錢，但一年後比特幣暴跌時，他又失去了一切。這種令人揪心的巨幅波動，讓他開始思考穩定幣（stablecoin）。

穩定幣是霍斯金森與拉里默創立的前公司 BitShares 正在打造的東西。克里斯滕森原是 BitShares 的狂熱者，但後來厭倦了 BitShares 內部的紛亂及所有的政治言論。那些言論越來越偏激，連他這個自由主義信徒都受不了。克里斯滕森認為，那些內部的紛亂和政治言論阻礙了產品的改善，使競爭對手有機會超前發展。

當時正在萌芽的以太坊社群似乎恰恰相反。基金會內部和共同創辦人之間的紛爭和政治角力，一直沒有公諸於世；核心圈外圍的人則大都是一群樂觀的千禧世代開發者。布特林愛穿有貓咪跟獨角獸圖案的T恤，他們也受到影響，培養出一種以太坊獨有的審美觀——以彩虹、可愛動物、神話生物和網路迷因為特色。

簡言之，如果說比特幣用戶的典型是自由主義鐵粉及肉食主義者，那麼以太坊成員則是吃素的，心胸比較開闊。

克里斯滕森在比特幣與 BitShares 論壇上待了一陣子後，眼見以太坊社群主要專注於打造創新技術，而不是死守任何意識形態，覺得耳目一新。回到哥本哈根後，他決定打造一個以以太坊為基礎的穩定幣。他不知道怎麼寫程式，但兩週內就自學了基礎知識，而且可以讓基本骨架開始運作。二〇一五年三月，他上 Reddit 發文宣布自己開發的東西。

「eDollar 是以以太坊為基礎的終極穩定幣。」他寫道，「過去半年，我對固定匯率的加密貨幣深感興趣。儘管我只有一點編寫程式的能力，但是在以太坊上開發程式出奇的簡單，所以我開發出我覺得設計近乎完美的穩定加密貨幣。」

穩定幣由DAO管理，恰是加密龐克的理想

第一位回覆他那篇 eDollar（後來改名為 Dai）發文的人是布特林（布特林在 Reddit 上的網名是 vbuterin）。他給克里斯滕森一個技術建議，克里斯滕森的 MakerDAO 專案確實採納了那項建議[5]。克里斯滕森說，如果他以剛開發出來的樣子直接發布程式的話，系統可能會遭到駭入，變成徹底的災難。但是當時，身為以太坊的支持者，他認為智慧型合約是無法破解的。以太坊網站後來寫道：「打造擋不住的應用程式。」不僅如此，許多人也認為，分散式設計一定比較好。當時大家的想法是，隨便挑一種商業概念套用區塊鏈技術，都會馬上成功。實際上是否需要分散式帳本並不重要，分散式只是口頭上的目標，不是工具。

克里斯滕森開發穩定幣的目的，是為了讓人們和以太坊應用程式互動，但不必擔心以太幣的瘋狂波動。穩定幣將釘住美元，意指一個 eDollar 兌換一美元。它跟 BitShares 的差異在於，它不是以單一資產做為抵押，而是用以太坊區塊鏈上的多種加密貨幣，以便更加分散和穩定。

那個系統是由一個「分散式自治組織」（DAO）管理，名叫 Maker。

前面提過，拉里默與其父史坦在二〇一三年九月提出這個概念，幾天後布特林在《比特幣雜

誌》上跟進發表一篇文章。二〇一五年，DAO在區塊鏈領域風靡一時，完全符合前衛加密龐克的願景，他們想像數位貨幣和區塊鏈平台將取代老舊的銀行，所有的人工干預都將盡量縮減。區塊鏈技術將盡可能把人抽離其運作，把決策留給電腦程式去做。組織規章將寫入程式碼，電腦將以公開、可預測的方式執行所有的決策。

這種分散式網路將確保任何一方都無法修改程式碼或關閉程式。大家的想法是，人可能貪腐與欺騙，但程式碼不會。那是純粹的加密無政府主義，因為對它的一些支持者來說，這些DAO不受法律管轄。拉里默寫道，DAO「不需要監管，你也不想監管，幸好你也不能監管」。DAO只受制於市場規範。

「家園版」推出，以太幣回升

二〇一六年三月十四日，以太坊推出第一個可馬上使用（produciton-ready）的版本，名為「家園版」（Homestead）。這次系統升級修復了之前版本的一些缺陷，把網路變得更快、更可靠。這表示以太坊不再處於測試模式，終於可以讓更多公司以它為基礎來打造應用程式了[6]。

以太坊推出家園版時，整個網路已經成長了很多，約有五千一百個節點（比特幣約有六千個節點），每天處理約兩萬五千筆交易（約是比特幣區塊鏈交易筆數的一〇％）。

以太坊上不斷增加的活動，以及加密貨幣市場的普遍復甦，拉高了以太幣的價格。二〇一六年一月，以太幣的價格回到一美元以上，二月突破五美元，三月攀升至十美元以上。以太幣的價格上漲，表示以太坊基金會的手頭更寬裕了。

當月稍後，一個名為DigixDAO的專案在一天內籌集了五百五十萬美元，號稱是第一個做代幣銷售的DAO。這個總部位於新加坡的團隊，希望以存放在金庫裡的金條來支持DGX代幣，一個代幣相當於一克黃金。另一種名為DGD的代幣，則是用來在DAO中投票。DGD的持有者將在黃金支持的DGX中獲得報酬。

在剛起步的以太坊社群中，Augur、Maker、Digix是幾個規模最大的專案。開發者也努力為這台世界電腦（以太坊）打造運作所需的根本基礎設施。Embark與Truffle是開發、測試、部署dapp的架構。Ether.camp與TradeBlock是區塊瀏覽器，亦即追蹤網路演化的工具。EthereumWallet.com與MyEtherWallet是數位以太幣錢包，用來儲存、發送、交易以太幣。Mist是線上瀏覽器，MetaMask是瀏覽器上的錢包，是一種連接分散式應用程式的介面與方式。

隨著這一切的發生，威列特（以萬事達幣做第一個加密貨幣眾籌的人）回想起比特幣的核心開發者安德雷森在以太坊剛起步時所說的話。他在二〇一四年的一篇部落格文章中寫道：「我認為他們試圖做得太多——『複雜是安全的敵人』——最後可能會大幅縮小他們想做的範圍，或導致他們疲於補救安全和DoS漏洞。」DoS指的是「阻斷服務攻擊」*。

但是，威列特看到二〇一五和一六年年初的進展時，開始後悔當初沒讓布特林以萬事達幣為基礎來建構那個概念。然而，這可能是最好的發展，因為世界上也因此出現了以太坊[7]。

---

* 阻斷服務攻擊（denial-of-service attacks）：常簡稱「DoS 攻擊」，又稱為「洪水攻擊」，是一種網路攻擊手法，意在於使目標電腦的網路或系統資源耗盡，以致服務暫時中斷或停止，正常使用者無法存取。

第19章
神奇鎖
他發送以太幣開鎖後，水壺會自動燒開水

最雄心勃勃的專案之一是Slock.it。德國理論物理學家克里斯多福．彥屈（Christoph Jentzsch）一直努力測試及檢查以太坊客戶端之間的相容性。彥屈以擅長做這件事而聞名，而且做起事來非常投入，一絲不苟，所以他投入新事業時，大家都會立刻關注。

「在Uber、Airbnb和其他公司的引領下，我們必須自問：『這就是我們想要建構的共享經濟模式嗎？』我們要這種收取高額費用，並完全掌控市場的壟斷公司嗎？」[1]Slock.it的一篇部落格文章如此寫道。

不必多說了，拿走我的錢吧！

Slock.it的共同創辦人（包括彥屈的兄長）希望大家不必透過中介就可以出租、出售、分享他們的房產。整個流程是透過每個商品上的鎖來完成，而不是像Uber、Airbnb等平台進行配對及付款。這個鎖會

連接到以太坊區塊鏈，所有交易都是透過智慧型合約自動進行。

二〇一五年十二月二日，一篇部落格文章寫道：「〔讓用戶能彼此互動的 Slock.it 智慧型合約〕因為有以太坊協定的規範，將永遠按照程式設計精確地執行，不會遭到竄改。」

以下是該系統的運作方式。想像一下，有人擁有一輛單車，只在週末使用，而她的鄰居想在平日騎單車上班。單車主人可以在單車上放一個 Slock.it 的鎖，並設定一個押金金額及租車價格。鄰居可以用智慧型手機，透過以太坊區塊鏈的交易支付押金（不需支付給 Slock.it），而支付押金後即可開鎖。押金鎖在網路中，直到使用者歸還單車。鄰居還車時，他需要發送另一筆交易到以太坊區塊鏈，並在扣除租金後收回押金，租金則是傳給單車主人。

二〇一五年十一月，彥屈在倫敦舉行的以太坊開發者大會（Devcon1）上說明這個專案。他用一個連接在水壺上的鎖現場做示範，他發送以太幣並打開鎖時，水壺會自動燒開水（每個人都可以從區塊瀏覽器中看到那筆交易）。他演講時，蒸汽開始從水壺的噴口冒出。

Slock.it 變成那次大會上的明星。YouTube 影片下方有一則充滿先見的留言，有人用卡通《飛出個未來》（*Futurama*）的哏圖寫道：「不必多說了，拿走我的錢吧！」

Slock.it 的社群經理格瑞夫．葛林（Griff Green）是這個專案中曝光度最高的人物之一。葛林在華盛頓州的斯波坎市（Spokane）長大，在華盛頓大學讀化工系，畢業後找到該領域的工作，兩年後離職。

他有左派思維，青少年時期就以社會主義者自居。但後來九一一陰謀論的影片使他開始不信任政府和銀行體系，讓他開始對奧地利經濟學家感興趣。他讀了路德維希・馮・米塞斯（Ludwig von Mises）的自由放任思想代表作《人的行為：經濟學專論》（*Human Action: A Treatise on Economics*）兩次。在涉足政治領域的兩個極端後，最終他把自己定位成「嬉皮無政府主義者」。這與辦公室的工作顯得格格不入。

他賣掉一切家當，買了些銀條和金幣來儲存積蓄，為的是盡量不依賴銀行。他在南美、東南亞、印度自助旅行了兩年，但總是長途跋涉回來參加火人節（Burning Man）。旅費的籌措則全靠一個朋友幫他出售貴金屬，再把現金轉交給他。有一次，他的朋友想到以比特幣轉帳給他。葛林喜歡這種不由政府發行的貨幣，所以把他的實體黃金換成了數位黃金。

回美國後，他和女友住在西好萊塢，在那裡從事按摩治療師的工作（他在泰國學到的技能），但他滿腦子想的還是比特幣。有一天他決定跟女友分手，帶著他投資加密貨幣的收益（當時價值數千美元）移居厄瓜多。他的計畫是成為加密貨幣的宣傳大使，從充滿嬉皮與老外的小鎮比爾卡班巴（Vilcabamba），為這個南美國家建立一個比特幣生態系統，並在當地退休。六個月後，他發現厄瓜多政府認定比特幣非法，於是又離開了厄瓜多。

他四處遊蕩，繼續從賽普勒斯的尼科西亞大學（University of Nicosia）攻讀數位貨幣的線上碩士學位，據說那是第一所提供這種學位的大學。他決定以程式編寫一份以太坊智慧型合約做為那門課的作業。

後來，他無意間連到 Reddit 討論以太坊的頁面，他把那份智慧型合約貼上去，並在部落格上寫了一篇文章解釋那份合約，尋求大家的意見。葛林很少參與比特幣和競爭幣的論壇，因為他覺得那些論壇太負面和挑剔了，所以當他發現竟然沒有人嘲笑他寫的外行程式碼時，他很訝異。以太坊開發者凡德桑迪甚至還花時間編輯了他的程式碼。

「我想加入他們！」葛林心想。

他立即在以太坊社群中找工作，並要求加入 Slock.it。他認為 Slock.it 是最令人振奮的加密專案之一。

DAO靠代幣自治，代幣代表投票權和所有權

Slock.it 設計系統並建立原型後需要資金，最顯而易見的選項是銷售代幣。他們以程式寫了一個眾籌合約，但後來決定更進一步，建立一個智慧型合約，賦予代幣持有者投票及決定 Slock.it 該如何運用那些資金的權力。

但做到這樣他們還不滿意，於是把這個概念又進一步發揚光大，建立一個真正的分散式自治組織（DAO），由DAO來控制資金。這表示代幣持有者將決定資金分配到哪裡，Slock.it 只是眾多

爭取資金的提案之一。DAO的運作就像一個分散式的創投基金，這可說是一種前所未有的結構，但彥屈兄弟與Slock.it的其他成員都相信DAO這種模式，也想開創這種模式。

彥屈寫了一份白皮書，說明這個DAO如何運作。白皮書的主旨是希望透過加密貨幣（一種日益熱門、對投資者比較安全的機制）來進行眾籌。彥屈寫道，一方面，預售讓創業者更容易獲得資金，也讓任何人更容易投資大型的科技專案；另一方面，「小型投資者依然容易受到財務管理不善或直接詐騙的影響」，他們「可能缺乏發現問題、參與治理決策，或輕鬆回收投資的能力」。那份白皮書對此提出的解方是，讓參與者直接、即時地掌控自己的資金，並使治理規則形式化及自動化[2]。

如何預防五一%攻擊？

DAO程式碼是以Solidity程式語言編寫的，目的就是為了部署在以太坊區塊鏈上。程式碼上線後，以太幣是發送到DAO的智慧型合約位址。程式碼根據發送的以太幣數量創造出代幣，並把那些代幣發送至剛剛那個送出以太幣的帳戶。代幣是可分割、可自由轉讓與交易的。DAO可以儲存及傳輸以太幣，但不能做太多其他事情。

代幣持有者可以針對「DAO收集的以太幣該如何使用」提案，大家有一段討論期，接著就投票表決。代幣持有者享有投票權與所有權，權利按其持有的代幣比例而定。一項提案獲准時，以太幣就會轉移到那個專案的智慧型合約。那個專案可以把以太幣（例如專案的利潤）發送回DAO，以資助其他專案或在代幣持有者之間分配，就像發紅利一樣。

在白皮書中，彥屈提出一種防止「多數剝奪少數」的方法。「多數剝奪少數」是指擁有五一％代幣的人，可以改變治理和所有權的規則，或直接提議並批准把所有的資金都發給自己。面對這種狀況，解決之道是源於布特林的一篇部落格文章：允許DAO分割，讓少數人總是可以取回自己的資金。如果有人不同意某個提案並想要撤回自己的資金，他可以創立一個新的「子DAO」，把自己的資金都移到那個子DAO裡，讓其他人任意使用他們自己的以太幣。

但這依然有問題，例如有人可能沒意識到這種情況而未能採取行動。這就是為什麼要創造出「管理者」（curator）這個角色做為最後防線，以防止五一％攻擊。管理員是投票選出及罷免的，他負責掌控可收取以太幣的位址清單。

Slock.it團隊把那份白皮書寫入開源碼。而且，就像彥屈測試以太坊客戶端一樣，他也對每一段程式碼進行了數次測試。他對於發布那個程式碼還是有點緊張，請總部位於西雅圖的Déjà Vu做審查（這家公司也審查了以太坊的程式碼）。

審查通過後，彥屈覺得他已經竭盡所能確保沒有任何錯誤了，於是在二〇一六年四月發布那個架構。從這個協定中，DAO誕生了。

The DAO 募資共一．五億美元，更勝以太幣

他們把一個DAO治理的實際資金稱為 The DAO，這可能聽起來有點混淆。Slock.it 之所以取一個這麼欠缺想像力的名稱，是因為不想為這筆資金命名，因為他們並不是擁有資金的人。因此他們決定先以 The DAO 做為暫時代稱，日後再讓社群投票選出正式名稱。

The DAO 已經變成以太坊社群談論的唯一話題。這是最大、最雄心勃勃的專案，所以有十一位最出名的以太坊成員出來擔任管理者，包括布特林、伍德、凡德桑迪、詹弗、弗傑斯戴勒、雷懷斯納。他們都是（或曾是）以太坊基金會的一員。

於是，一場為期四週的募資活動於四月三十日開始了。創建ERC20標準的以太坊開發者弗傑斯戴勒對這次活動非常投入。看到第一個完全分散、自治、社群營運的資金，令他相當興奮。他買了一些DAO代幣，心想這一定會流行起來。他對 The DAO 最樂觀的估計是募集兩千萬美元，然而前十五天就已經吸引了三千四百萬美元。當金額超過五千萬美元時，他為之歡呼。當募資超過七千萬美元並繼續攀升時，他開始擔心了，尤其是想到身為管理者，自己對資金負有一定的責任。

彥屈也開始擔心起來。突然間，數千萬美元投入他開發的實驗性程式碼，萬一出差錯怎麼辦？更糟的是，那個專案開始引起關注，他不斷接到記者的電話和電郵，多到他處理不來，後來他乾脆不再回覆。當時葛林住在彥屈的母親位於德國米特魏達地區（Mittweida）的家中，他陪彥屈去散

步，幫彥屈平靜下來。

五月二十八日眾籌結束時，一千兩百萬個以太幣（每個以太幣兌換一百個ＤＡＯ代幣）湧入那個以新的 Solidity 程式設計語言建構的未測試智慧型合約。當時以太幣市值約十二美元，折合一．五億美元。

當初以太坊的眾籌募集了一千八百萬美元，已然創下紀錄。如今 Slock.it 的眾籌，是完全不同的等級。

第 4 部 考驗

第20章

DAO 大戰

機器人裝滿了彈藥，每分鐘駭走數千美元

柏林陽光明媚，位於十字山區（Kreuzberg district）的格爾利茨公園（Görlitzer Park）裡，年輕夫妻和一些家庭紛紛躺在草地上。

The DAO 募資結束一週後，雷懷斯納來到這裡重新檢視他幫忙開發的 Solidity 語言。Solidity 語言管理所有以太坊的智慧型合約，包括 The DAO 的合約，然而他在做與這個大案子無關的事情時，注意到一個漏洞。那個漏洞可能被用來從一些合約中抽走資金。於是他上 GitHub（一個讓開發者討論及儲存程式碼的地方），並以 Chriseth 這個帳號名稱，提醒其他以太坊成員注意這個漏洞。

誰都能看見、卻無人發現的漏洞

漏洞看似無害，所以一直存在開源碼中，任誰都看得見，卻無人發現。問題在於一些合約設定發送資

金的方式。程式碼是依照指令執行，但指令的順序，卻讓一些非常聰明的人可以提取比實際擁有還多的資金。

那個錯誤在於程式碼要求電腦在發送資金後，才扣除用戶餘額。在發送資金與更新餘額之間，可以對同一交易提出新的指令，那也會使電腦先發送資金、再更新餘額。這種所謂的「可重入漏洞」（reentrancy bug）會一直重複，直到原始交易中的 gas 幾近耗盡為止。

這表示，在帳戶餘額更新之前，以及電腦發現帳戶沒錢之前，有心人可以多次索取資金。常用來解釋這個漏洞的例子，就是有瑕疵的ATM——它只在交易結束時更新帳戶餘額，所以你可以繼續提款好幾次，等機器察覺帳戶上沒錢時，為時已晚，你已經領光現金跑掉了！

雷懷斯納在六月五日發現這個問題，另一位開發者彼得・維森納斯（Peter Vesenes）在六月九日針對這個問題在部落格寫了一篇文章[1]。

他寫道：「Chriseth 在 GitHub 中非正式的指出一個我沒想過的可怕攻擊，那是針對錢包合約的可怕攻擊。簡單說：如果你追蹤任何類型的用戶餘額，而且又不是非常、非常小心的話，你的智慧型合約可能被掏空。」

這是第一次在 GitHub 之外揭露這個潛在漏洞。當以太坊的開發者忙著找哪些合約有風險時，駭客早就備好攻擊的工具了。

「寶貝，再割我一次」、「香蕉船」、「寂寞，好寂寞」

The DAO的眾籌剛結束時，代幣持有者開始嘗試「分割」（split）功能（這個功能讓DAO的成員能建立子DAO，萬一發生五一%攻擊或他不認同的提案時，就可以把資金轉到子DAO裡）。許多人測試這個功能，他們為子DAO取了一些奇怪的名稱，例如「寶貝，再割我一次」（split me baby one more time）、「香蕉船」（banana split）。

第五十九個子DAO名叫「寂寞，好寂寞」。子DAO創造出來後，創造者得先等七天，才能把他的以太幣從主DAO移到子DAO。之後要再等二十七天，才能從子DAO提取資金。在最初的第一週，其他人也可以加入，攻擊者就是用這種方式來攻擊「寂寞，好寂寞」那個子DAO（後來它被稱為「暗黑DAO」）。「暗黑DAO」要等到六月八日才能從主DAO提取資金。以太坊成員根本不知道，他們只有幾天時間修復雷懷斯納發現的漏洞。

維森納斯發布那篇部落格文章三天後，MakerDAO團隊發現他們的程式碼很容易遭到攻擊，所以他們自己利用那個漏洞，先把存在智慧型合約中的八萬美元提領一空，保住了資金。他們在Slack頻道上寫道：「今天，我們發現以太幣的代幣包裝有個漏洞，任何人都可以掏空資金。我們自己成功的執行了攻擊……據我們所知，所有人的代幣（以太幣和MKR*）都是安全的。」

程式碼第六六六行的不祥警訊

六月十二日，一個線上名稱為Ethrowa的開發者在The DAO程式碼的報酬部分發現同樣的漏洞。報酬部分是為了把專案的獲利發送給代幣的持有者。

他寫道，那個漏洞「也存在DAO程式碼——尤其是在提取報酬函式DAO.sol中。這可讓用戶一再的呼叫合約，提領其資金的數倍」[2]。

「哇！抓得好！」葛林回應。

當然，The DAO的報酬部分還沒有任何資金，因此圖爾（Stephan Tual，另一位Slock.it的共同創辦人）發了一則標題為「以太坊智慧型合約發現『遞迴呼叫』漏洞，但無DAO資金面臨風險」的貼文[3]。

幾個小時內，架構修補好了，但The DAO的實際程式碼無法迅速更改。彥屈和其他開發者啟動了更新程式碼的繁瑣流程。由於治理規則已經寫死在程式碼中，這需要兩週的投票時間及多數的代幣持有者投票才行。

不管是兩週、還是兩天，對攻擊者來說都不重要。攻擊者打算利用的漏洞（程式碼中splitDAO

---

* Maker平台有兩種代幣，一個是穩定幣Dai，另一個是MKR。詳細用途見第二十九章。

部分的遞迴漏洞）都還沒有被抓出來。

另一個人也差點就發現漏洞。康乃爾大學資工系教授艾敏・貢・西爾（Emin Gun Sirer）研究The DAO一段時間了。早在五月，他甚至呼籲「暫停」那個專案。他跟研究員詹弗及迪諾・馬克（Dino Mark）合寫了一篇部落格文章，文中提到至少九種投票機制出錯的情況[4]。

西爾在程式碼中尋找可利用這種遞迴呼叫漏洞的地方。六月十一日，他發了封電郵給他最聰明的博士班學生菲爾・戴安（Phil Daian）：「我很確定我知道怎麼掏空The DAO。」西爾說，接著他們都繼續探索程式碼。

隔天是週日，西爾感冒，躺在床上休息，但他仍繼續探索程式碼。最後，他覺得自己找到了。「我認為splitDAO可能有一個漏洞。」他在給學生的信中如此寫道，「它在呼叫結束前不會把餘額欄位歸零，這違反了提取模式，所以我認為有可能把報酬代幣多次移到一個分割的ＤＡＯ。你可以看DAO.sol的六四〇到六六六行（哈！）。我有看錯嗎？」[5]

戴安花了幾個小時檢查程式碼，最後的結論是：無法觸發這個漏洞[6]。他回信給西爾，西爾收到信後，信了學生的說法，就去睡了。就在那一天，圖爾發出前面提到的「沒有ＤＡＯ資金面臨風險」的貼文，攻擊者當時還以為自己的計畫神不知鬼不覺，完全不知道其實已經有人發現了「六六六行」的玄機。

六月十七日下午三點左右，布特林人在上海一位朋友的公寓裡，他收到一則訊息：「我不確定這是不是個問題，但看起來有人在掏空 The DAO。」

「太奇怪了。」布特林心想，「目前應該還無法從 The DAO 中提領貨幣啊。」他去看合約，發現每秒鐘約有一百個以太幣從合約中消失。這時，以太幣的價格已經攀升，所以智慧型合約的總金額約是二．五億美元。他把那則訊息轉發給以太坊的核心開發者和 Slock.it 團隊。

布特林不願相信這是惡意的，但很快他也不得不信了。以太坊上最大的專案正遭受攻擊，那裡面的以太幣約占以太幣總量的一四％。如果駭客成功了，不但會毀掉專案，也會毀掉以太坊。

布特林想到的第一件事，是向以太坊網路發送垃圾交易以減緩攻擊，同時和其他的開發者盡快搞清楚到底發生了什麼事。幾個小時後，彥屈、賽門、葛林已經把彥屈家的飯廳變成了作戰地堡。彥屈的五個孩子在家裡走來走去準備上學，他們幾個開發者聯繫其他開發者，回應數十則訊息和電郵，並一頭栽進程式碼中，設法找出資金是如何被掏走的、攻擊者是誰，以及最重要的：該如何阻止攻擊？

就像穿著睡衣的鐵達尼號乘客

當凡德桑迪（網名 Avsa）在里約熱內盧的公寓醒來時，訊息已如潮水般湧入，而且現在訊息是來自交易所及安全研究人員。大家開始呼籲關閉市場、暫停交易、啟用緊急程式碼。

以太坊基金會的發言人喬治．哈藍（George Hallam）在一個聊天室中，跟數個加密貨幣交易所的負責人對談，他表示：「所有的交易所：請盡快暫停以太幣交易。」一些交易所的執行長反問，這樣做是否絕對必要。Bittrex 交易所的比爾．席哈拉（Bill Shihara）表示，停止交易可以防止攻擊者清算資金，但也會懲罰合法的交易者。

布特林通常比較支持不干涉的方式，但他非常擔心這次攻擊對以太坊造成的影響，所以他也改變立場，要求交易所介入干預。他說：「你們可以停止交易嗎？還有停止存款與提款。」一些交易所答應了[7]。

凡德桑迪簡直不敢相信他看到的一切。

「親愛的，還記得我上週說的那一大筆錢嗎？就是那筆被不可駭的程式碼保護的錢？」凡德桑迪的眼睛緊盯著智慧型手機的螢幕，一邊對妻子說。

「記得啊，怎麼了？」

「那筆錢被駭了。」

此時，多數代幣持有者都已經聽說 The DAO 被駭的消息了。他們沒有自己創造子ＤＡＯ並等候七天才從ＤＡＯ提領資金，他們就像穿著睡衣的鐵達尼號乘客，跳進他們能找到的第一艘救生艇一樣，直接加入快到期的任何子ＤＡＯ。凡德桑迪也試著這麼做，但是他按下以太坊錢包上的按鈕時，得到全世界最煩人的訊息之一：「密碼錯誤」。

「什麼鬼？這怎麼可能？密碼我知道啊，這肯定有bug。」凡德桑迪心裡咒罵著開發這個應用程式的人，然後又想起這個人就是他自己。

凡德桑迪不再思考資金遭駭的問題，而是開始排解漏洞。等他修好漏洞時，他想加入的子DAO到期時間已經過了。他打開Skype，開始輸入要傳給葛林的訊息。「嗨，葛林，我有十萬個DAO代幣，要怎麼把錢提領出來？」但是他立刻感到羞愧，刪除了那則訊息。他認識所有參與創造The DAO的人，他自己甚至是管理者。他意識到他應該幫忙救火，而不是只想到自己。

「嗨，葛林，我有十萬個DAO代幣，我能幫什麼忙？」

「嗨，凡德桑迪！我們都還在想辦法！不過，還是謝謝你的好意！」葛林說。他一整天都沒離開彥屈家飯廳的椅子。

要軟分叉，還是硬分叉？

彥屈一直努力撐著，避免精神崩潰。過去幾週，他已經壓力很大。他辭掉為以太坊基金會當測試者的工作，無償加入Slock.it專案，還有五個孩子要養。The DAO所帶來的興奮感像抽在他背上的鞭子，因為大家只想趕快完成那個專案，他覺得自己有盡快完成任務的壓力。當數千萬資金湧入時，他感覺不太對勁。現在，那種不對勁的直覺令他喘不過氣。

以太坊協定、軟體客戶端、應用程式的開發者都放下手邊的事情，聚在Skype、Gitter、Slack聊天室，試圖搞清楚該怎麼做。也許他們可以試著模仿那個攻擊，從攻擊者那裡掏取資金。或者，他們可以把還在主DAO的錢掏到一個安全的地方。另一個選擇是所謂的軟分叉（soft fork），那是指礦工不要處理從The DAO或任何子DAO中提錢的交易，這樣就可以阻止攻擊者竊取資金。

最後這個選項很棘手。照理說，公共區塊鏈不受審查，只有在多數參與者達成共識下，才應該做出改變。一小群人主張阻止某種特定行動，等於是反其道而行。對布特林來說，軟分叉是比較快的解決方案，他相信這個提議已經從開發者獲得足夠的支持，於是他在部落格上寫文，以「緊急更新，關於：DAO漏洞」為標題，公開了這個訊息：

「我們發現DAO遭到攻擊及利用，攻擊者正把DAO中的以太幣移轉到一個子DAO。」他解釋，即使不採取任何行動，攻擊者至少在二十七天內無法提領任何以太幣。此外，即使這個狀況影響到The DAO，「以太坊本身非常安全。」

「我們提議採取軟分叉。」他寫道，「那將使任何進行call/callcode/delegatecalls以減少帳戶餘額、帶有雜湊碼0x7278d050619a624f84f51987149ddb439cdaadfba5966f7cfaea7ad44340a4ba（亦即The DAO與子DAO）的交易（不單只是呼叫，而是交易）都無效。」

另一種更激烈、爭議更大的選擇也開始出現：硬分叉（hard fork），亦即修改以太坊協定。在這個新鏈中，一切都維持不變，只修改The DAO的智慧型合約，限定只讓代幣持有者提取自己的資金。「這是以太坊最可怕的噩夢，希望這不會導致大家呼籲採取硬分叉。」有人在Reddit的以太坊頁面上發文，「那會破壞以太坊做為平台的正當性。」

仿效攻擊者手法，自己把The DAO掏光

當天稍晚，不知何故，攻擊者停止提領資金。他已經把一千兩百萬個以太幣中的三〇%（亦即三百六十萬個以太幣）提領到他的子DAO，其餘的仍留在主DAO中。

葛林傳訊息給凡德桑迪：「我想，我們知道攻擊者是如何做到的了。」並解釋攻擊者如何使用遞迴呼叫功能（亦即多次連續提款的功能），設法獲得超出他們所擁有的更多的錢。

「我覺得我們可以仿效攻擊者的手法，自己把The DAO掏光。」葛林說。

凡德桑迪加入了葛林與其他開發者的私密Skype小組，裡面成員包括弗傑斯戴勒、喬迪·貝林納（Jordi Baylina）、雷夫特里斯·卡拉佩斯塔斯（Lefteris Karapestas）。其他人偶爾會加入及離開他們的討論，但他們是主要的參與者。他們正在準備一次非惡意的反擊，亦即所謂的白帽攻擊*。他們想從The DAO中竊取資金，把那些錢重新分配給合法的主人，於是「羅賓漢群組」這個名字

*駭客有白帽、黑帽之分，前者運用程式技術發現、改善資訊安全漏洞，後者則利用漏洞來牟取不當利益。

就此誕生。

他們第一次通話時，是巴西時間下午三點左右，歐洲已經入夜。白帽駭客已經成功在一個測試網上模擬攻擊，他們覺得他們在技術上已經準備好了。

「但……我們真要這樣做嗎？」

「問題是，如果你能想到用這個方法，你覺得還有多少人也同樣想到了？」

「肯定不是只有我們想到。」

「所以現在任何人都可以這樣做嗎？」

「對，只是時間早晚的問題。我們其實不知道最初的攻擊者為什麼停止攻擊了。」

「或許他覺得他已經掏夠了，只偷三〇％就滿意了。」

「也可能他的攻擊沒有我們的好。我們覺得他可能在攻擊時燒光了代幣。」

攻擊需要ＤＡＯ代幣才能從主ＤＡＯ提取以太幣。序列必須快速執行，把代幣從一個帳戶移到另一個帳戶，以避免主ＤＡＯ中的電腦程式拿取代幣。

「如果我們有六十萬個代幣，也許可以在幾分鐘內掏光剩餘資金。」

「但回到老問題……我們真的要這樣做嗎？應該還有別的辦法。」

「每個人都在談論做軟分叉，或甚至硬分叉。」

「做白帽攻擊是不錯的預防措施，不是嗎？如果其他解決方案都行不通，我們會失去做白帽攻擊的機會。如果其他解決方案行得通，這次白帽攻擊也會被逆轉，所以沒關係。」

「我們還是不能馬上做，必須先滲透到 The DAO 中。」

「那我們就開始吧！」

「但我們不知道這樣做的法律後果，沒有人知道。我可不想牽累我們的公司。」

「或基金會。」

「不會牽累，這是我們自己的事，但誰來做這件事仍然很重要。」

「我們必須在啟動的當下就宣布我們在做什麼。我們不可能祕密進行，不然那就不是白帽攻擊了，只是普通的黑帽攻擊。」

「而且，如果沒有人知道發生什麼事，那會搞垮市場。」

以太幣的價格已經從駭客攻擊前的二十一美元跌至十五美元左右，一天之內就失去了約三分之一的價值。

「那，誰來做這件事？」

「羅賓漢群組」，潛入建好的逃生艙

大夥兒靜默了很長一段時間。每個人都希望這件事趕快進行，但沒有人想執行，他們就這樣反覆討論了好一陣子，直到凡德桑迪說他可以做這件事。他自願提供他的十萬個代幣，反正攻擊無論如何都會追溯到他身上。

「我可以動手，你必須教我怎麼做，但我可以做。」

「好。下一次攻擊機會是什麼時候？」

別忘了，從主ＤＡＯ分割出來的人，得等七天才能把他們的資金從主ＤＡＯ移到子ＤＡＯ。重要的是，那七天裡，其他的代幣持有者可以決定加入那個子ＤＡＯ。「羅賓漢群組」（大家已經普遍知道這個名稱）可以利用這點，潛入已經建好的逃生艙。

他們必須使用兩個帳戶，一個是真人用戶，一個是機器人用戶以便自動攻擊。他們也必須知道哪個子ＤＡＯ的擁有者是誰，以便與他協調，並確保他們「竊取」的資金將如數歸還失主。他們還必須挑選接近到期日的子ＤＡＯ，以減少攻擊者加入他們的機會。

葛林開始接觸社群的人，詢問子ＤＡＯ的主人是誰。當一個組織打算反擊的消息傳出時，大家開始主動表示他們願意協助。最後，葛林找到一個完美的人選，一個擁有子ＤＡＯ的人，而且快到期了，外人就算想加入也太晚了。

駭客們開始指導凡德桑迪怎麼做：開一個新帳號，搭配很複雜的密碼，然後把ＤＡＯ代幣放入那個帳戶中。接著，他們寄給他一段程式碼，讓他從那個帳戶部署。這是機器人帳號，會跟他一起加入子ＤＡＯ，一起掏光主ＤＡＯ，希望他們比攻擊者更早取得資金。

他們必須等待最佳時機，以免讓攻擊者知道他們在做什麼。還剩三十分鐘時，他們又通了一次電話。剩二十五分時，凡德桑迪部署了機器人，為它注入需要的代幣。還剩二十分鐘時，時候到了。

「咱們去搶銀行吧！」凡德桑迪說。他動手時，腎上腺素狂飆。

緊要關頭，網路竟然掛了

但什麼也沒發生。他等了幾秒鐘，又等了一分鐘，還是什麼也沒發生。

「有問題，交易沒有受理。」他說，但電話的另一端一片寂靜。他被斷線了，Skype 變成離線狀態。他打開谷歌，發現電腦離線了，他試著開關數據機，依然沒有動靜。他用手機連線，重新打開 Skype。

「各位，我的網路斷了！有人可以接手嗎？」

「讓我來試試！」葛林說。

在凡德桑迪急著打電話找網路服務供應商時，葛林連上以太坊區塊鏈，但他必須等到他與最新的區塊同步。

「我查到你的社區有連線問題！」凡德桑迪電話另一頭傳來類似機器人的聲音。「如果三小時後依然無法連線，我們會安排登門修理，請按一預約時間。」

他只能跟網路服務供應商預約維修時間。他心情沉重地看著到期時間飛逝而過。葛林並未在到期前連線。

「啊！」凡德桑迪一邊按選項，一邊對自己吶喊。他覺得以太坊的未來就靠他了，沒想到現在

「下次機會是什麼時候？」

「明天早上，但是到那時，可能所有的錢都被掏光了。」

「也許攻擊者覺得三千萬美元就夠了？」

「我覺得不可能。他大可掏光所有資金。」

「明天我們再通話吧。」

與此同時，越來越多人開始爭論到底該用軟分叉、還是硬分叉，或是乾脆接受 The DAO 被駭的事實，放手讓它翹辮子。

對許多人來說，如果他們對以太坊採取任何行動，以太坊的核心價值就喪失了，因為這表示有些專案大到不能失敗，應該獲得援救，就像二〇〇八年的華爾街大型銀行一樣。如果加密貨幣最後走上他們一開始想脫離的路線，那搞加密貨幣還有什麼意義？沒隔多久，「程式碼即規則」（code is law）這個加密龐克的術語就出現了，有人說這是不該打破的基本原則。

也有人持相反態度，認為程式碼是幫助大家的工具。如果開發者知道如何解決這個問題，能把錢歸還原主，他們就應該去做。否則，他們也沒比竊賊好到哪裡去。

有些人說，按下重新來過的按鈕，大家會對以太坊失去信心。也有人說，不這麼做的話，大家才會對以太坊失去信心。整個專案的存亡岌岌可危，核心價值也受到質疑。如果以太坊的程式碼不是不可變及不受審查的，那它代表什麼？

在這些反思討論的過程中，有些代幣的持有者只想把錢追討回來。那些打從一開始就對以太坊抱持懷疑態度的比特幣用戶，則是在旁幸災樂禍。這種敵意引發了陰謀論，一家著名的比特幣公司部署了機器人，向社群媒體發送反以太坊的評論。

以太坊基金會開始陷入困境，一些評論指出，最初討論救助的唯一原因，是基金會的成員也投資了這個專案，同時又身兼專案管理者。大家拋出的責難和恐懼實在太多，任何花時間瀏覽那些討論的人，都覺得那是個險惡的是非之地。

來自駭客的謝函：祝你們好運

六月十八日週六凌晨，亦即駭客開始攻擊的第二天，當初認為以太坊會失敗並提議以眾籌的半價出售以太幣的帕波斯庫，在部落格貼出一封信。作者聲稱自己就是攻擊者，但由於該信作者沒有在加密簽名中正確地表明身分，極有可能是為了在最棘手的時刻出來激怒以太坊社群的酸民，而不是真正的 The DAO 駭客。

那封信寫道：「致 The DAO 和以太坊社群：我仔細檢閱了 The DAO 的程式碼，發現『分割可獲得額外報酬』這個功能，所以決定試試看。我已經使用這個功能，並正當地取得三百六十四萬一千六百九十四個以太幣，我想在此感謝 The DAO 給予我這筆報酬。」

信中還表示，執行軟分叉或硬分叉，相當於「沒收」他以正當方式取得的以太幣，那將會「進一步損害以太坊，破壞其聲譽和吸引力」。接著，那封信揚言對任何試圖沒收或凍結其資金的人採取法律行動，最後的結語肯定讓任何讀那封信的以太坊成員感到不安：「我希望這個事件成為以太坊社群寶貴的學習經驗，祝你們好運。攻擊者留。」[8]

攻擊仍未重啟，羅賓漢群組決定再次集結，發動反擊。距離他們加入下一個子ＤＡＯ還有一個小時，他們還沒確認那個子ＤＡＯ的主人身分。他們才剛把自己的機器重新連上以太坊網路，然而，與最後一個節點同步花了太長的時間，所以他們又錯過了到期時間。如果他們週六早點醒來就好了，但他們前一晚其實幾乎都沒睡。

翌日，他們又經歷了類似的過程，但這回凡德桑迪清晨五點就起床了，他的電腦已經準備就緒。他和葛林一起找出下一個即將關閉的子ＤＡＯ是什麼時候，然後把真人帳戶和機器人帳戶投入其中，過程順利，沒有失誤。他們終於進入了，感覺還不錯，但也沒有想像中那麼興奮。他們發了幾個慶祝的表情符號後，葛林就去睡了。

但凡德桑迪還有一整天的時間，他心想，為什麼到這裡就停了呢？他可以馬上加入其他的「逃生艙」。他們之前沒有這樣做，是為了避免引起關注，也避免讓攻擊者知道他們的計畫。但兩天過去了，攻擊者仍未重現。此外，隨著駭客的細節持續曝光，其他人更容易找出如何利用這個漏洞，所有的子DAO都很容易遭到利用。凡德桑迪認為，他還不如比黑帽駭客早一步出擊。

他告訴羅賓漢群組他在做什麼，並用同樣的方法滲透每個預定在三天內脫離主DAO的逃生艙。但是，這麼做合法嗎？雖然羅賓漢群組打算公然進行這些駭客攻擊，目的是把資金返還給失主，但是以後要是上了法院，僅憑善意站得住腳嗎？執行這個計畫依然意味著，他們是從自己沒有掌控權、甚至沒有編寫的智慧型合約中竊取數百萬美元。

另外，其他人也在鼓吹及開發其他替代方案的程式碼。以太坊社群的多數人都希望盡可能避免硬分叉，所以軟分叉的概念持續獲得更多關注，大家覺得那是兩害之間取其輕。

機器人是特務，代幣是他們的能量

羅賓漢群組在接下來的兩天開會，討論他們是否應該部署戰士，但後來決定不這麼做。到了六月二十一日，亦即第一次攻擊的四天後，他們發現主DAO上有動靜了。

「我認為攻擊者又開始行動了。」一名羅賓漢駭客在Skype聊天中說。

每個人都進入高度警戒狀態。資金持續流失，他們連忙去檢查那究竟是某個代幣的持有者合法提領以太幣，還是實際的攻擊。

「確認，這是一次『重入攻擊』，可能是原攻擊者使用新身分，也可能是模仿者，但顯然是貨真價實的攻擊。」

「所以，我們要反擊嗎？」

「要，當然要！」

如果他們之前對於單方提領資金有任何疑慮，現在他們覺得攻擊者是在逼他們出手。

「凡德桑迪，這次你也可以行動嗎？」

每個人的心臟開始狂跳，目不轉睛盯著電腦螢幕。他們都坐在不起眼的地方——臨時湊合的家庭辦公室，四周擺滿汽水罐和垃圾食物，但他們感覺自己是在遙遠星系中，執行著高風險的任務。

凡德桑迪想像當時背景是一個混亂的太空站，太空站的規模猶如一座小城市，太空母艦上停泊了數百艘飛船。許多船長要求讓飛船起飛，他們都排好隊，準備啟動。每架飛船上都有一名羅賓漢群組的成員及兩名特務，一個是真人，另一個是機器人。

起飛前的最後一步，是以飛船持有的ＤＡＯ代幣和母艦持有的以太幣進行交易。為了展開攻擊，特務必須補充滿滿的代幣能量。羅賓漢群組的駭客一共集資了三十萬個代幣。輪到他們出擊時，機器人會把代幣交給母艦，並要求等量的以太幣。

下一步通常是母艦交出以太幣並收取代幣，但是在攻擊中，機器人被設定成反覆要求資金。母艦的電腦會清點代幣，由於它還沒有把代幣拿走，它會再次發送全部的以太幣。這個流程會不斷重複，直到機器人達到它的作業極限。接著，機器人會把它的所有代幣交給真人帳戶，這樣母艦就不會把代幣收走了。之後，他們又可以重新開始。

凡德桑迪啟動攻擊，他們等了幾分鐘，讓整個以太坊網路確認交易及記錄區塊，然後……

「成功了！天啊，真的成功了！一百美元轉入分隔帳戶了。」

「是啊，但是照這個速度，永遠也掏不完！另一個攻擊者也掏走二十美元了，我們得搶先他們一步。」

用大寫字母叫大家「別慌」

他們把代幣移回合約，重新開始。真人掌控的帳戶會把代幣移回機器人帳戶，那只需要幾秒鐘，之後攻擊就會重新開始。但由於母艦上有一億美元，可能需要整整攻擊一週，才能掏光全部資金。他們急著去找他們知道有投資 The DAO 的朋友，請他們捐出代幣。最後，他們總共募集到八十萬個代幣。

他們的機器人裝滿了攻擊的彈藥，每分鐘可以掏走數千美元。突然間，第二個攻擊者也開始掏走資金。整個社群都注意到了，羅賓漢群組覺得這下子他們別無選擇了：他們必須秀出真實身分，即使那樣做可能知會更多的攻擊者。

凡德桑迪決定在推特上宣布這個消息。成長過程中，他最愛的書籍之一，是道格拉斯．亞當斯（Douglas Adams）的《銀河便車指南》（*The Hitchhiker's Guide to the Galaxy*），那是一系列科幻小說的第一本。小說封底印著「別慌」的黃色大字，這兩個字讓幼時的凡德桑迪留下深刻印象。所以他上推特發文時，趁機引用了他十幾歲的太空英雄。

「**DAO正被安全地掏空，大家別慌。**」他寫道。全部以大寫字母書寫。

很多人都搞不懂，這句話到底什麼意思。於是有人也用大寫字母回應：「**用大寫字母叫人別慌，能不慌嗎？**」[9]

資金救回七成，勝利在望

攻擊者正在提高火力，所以羅賓漢群組需要加速行動。凡德桑迪把他的鑰匙交給弗傑斯戴勒，弗傑斯戴勒寫了一套程式碼，可以把攻擊的流程自動化。

原本一切順利，但是弗傑斯戴勒突然說：「我的交易過不了了！」

區塊鏈上的每個交易都有一個做為計數器的戳記，稱為nonce。系統會忽略順序錯誤的交易。

凡德桑迪交出鑰匙時，他們弄亂了計數器，導致交易都過不了，因為系統正在等待正確的nonce。攻擊者隨時都可能趕上他們。弗傑斯戴勒明白發生什麼事時，覺得自己彷彿處在區塊鏈的一場汽車追逐中。他很快以手動的方式設置了nonce，所有待處理的交易都一併執行了。接著，他們繼續執行那個流程。

很快的，白帽駭客又回到每秒提取數千美元的狀態，這時有一位以太坊大鯨（指擁有出奇大量代幣的人）願意為他們的反擊行動貢獻數百萬個代幣。

現在他們擁有六百萬個代幣，有了這些代幣，羅賓漢群組的智慧型合約，每幾秒鐘約可掏三萬美元。接著，第三個攻擊者和第四個攻擊者加入競爭以太幣的行列，但他們每次只能盜取幾百美元。這種情況持續了幾個小時。

弗傑斯戴勒和其他人持續改進程式碼，直到他們能從母艦上掏走最後一分錢。他們救回了約七〇%的資金，約三〇%的資金仍在攻擊者使用的「暗黑DAO」中，另外還有一些以太幣是在其他黑帽駭客的手中。現在，白帽駭客只需再等幾天，就可以提取資金，並歸還給失主。

短暫的解脫，因為飛船上還有別人……

這一週以來，白帽駭客第一次可以好好補眠，不必擔心醒來時發現The DAO已經完全掏光。

但這種解脫感很短暫，因為飛船上不止他們，還有別人。

掏光母艦後，他們不安的意識到，有個不知名的人或東西加入了他們。他們連忙查看飛船上的乘客名單，看這個新出現的人是敵是友。結果他們發現，飛船上除了一般人類帳戶外，還有一個機器人，不禁心頭一沉。

攻擊必須用一個真人帳戶及一個機器人帳戶來執行，所以飛船上的程式碼顯示有攻擊者登上他們的飛船，他滲透了他們進入的每艘「飛船」。他們以為他們即將飛抵安全的地方，豈料有個外星人潛伏在他們之中。

當下他們也束手無策了。在加入子ＤＡＯ七天後，成員必須再等二十七天才能把資金提領到另一個帳戶。不過，一旦他們那樣做，攻擊者就可以再次加入他們，阻止他們拿走資金。之後，他們必須經過另一個緩衝期，才能提取資金，到時候攻擊者也可以阻止他們提取，如此繼續下去。

他們可能會永遠困在這場ＤＡＯ大戰中。

第21章

分　叉

大家以為宣告死亡的舊鏈，竟然起死回生

看來現在追回遭竊資金的唯一方法，似乎是軟分叉——也就是礦工不要處理從 The DAO 或任何子 DAO 中提取資金的交易。

斯濟拉奇是威爾克在 Go Ethereum 團隊（簡稱 Geth）中的得力助手，他正在領導這項工作，好讓 Geth 客戶端這樣做。以太坊軟體客戶端可以這麼做的版本，稱為「DAO大戰」（DAO Wars）[1]。

Next，星際大戰之「網路大反擊」

「我們已經發布了Geth的一．四．八版（代號「DAO大戰」）做為修補版本，讓社群有機會決定是否暫停 TheDAOs 一．〇版的資金發放。」斯濟拉奇在六月二十四日的部落格文章中寫道，「如果社群決定凍結資金，只有少數幾個白名單上的帳戶可以取回被凍結的資金，並把資金歸還給失主。Parity（伍

德離開基金會後所成立的客戶端專案）的一・二・〇版也提供類似的機制。」

為了啟用軟分叉，多數礦工不得不把他們的軟體更新成「ＤＡＯ大戰」版。隨著時間逼近六月三十日（修補程式啟用日），多數礦工都表示他們已經準備好更新了。但事情沒那麼簡單，在計畫進行軟分叉的兩天前，之前在 The DAO 發現漏洞的西爾教授和兩名學生宣布，更新可能導致以太坊遭遇「阻斷服務攻擊」（denial-of-service attack）。

軟分叉將使礦工忽略那些幫攻擊者從 The DAO 提取資金的交易。但研究人員寫道，攻擊者可能「以大量交易灌爆網路，那些交易都執行困難的運算，最後攻擊者是在ＤＡＯ合約上執行操作。使用軟分叉的礦工，最終將被迫在不收費下執行這類合約，接著又放棄合約」。這樣可能會堵塞網路[2]。

軟分叉的執行隨即停了下來。隔天，Geth 團隊發布程式碼以撤銷「ＤＡＯ大戰」版中的更改。為了維持「星際大戰／ＤＡＯ大戰」這個主題不變，新發布的軟體稱為「網路大反擊」（The Network Strikes Back）*。當電腦技客主導局勢時，就是會發生這種事[3]。

剩下的選項是什麼事都不做，或是採用硬分叉。在 Reddit 的以太坊討論頁和推特上，大家爭論硬分叉的利弊好幾天了。以太坊是否應該遵循「程式碼即規則」（亦即，智慧型合約和區塊鏈協定中的內容不得竄改）這個加密教條呢？如果開發者現在做了改變，大家如何確定以後他們不會再這麼做？但是，萬一遵守這個教條會危及平台的生存呢？是否應在情有可原下，採取緊急行動？

由於以太坊是採用餘額帳戶模式，其硬分叉將異於比特幣的硬分叉。要改變比特幣區塊鏈，整個網路的歷史都得退回爭論點；在以太坊，交易不會回溯，而是修改有爭議的帳戶餘額。有些人認為這使硬分叉的侵入性降低；有些人則認為，開發者握有隨意調整區塊鏈的能力，將導致情況惡化。

To Fork or Not To Fork

六月二十八日取消了軟分叉，攻擊者要到七月二十一日才能從「暗黑DAO」提領資金。和軟分叉的做法一樣，軟體客戶端的開發者也寫了一版新軟體，讓用戶可以選擇採取硬分叉。採用硬分叉將啟動一個新的以太坊鏈，The DAO資金將回歸資金的主人。但這必須做出一個決定：應該把硬分叉設為預設選項，讓礦工能選擇退出？還是應該反過來，讓礦工選擇加入？

「硬分叉是個微妙的議題，在我們看來，沒有正確答案。」威爾克在七月十五日的部落格文章〈要不要分叉〉（To Fork or Not To Fork）中寫道。「由於這不是基金會或任何單一實體可做的決定，我們再次轉向社群，評估大家的意願，以提供最合適的協定變更。」

基金會以外的開發者在網站上建了一個投票工具，用來衡量社群的立場。投票是根據參與者數

---

*《星際大戰五部曲》的名稱是《帝國大反擊》（*The Empire Strikes Back*）。

位錢包內的以太幣持有量來進行加權計算。進行了一天後，僅五・五％的以太幣持有者參與投票，其中約八成的人投票支持「選擇退出」，這表示硬分叉是預設選項。

支持「選擇退出」的選票中，有二五％來自單一位址。投票並不代表整個社群，推特上的非正式民調和 Reddit 上的討論也沒有偏向硬分叉。在欠缺更好的替代方案下，以太坊軟體客戶端的開發者決定：把投票結果視為確定硬分叉是軟體升級的預設選項[4]。

七月二十日，以太坊進行硬分叉那天，布特林坐在紐約州綺色佳市康乃爾大學的一家咖啡館中，俯瞰著跑道。這天，他建立的平台將出現不可逆的改變。有些人警告，以太坊將因此遭到摧毀。

布特林希望以太坊經此一役後變得更好。他去康乃爾大學是為了參加一場區塊鏈研討會，這場研討會是由西爾教授（他一直指出 The DAO 的漏洞）及一些開發者和研究者所帶領，包括羅賓漢群組的凡德桑迪（網名 Avsa）、詹弗、迪崔歐，以及提出「以太坊改進提案」的貝克茲。

他們之中有些人正圍在布特林的筆電周圍，等待編號第一九二〇〇〇〇號區塊出現——倘若多數礦工沒有退出，這就是執行硬分叉的關鍵時刻。

區塊鏈追蹤器顯示，以太坊區塊鏈正持續運作，每隔幾秒就增加一個新區塊。它看起來像一個又長又窄的樂高塔，從螢幕的一邊長出來。但突然間，下一個區塊是放在那個高塔的一側，而不是放在塔頂。

「成功了！」凡德桑迪說，布特林驚訝地笑了起來。

新的區塊繼續附著在新鏈上，舊鏈停止生長。這表示多數礦工支持新鏈，新鏈中的 The DAO 資金是安全的。硬分叉順利執行，沒出差錯[5]。

即便是那些對硬分叉的決定感到糾結的人（包括布特林），也鬆了一口氣。

貨幣體系必須為民服務

西爾堅持認為，沒道理讓以太幣的竊賊逍遙法外。他不認同「程式碼即規則」這個說法。他說：「規則不是法律，法律才是法律。我們不會毀掉一整個金融體系，然後建立一個新體系，結果卻被我們想出來的演算法所奴役。貨幣體系必須為民服務，如果不為民服務，大家會想辦法換掉它。」

為了解決這個問題，西爾對布特林說：「我要問你一個問題，希望你如實回答，我不會因為你的回答而評斷你，我只希望你完全誠實。你是真的想打造這個世界電腦嗎？還是想吸引非法資金流動、毒品販子、非法賭客之類的？」

「不，不是那樣。」布特林回答，「我們想打造次世代的應用程式。」

「如果你想吸引的是非法資金，不可變性是最重要的。」西爾說，「如果你不想那樣做，進行分叉完全合理。」

布特林相信不變性的價值，但他也認為這種情況是特例，以太坊本身陷入風險，所以需要採取極端措施。隨著網路的成長，單一專案的漏洞（像 The DAO 這樣）危及整個區塊鏈的可能性會越來越低。但隨著社群持續擴大，針對類似規模的改變達成粗略的共識，也會變得更加困難。他希望，至少給以太坊一個機會，讓它可以發展到那個程度。

執行硬分叉那天稍晚，康乃爾大學的研究員帶了瓶香檳進教室，他們在那間教室裡討論共識演算法。他們把標籤改成更適合顯示過去事件的標籤：分叉。他們乾杯慶祝，但一如既往，慶祝並未持續多久[6]。

舊鏈是你無法關閉的世界電腦

幾個小時後，大家以為宣告死亡的以太坊舊鏈竟然起死回生，突然又開始生長，就在新鏈旁邊一起增生。

「這是怎麼回事？有人真的在賠錢挖一條不賺錢的區塊鏈嗎？為什麼？」凡德桑迪說。有人為了讓舊鏈持續增長，必須連上舊網路並投入能源去確認區塊鏈上的區塊，但是那上面的數位貨幣已經毫無價值了。

舊鏈就像一個平行宇宙，分叉前的以太坊保持完整，每個人帳戶裡的貨幣數量沒變，資金仍卡在「暗黑DAO」中。但是裡面的加密貨幣不是以太幣，而是那個平行鏈自己的加密貨幣。以太幣只在新鏈上開採。

區塊鏈是為了經濟動機而存在，但現在這種情況，以太坊舊鏈（後來稱為以太坊經典鏈〔Ethereum Classic〕）是被那些忽略眼前經濟動機的人所復甦的，他們仍花時間金錢，確保一個不可變的以太坊區塊鏈存活下來。也許舊鏈的加密貨幣以後會升值，他們可以獲得報酬。

「我們相信分散式、不受審查、無許可的區塊鏈。我們相信以太坊的原始願景，它是你無法關閉的世界電腦，執行著不可逆轉的智慧型合約。」以太坊經典鏈的網站寫道，「我們相信問題之間應該明顯區別，系統分叉只是為了修正實際的平台漏洞，而不是為了拯救失敗的合約及特殊利益。」[7]

經典幣很快就有了交易代碼

其他支援舊鏈生存下去的人，是比特幣愛好者，他們也想提出自己的觀點：以太坊是一種愚蠢的競爭幣，有一些阿諛奉承的追隨者，臣服於他們的最高領袖布特林。

布特林試圖搞清楚這究竟是怎麼回事時，他從知名的比特幣開發者葛列格里・麥斯韋爾（Gregory Maxwell）那裡收到一則訊息：他想買布特林在舊鏈上的數位貨幣。這項提議顯示他支持以太坊經典鏈。西爾說，基本上，他是「脫下手套，甩布特林一巴掌」。

很快的，任何人想買以太坊經典幣或出售他們免費得到的經典幣（持有以太幣的人，可得到相同數量的以太坊經典幣），都可以這樣做，就連 The DAO 的竊賊也可以套現。七月二十四日，也就是硬分叉四天後，加密貨幣交易所 Poloniex 成為第一家掛牌交易以太坊經典幣的交易所，經典幣的交易代碼是ＥＴＣ（以太幣的交易代碼是ＥＴＨ）。另外兩家交易所 Kraken和Bitfinex 也在幾天後跟進。

接下來的那一週，Coinbase 也開始交易經典幣。就這樣，經典幣可以在多數主要的交易所進行交易了，並持續獲得雜湊率（挖礦力）。八月底，經典幣的交易價格略高於一美元，以太幣約為十三美元，以太坊經典鏈的市值約為以太坊的一〇%。

駭客發動攻擊，是為了做空以太幣嗎？

幾天後，葛林抵達蘇黎世。羅賓漢群組因為參與以太坊經典鏈中的ＤＡＯ大戰，而在子ＤＡＯ中持有七百二十萬個經典幣，當時約合一千五百萬美元。他們必須確保那些經典幣的安全，並把它們歸還給失主。

並非所有的羅賓漢駭客都是這個新組織的成員，尤其當初在羅賓漢群組中扮演要角的凡德桑迪就沒有加入。這個新團隊後來被稱為「正白帽駭客」（White Hat Hackers，大寫），把他們嚇壞了。需要澄清的是，羅賓漢群組是「白帽駭客」（white-hat hackers，小寫），亦即無惡意的駭客。這個新團隊也是無惡意的駭客，只是後來開始被稱為「白帽團隊」（White Hat Group）。他們收到多位DAO代幣持有者的訴訟威脅，要求他們交出他們的錢。

把錢歸還給失主，本來就是他們的初衷，但他們希望在不違反任何法律的情況下進行。八月十一日，白帽駭客貝林納在Reddit上發文表示，他們聘請了瑞士公司Bity SA（這家公司也為Slock.it提供諮詢服務），「在獨立的瑞士法律架構下，守護、保管，並公平的分配資金。」

白帽團隊前往瑞士之前，不得不在沒人注意下，重做對以太坊經典鏈的駭客攻擊。不管攻擊者是誰，攻擊者並未試圖阻止白帽團隊從子DAO中提領資金（原本他們擔心這可能在以太坊區塊鏈中發生）。可能是硬分叉分散了攻擊者的注意力，也可能因為攻擊者對目前的獲利很滿意。有人推測攻擊者做空以太幣的獲利，可能比實際攻擊的獲利更多，因為以太幣在The DAO遭到駭客攻擊後暴跌了。

白帽團隊最終取得了那筆資金。他們大可把等量的經典幣歸還給失主就好，但是與Bity公司討論後，他們決定歸還以太幣。對葛林來說，那些投資都是用以太幣進行的，所以也該用以太幣歸還。此外，他們也對以太坊經典鏈抱有普遍的敵意。

「死以太幣」與「比特幣極端主義者」

葛林把以太坊經典鏈稱為「死以太幣」（deadETH），他們不相信經典幣以後有任何價值。他們也覺得，經典鏈是由所謂的「比特幣極端主義者」（Bitcoin maximalists）支持的，那些人只想看到以太坊失敗。

白帽團隊不想把經典幣發給 The DAO 的投資人，因為這樣做等於是助長經典鏈的存在。此外，也有技術面的疑慮，其中最大的疑慮是，以太坊經典鏈上的交易可能在以太坊區塊鏈上「重演」。由於分叉前這兩條鏈是相等的，市場上可能會出現交易混淆及貨幣遺失的風險。

但一夕間向市場拋售七百二十萬個經典幣並非易事。在加密交易所 Poloniex 和 Kraken 凍結 Bity 的帳戶以審查交易之前，白帽團隊與 Bity 以一四％的資金換取了以太幣和比特幣。Bity 請求交易所釋放資金，但幾天過去了，都沒有出現明確的解決方案，所以資金現在分別是以經典幣、以太幣、比特幣的形式存在。

八月十三日，Bity 在一份聲明中表示：「這些後續發展使我們陷入一種狀況：把搶救回來的經典幣，用以太幣的形式安全地提供給ＤＡＯ代幣的持有者，比直接歸還經典幣更複雜，成本也更高。」

九月初，白帽團隊已經能夠取回經典幣，至少，他們可以為 The DAO 的投資者賺一點外快。

因為八月初經典幣的價格漲到約兩美元時，他們賣掉經典幣。九月經典幣跌回約一．二美元左右時，他們又把經典幣買回來。

約莫這個時候，也就是九月五日，最初的攻擊者已經從以太坊經典鏈上的「暗黑DAO」提取盜竊的資金，共三百六十萬個經典幣，當時折合約五百五十萬美元。攻擊者再次挑釁以太坊，把一千個經典幣捐給「以太坊經典鏈開發基金」。

現在還能把一切都外包給區塊鏈嗎？

當DAO的竊賊帶著非法獲得的加密貨幣潛逃時，葛林正好去參加一年一度的火人節。那是為期一週瘋狂、快樂的嬉皮聚會，地點在內華達州的沙漠。在各種藝術裝置及現場音樂表演中，葛林戴著紅色聖誕老人帽，身穿綠色T恤和短褲，外面罩著聖誕老人的外套，走上舞台，向大家宣傳分散式自治組織。他熱情如故地宣傳著他的DAO願景。

台下聽眾是二十幾個來參加聚會的人，他們曬得紅通通的，一身塵灰，坐在地板或粉紅沙發上。他告訴他們，他剛剛參加一個專案，「讓有錢且渴望改變世界的人，直接與有改變世界的計畫，以及有時間落實計畫的人搭上線。那些人之間除了電腦程式碼之外，沒有什麼隔閡。沒有律師，沒有銀行家，沒有會計師，一切都外包給區塊鏈。」

「不幸的是，我們的專案沒有成功，被駭客入侵了。」他在回答問題之前說，「我們最終破解了那個駭客，把錢還給了所有人。即使發生了這種駭客攻擊，但沒有人損失一分錢。」[8]

不是每個以太坊成員都那麼樂觀。The DAO和硬分叉對很多以太坊的支持者來說是一大打擊。他們事後只能試圖恢復平衡，餘悸猶存。

DAO如果需要人為介入，還算是DAO嗎？

穩定幣平台MakerDAO是以太坊專案中最有前景的專案之一，它的創辦人克里斯滕森在經歷這次事件後，決定退隱泰國幾個月。

在沒有更好的選擇時，Maker團隊支持硬分叉，並繼續在以太坊區塊鏈上建構專案，但克里斯滕森內心很不安。他之所以受加密貨幣吸引，是因為他有強烈的自由主義信念。他喜歡區塊鏈不做集中式控制，並相信未來的治理將是自動化、由電腦程式碼主導的。對他來說，如果人類搞砸了DAO程式碼，他們應該承擔後果。此外，他認為整個投票是一場騙局。有錢放在The DAO的人，當然有比較大的投票動機。對他來說，以太坊的硬分叉感覺像是一個使人滑向深淵的斜坡，可能導致區塊鏈的終結。

他對MakerDAO的一位團隊成員說：「加入以太坊時，我的想法是，如果你寫了一些程式碼，它會照著程式碼一直運作。但現在的感覺是：『哦，天啊，我們賠錢了，現在我們要改變你的規則。』聽起來很像該死的政治體系，不是嗎？那種情況就是根據你有多少錢，決定採行什麼規則。」

克里斯滕森和許多人都意識到，以太坊不像彩虹、獨角獸那麼美好。在分叉前，社群只肯定區塊鏈技術的好處，認為它簡直跟魔法沒什麼兩樣，卻對潛在的危險與不利因素視而不見。開源碼可能比中心化的私有應用程式更容易遭到破壞，因為它對任何人都開放。這表示任誰都可以對它進行審查和修改，但惡意的參與者也可以利用漏洞為自己牟利。區塊鏈並沒有解決所有的問題，它們讓一切變得更慢、更難。只有在非常特定的情況下，使用區塊鏈才有意義。

智慧型合約的應用也並非所向披靡，程式碼很難編寫，使用案例也不再那麼明確。突然間，經過硬分叉這個現實考驗後，以太坊感覺不像是神奇、快樂的革命。對企業來說，區塊鏈技術越來越像一種無聊的工具。

「媽的，這東西到底哪裡有用？使用案例在哪裡？現在好像看不到任何該死的使用案例！」

「那我們的穩定幣呢？」

「那有賴以太坊其他專案的成功。我相信區塊鏈還是有使用案例，但現在鬼扯的東西很多。他們只會談區塊鏈，把區塊鏈隨機套用在他們可以輕易炒作的東西上，那些都是鬼扯。」當時在泰國的克里斯滕森說。他決定在那裡多待一陣子，抽離專案一段時間，在東南亞旅行。「我不玩了。」

第22章

上海攻擊

這不是演習，快過來！

週一凌晨四點，電話鈴聲吵醒了睡在上海旅館裡的馬丁・霍斯特・史文德（Martin Holst Swende）。這是他擔任以太坊基金會安全主管的第一天，嚴格來說，他肩負起安全責任、防止系統遭到攻擊才四小時，所以他聽到電話那頭的說法時，覺得像個惡劣的玩笑。

「網路遭到攻擊了。」

駭客說，回家吧

前一天史文德才從家鄉斯德哥爾摩飛來上海。他和以太坊社群的許多人一樣，是來上海參加第三屆的年度開發者大會。他辭去那斯達克資訊安全部的工作，加入以太坊。過去三個月期間，他一直跟核心開發者在線上聊天。

「真的假的？」他從床上坐了起來，「是要惡整我這個新來的嗎？」

「呃，不是，這不是演習，快過來！」

「真要命！」

他到新聞發布室跟幾位開發者會合，包括斯濟拉奇（威爾克領導 Go Ethereum 團隊時的得力助手）、尼克．強森（Nick Johnson）、米瑞安、布特林等人。那個新聞發布室是為迄今規模最大的以太坊大會準備的。

威爾克這次沒來，因為兒子剛出生，他留在阿姆斯特丹家裡，但他也連線到現場了。再過幾個小時，約有八百人會湧進會場。這是九月十九日，硬分叉兩個月後，以太坊成員剛從創傷中開始恢復。開發者大會有如大型的家族聚會，大家可以在此互勉，討論他們正在打造的酷炫玩意。

偏偏就是有人不想讓大家好好共聚一堂，他們希望上海大會第一句話就宣布：「歡迎來到開發者大會，以太坊剛剛被摧毀了。」攻擊者的交易中嵌入一則德語訊息，上頭寫著：「回家吧。」

來自上海的……愛

問題出在 Go Ethereum（簡稱 Geth）的軟體客戶端上，而不是在以太坊協定上。

Geth 的開發者為了讓系統運作得更快，把一些記憶體放在快取上，而不是硬碟上。攻擊者就是在那裡發現可鑽的漏洞。他找到辦法讓系統不斷重複讀取資料，直到記憶體空間耗盡並當掉。使用 Geth 客戶端的所有節點（當時約占整個網路的九〇%）都當了。幸好還有伍德的公司所採用的 Parity 客戶端，以太坊才得以持續運作。

史文德戴著厚厚的鑲邊眼鏡，聲音低沉，語速緩慢，說起話來抑揚頓挫更加明顯。二〇一五年以太坊的主網「疆界版」發布之前，史文德曾在以太坊的概念驗證中，幫以太坊抓漏洞以換取以太幣。

多數抓漏洞的人就像史文德那樣，把焦點放在共識缺陷上，而不是避免阻斷服務攻擊（DoS）。因為他們覺得，阻斷服務攻擊需要為 gas 付費，代價太高了，不太可能造成真正的破壞。

那個週一在上海，隨著黎明到來，他們意識到那個想法錯得多離譜。當然，他們都對攻擊者感到氣憤，但他們急著尋找解方時，普遍覺得這是一場測試。雖然痛苦，但最終而言是件好事，因為有人逼他們去解決之前沒發現的缺陷。以太坊本來就應該有能力抵禦這類攻擊，如果不能，最好盡快修復。

他們在兩個小時內想出解決方案。那個方案雖難，但可以解決問題。他們稱那個修補程式為「來自上海的愛」（From Shanghai With Love）。

台上侃侃而談，台下忙著抵抗攻擊

「Geth 1.4.12：來自上海的愛。這是為最近的 DoS 問題發布的修補程式，請更新！」上海時間清晨五點三十七分，布特林在 Reddit 上發文，獲得社群熱烈的讚揚[1]。

「Parity 堅不可摧，在重大危機期間維持了整個網路的運作。」有人留言，「Geth 開發者也很厲害，他們反應及更新之迅速，連谷歌或蘋果等公司也望塵莫及。」

另一人留言：「我覺得，多數非開發者並不明白，開發者做出如此迅速堅定的回應有多了不起。這是我覺得以太坊與眾不同的地方。沒錯，它是開源的，但它的背後也有專業又投入的遠見卓識之士。感謝來自上海的愛，我們也愛你們。」

儘管如此，攻擊者仍持續攻擊，並不斷尋找新方法來拖慢網路的速度。每隔幾小時，開發者就必須聚在飯店大廳或側廳，研究如何擊退最新的攻擊。與此同時，大會舞台上持續談論著擴展性、監管、以太坊虛擬機、智慧型合約等議題。

開發者大會結束後，攻擊持續了整整一個月。只要一接獲通知，開發者必須隨時放下手邊的工作，馬上打開電腦處理。某天上午史文德送女兒上學時，又接到新攻擊的消息。他盡可能在電話中先交代一些事情，然後匆匆趕回家，打開筆電應戰。多數情況下，駭客是用無意義的交易灌爆網路，以拖慢一切運作速度。

這就好像打地鼠遊戲，每次一出現攻擊，以太坊的開發者就連忙寫程式修補漏洞，直到下次攻擊者又找到新的攻擊方法。這種你攻我補的模式，搞得大夥兒人仰馬翻。當時史文德的孩子一個六歲、一個八歲，他心想，如果這份工作需要不分晝夜隨時待命，他要考慮辭職。

「我再觀察兩個月，我想要的新工作不是這樣。」他對妻子說。

駭客的主要目標，是摧毀以太坊

在DAO大戰、硬分叉和這次攻擊中，威爾克一直領導Geth（以太坊最多人使用的軟體客戶端）的運作，他第一個兒子也在此時出生。這些事件的壓力，對他產生很大的影響。

他在推特上貼了張照片——他一隻手放在筆電鍵盤上，另一隻手用奶瓶餵著小嬰兒，貼文中寫道：「最糟老爸獎是頒給……（但我是有苦衷的：我正在替以太坊除錯）。」

駭客一直攻擊Geth。開發者把他們為那些攻擊所撰寫的一個修復程式稱為「放馬過來」。攻擊者確實是衝著他們而來，並開始利用以太坊本身的漏洞。駭客建立空帳戶的成本很低，所以他們開了數千個空帳戶，使系統膨脹。這只能用另一個硬分叉來解決。

這次關於硬分叉的決定就沒有爭議了，非做不可。十月十八日，他們執行名為「橘笛」（Tangerine Whistle）的分叉，重新設定一些gas成本。這使網路目前遭到的這種攻擊變得成本非常昂貴。

就這樣，所謂的「上海攻擊」終於平息了下來。另一個分叉稱為「偽龍」（Spurious Dragon），是一個月後執行，為的是消除攻擊者在網路中狂灌的垃圾交易。

如果目標是透過做空以太幣來獲利，那樣做並不值得。史文德估計，發動十到十五種不同類型的攻擊，成本約是八百個以太幣（當時折合約九千六百美元），而且要全天候投入。從上海攻擊開始到一個月後的第一個分叉，以太幣只下跌十美分，至一二．五九美元，跌幅不到一%。

斯濟拉奇認為，即使攻擊可能得不到多少獲利，駭客還是發動連續攻擊，可見駭客的主要目標是摧毀以太坊。

可以為電腦編寫程式，但不能替人性寫程式

到二〇一六年結束前，以太坊已歷經了兩次重大攻擊，導致三次硬分叉。整個過程可說是區塊鏈治理的經驗教訓。在當前的治理下，如果整個社群不同意某個有關協定的決定，整個組織可能分裂，並繼續按照自己的規則來經營自己的網路。礦工與市場將決定每條鏈的力量與價值。雖然多數以太坊成員同意阻止 The DAO 攻擊者，並把錢還給投資者，但有些人不同意，他們支持以太坊經典鏈。在決策簡單的情況下（例如上海攻擊），以太坊能夠迅速反應及升級網路，不必另創新鏈。

這些攻擊也證明（就像以太坊的批評者早期指出的那樣），一台具有圖靈完備性的電腦，加上

執行智慧型合約的能力，會更加靈活，但也更不安全。當複雜性提高，會使網路更容易淪為想要利用程式碼缺陷的攻擊者鎖定的目標。

以太坊成員了解到，他們可以為電腦編寫程式，但他們不能為人性編寫程式，因為人類的貪婪、野心、聰明才智足以找到繞過那些程式的方法。程式碼可以寫成以特定的方式執行，但那永遠都有可能跟人性發生衝突，因為人類的行為不見得是可以預測的。以太坊正在成長，開發者了解到世界無法塞進智慧型合約中，而且智慧型合約再怎麼聰明，頂多也只和撰寫合約者以及為了邪惡或傲慢之故而試圖破壞合約的人一樣聰明。

但以太坊擊退了那些攻擊，這讓許多人覺得它變得比以前更強大了。以太坊區塊鏈一再遭到考驗。以太坊背後的開發者都準備好應戰，也努力戰勝了攻擊者。

不僅如此，用戶確實在這個平台上打造東西。截至二〇一六年年底，以太坊的 dapp 數量比前一年增加了一倍多，達到兩百五十個[2]。不過，這些 dapp 還不算主流，只有少數用戶。儘管如此，這個比特幣問世以來最雄心勃勃的區塊鏈，看起來已經開始有點像布特林及其追隨者所預想的那樣，是一套為了分散式應用程式而存在的世界電腦。

第5部 飆漲

第23章

點燃的引線

搶購熱潮實在太大，「錯失恐懼症」蔓延

二〇一六年年底，在科技與金融的十字路口，有一股難以捉摸、蠢蠢欲動的徵兆。

十一月，出售加密貨幣以進行募資的新創企業數量，是十月的三倍，總計九個專案，募資約兩千萬美元。跟大型新創企業相比，這數字只是零頭。十二月，又有九個代幣銷售專案，但募資更少。

在比特幣的價格線圖上，比特幣在六月份大幅上漲至近七百九十美元，七月回落至六百美元以下，但此後一直穩步攀升，並在十一月突破九百美元。不過，波動幅度還不算大，不足以引起太多關注。以太幣則仍在十美元以下徘徊。

大風起於沒什麼動靜的數位錢包

泰勒．莫娜漢（Taylor Monahan）是洛杉磯的電影製作人，後來轉行做網頁開發，她是少數幾個注意

到不尋常跡象的人之一。

她曾在上線前買了一些以太幣，一年後以太坊上線後，她把代幣放入一個安全的錢包。整個流程需要經過十幾個步驟，輸入一串指令。總之，不是很方便。於是她和朋友科薩拉．海瑪錢德拉（Kosala Hemachandra）決定為不熟悉技術的用戶，打造一個名為MyEtherWallet（簡稱MEW）的數位錢包。

起初，他們只是玩票。二〇一五年的大部分時間，這個軟體完全沒引起關注。用戶數量大幅成長，發生在The DAO發布的二〇一六年五月。當白帽駭客努力幫大家搶救資金時，莫娜漢再次想到那些不熟悉程式設計的一般用戶，她心想：「大家要怎麼把錢拿回來呢？」於是她決定為一般用戶寫一個介面，設計了一個簡單按鈕，DAO的投資者只要按下按鈕就能拿到錢。

二〇一六年下半年，該應用程式的用戶量逐漸增加。用戶用這個錢包參與越來越多代幣銷售——後來稱為ICO，即首次代幣發行。

ICO和IPO名稱相似，看起來很像一般企業的IPO（首次公開發行）。通常新創企業先寫好白皮書（包括專案的技術規格及未來計畫）放在網站上，並在Reddit和推特上發布銷售資料，盡可能吸引媒體報導，並確定銷售的日期和條款。他們是出售自己的數位貨幣（又稱為代幣），以換取比特幣和以太幣。由於以太坊是有圖靈完備性的網路，加上ERC20代幣標準，這使得打造應用程式及發行代幣變得比較容易，多數ICO都是在以太坊上完成的。

以太幣被標榜為「功能型代幣」，是用來運行以太坊機器的燃料，而不是一種投資合約。這些代幣上線後，可以在專案的平台上使用，也可在次級市場上交易。代幣不像股票，買家不會因此而取得掌控發行代幣專案的權利，它們就像遊樂場使用的代幣或籌碼。代幣跟股票還有一點不同，就是代幣不必向監管機構註冊，因為它們是「功能型代幣」，頂多只需要付錢給律師事務所取得一份意見書（比如以太坊的意見書）。銷售日到來時，世界各地的投資者——儘管多數專案避免這樣稱呼他們——可以把他們的比特幣或以太幣發送到ＩＣＯ新創企業控制的特定數位錢包，並收到代幣。

或許有些人買這些代幣的目的，真的是為了在新創企業的平台上使用，但他們也目睹曾經一度跌破一美元的比特幣，後來漲到數百美元；過去以三十美分預售的以太幣，在交易所掛牌交易後，跳漲至十幾美元。所以，多數人購買這些鮮為人知的代幣，其實是想透過壓寶「下一個重大發明」來發財。有時他們只需一個電郵地址，沒有最低資產的要求，不需要投資者認證，也不必證明資金來源乾淨無虞。

成立未滿一年的公司，每分鐘募到一百多萬美元

這些都是合法的嗎？從二〇一四年萬事達幣首次ＩＣＯ開始，加密貨幣社群就知道這麼做有違法的疑慮，但隨後，以太坊提出了「功能型代幣」這個定義和第一份法律意見書。於是，出現更多

的專案開始銷售代幣。到目前為止，雖然沒有監管機構站出來說「ＩＣＯ合法」，但也沒人說ＩＣＯ違法。對他們來說，這樣就夠了。

在上海攻擊之前，多數ＩＣＯ的募資金額不到百萬美元。攻擊發生後（甚至攻擊正在進行時），ＩＣＯ的募資一直都有突破百萬美元。銷售通常沒有上限，並持續好幾天，但後來線上遊戲公司First Blood為九月二十六日開始的ＩＣＯ，設定了五百五十萬美元的上限。那次銷售不到五分鐘就結束了。一家成立未滿一年的公司，每分鐘就能募到一百多萬美元的資金。以太坊的眾籌花了約兩個月時間；克魯格的預測市場平台預言者（Augur）費時約一個月；想把代幣綁定金條的專案Digix DAO，一天內就完成了；First Blood公司則是花了五分鐘就募到至少五百萬美元。

十一月的第二週，莫娜漢準備花更多時間在洛杉磯的家裡開發ＭＥＷ。她知道這個軟體上的活動會增加，因為分散式運算協定Golem正在進行ＩＣＯ。那是一個知名的專案和團隊，募資銷售勢必會引起很多人的興趣。

ＭＥＷ之前曾經速度慢得像烏龜爬行，一次發生在ＤＡＯ眾籌期間，另一次發生在上海攻擊期間。為了防止這種情況在Golem的ＩＣＯ期間發生，莫娜漢與海瑪錢德拉擴充了伺服器的規模，並提高了用戶每次交易所支付的預設gas價格，以確保交易順利通過。在確定十一月十一日（銷售那天）一切準備就緒後，清晨近五點左右莫娜漢就上床睡覺了。

早上六點半，她被丈夫凱文叫醒。凱文是音樂製作人，但已經開始協助處理ＭＥＷ。凱文說網站出問題了，他無法發送交易。每次點擊「發送」鈕都毫無動靜。半小時後，代幣銷售開始了，伺服器並未當機，但處理請求的時間很長。原因很簡單：交易者在早上七點至八點之間發送了七十萬八千四百九十個請求（大約每秒兩百個）。這些請求來自一千兩百六十四個獨立訪客。但由於眾籌持續不到三十分鐘，大部分的請求可能都擠在那前半小時內。這對MEW那個一百美元的伺服器來說，實在太多了。

錯失恐懼症：買不到的暴怒

大家急著想把以太幣發送到Golem的銷售位址。最後，約七百筆交易就達到八百六十萬美元的募資上限，所以只有不到七百人買到。那些沒買到的人極度不滿，把怒氣發洩在莫娜漢身上。由於他們無法發送以太幣，他們發給她攻擊性越來越強及厭女的訊息[1]。

MEW蠢死了，搞爛了Golem眾籌。

你害我沒買到，你欠我太多了。你他媽有什麼毛病，不知道怎麼為那該死的程式寫程式碼嗎？

我要用老二塞爆你的喉嚨，你會希望你從來沒架過那個爛網站，塗脂抹粉也遮不了你那張爛臉。

莫娜漢看到那些訊息時，整個胃糾成一團。創辦MEW只是她的業餘嗜好！免費的！為了確保一群陌生人能在錢包裡裝滿加密貨幣，她睡不到兩小時，難道這就是她得到的回報？她已經無法為這件事情再多想些什麼了，只覺得筋疲力竭，倒頭睡去。

睡了六個小時、吃了三塊披薩後，她鼓起勇氣去查看推特與Reddit，驚訝地發現憤怒的人群（大都）不見了。以太坊成員前來聲援她，支持她的評論現在蓋過了攻擊性的評論。事實證明，加密貨幣同時吸引了好人與壞人。

在Golem銷售之前，MEW已經順利支持了六個ICO專案，毫無差錯，但這一回，搶購熱潮實在太大。「錯失恐懼症」（fear of missing out, FOMO）一旦蔓延開來，就像前述那些暴怒訊息所示，可能讓人失去理智。不過，相較於二〇一七年即將發生的狀況，這只是淺嘗滋味而已。

第24章

以太幣暴富

《彭博》新聞台的跑馬燈，開始出現「比特幣」

二〇一七年元旦那一天，比特幣自二〇一三年十二月以來首次突破一千美元大關，這就像是加密貨幣在宣布：「今年將是加密貨幣年。」

究竟是什麼原因促成這次飆漲，目前還不清楚。在本國貨幣走弱的新興國家，比特幣的交易量持續上揚，例如委內瑞拉，抗議民眾要求總統尼古拉斯・馬杜洛（Nicolas Maduro）下台卻遭到法院鎮壓後，抗議者再次走上街頭。還有印度，為了打擊貪腐，突然廢止大額鈔票流通，導致盧比急貶。埃及與奈及利亞的比特幣交易量也增加，這兩國的貨幣因經濟不振而貶值。

另外，美國聯準會主席葉倫（Janet Yellen）在二〇一六年年底升息，並暗示二〇一七年將升息更多，此舉將美元指數推升到二〇〇三年以來的新高，新興國家的處境變得更加艱難。川普剛當選總統，他的競選承諾是關閉邊界，縮限貿易與移民，不利於開發中國家的發展。稍早，還有英國公投決定脫歐。在築起高牆、封閉邊界的脈絡下，這一切都提高了全球數位貨幣的吸引力，媒體對數位貨幣的日益關注，也推動了更多交易，但這些交易並非出自想要避免貨幣貶值的人，而是那些認為比特幣這些數位貨幣的價值將會飆升的投機者[1]。

花三個月幫忙做介面，意外獲贈以太幣

理查·伯頓（Richard Burton）對這些渾然不覺。他的二〇一七年是以他能想像的最美好方式展開的：踩著滑雪板迎向初雪，手握風箏，讓風箏拉著他前進，有時甚至將整個人拉離地面。他先回英國家鄉度假，然後到法國偏遠山區的斜坡玩風箏滑板，現在他正穿越挪威的苔原。

他剛和兩位共同創辦人，創立了一家金融科技公司，公司的營運讓他負擔得起他對風箏衝浪的癡迷。不過，對他來說，這個歷程一點也不平順。

他花一年時間拿到會計學學位後，就拿他在網路上賣連帽T賺的錢，到世界各地玩風箏衝浪，從印尼到南非都有他的足跡。二十五歲時，一位朋友找他認真談了一番：「伯頓，你整天只會衝浪，無所事事，你可以做得更好。」

他知道朋友說的沒錯，所以他去支付界的新創企業Stripe應徵。Stripe如今的市值逾兩百億美元，有一千五百多位員工，但在當時（二〇一二年），Stripe是一家成立才兩年、只有三十人的公司。

伯頓獲得錄取，但任職三個月就被解雇，害他鬱悶了好幾個禮拜。他搬到舊金山，住在一個昏暗的駭客聚集地，跟十六個男人同住。他在那裡認識了一位朋友，兩人一起創立了一家人力資源公司。不過後來朋友把他踢出了公司，他實在太生氣了，開始靠跑步紓壓。有一次跑步時，他在播客上聽到布特林的談話。

伯頓其實沒完全聽懂布特林在說什麼，但聽起來跟他之前聽過的其他加密貨幣專案有明顯的不同。他得知伍德那週正好要來舊金山演講，於是跑去聽聽看。一聽之下，他立刻為之震撼，要求加入以太坊。

二〇一四年，他花了約三個月的時間做介面設計，並為伍德的演講製作模擬簡報。後來他因為付不出卡債，離開了以太坊團隊，沒想到以太坊上線時，他驚訝地發現自己竟然被分到一些貢獻者的份額，所以他除了在眾籌時自己花錢買以太幣，也獲贈了一些。後來他把部分以太幣變現，跟朋友合開了一家名為 Balance 的金融科技公司。他去滑雪度假時，手上還有不少以太幣。

住五星飯店吧，反正我已經是百萬富翁了

當他急速滑下坡地時，以太幣的價格已經開始上漲。他的資產約有九五%是以數位貨幣的形式持有，這表示數位貨幣的價格稍有風吹草動，就會對他產生巨大的影響。一度，伯頓發現他持有的

數位貨幣價值翻為兩倍，後來又變成三倍。

他取得以太幣的價格大約三十美分，開始去滑雪度假時，以太幣的價格還不到十美元。四月，他回來時，價格已經漲了五倍多，全新的生活在他眼前展開。

某天晚上，他首度嘗到「那種」滋味。他在挪威一座滑雪小鎮，原本打算住一晚三十美元的平價旅社，但員工告訴他，接下來幾天都沒有空房了。換作過去他只好回去奧斯陸，但這回他有以太坊錢包。於是，他住進了同一條街上的五星級飯店——有什麼關係？反正他現在是百萬富翁了。

與此同時，在布魯克林，盧賓的ConsenSys公司仍在宣傳加密貨幣。即使過去一年發生了許多事件（The DAO、上海攻擊、越來越多的ＩＣＯ），他們依然熱切地宣傳加密貨幣。該公司設法說服了更多公司投入以太坊的理念。

對帶領這項工作的安德魯・啟斯（Andrew Keys）來說，他的第一大成果是說服微軟。他就像許多人一樣，一開始是寄冷郵件（cold email，指關係不熟，但需要對方幫忙或想讓對方留下印象而寫的電子郵件），他寄給了微軟位於時報廣場的科技中心擔任金融服務技術策略總監的馬利・格雷（Marley Gray）。

當時是二〇一五年。那次合作意味著微軟雲端服務Azure的客戶，將可使用ConsenSys維護的以太坊企業版。獲得微軟的肯定後，ConsenSys更容易和大公司合作了。他們的目標是開始使用以太坊來建立各種東西，從更迅速的證券結算系統，到更流暢精簡的後台辦公室。ConsenSys團隊與普華永道（PwC）等公司合作，幫那些公司和願意探索區塊鏈技術的客戶建立關係。

二〇一七年二月底，他們準備將已經建立的合作夥伴關係都匯集在一個實體下，稱為「企業以太坊聯盟」（Enterprise Ethereum Alliance, EEA）。一些全球最大、最績優的公司也加入了，包括摩根大通（JPMorgan）、芝加哥商品交易所（CME Group，全球最大的期權期貨交易所）、紐約梅隆銀行（BNY Mellon）、瑞士信貸（Credit Suisse）、桑坦德銀行（Banco Santander，西班牙最大的銀行）、西班牙外換銀行（BBVA，是全球首家使用區塊鏈技術發放貸款的銀行）、荷蘭國際集團（ING）、瑞銀集團（UBS）、英國石油公司（BP）、英特爾和微軟。

「企業以太坊聯盟」誕生，如虎添翼

二〇一七年三月初，以太幣的價格從上個月的十一美元左右，首次漲破二十美元。每隔幾週，價格就翻倍。三月中旬漲破四十美元，四月底飆升至八十美元。

當時東諾弗里奧住在拉斯維加斯，他搬到加州奧克蘭的一間公寓時，以太幣的價格約十一美元。只要價格不低於那個水準，他至少有足夠的錢在加州住一年。直到「企業以太坊聯盟」宣布成立，他才開始相信以太坊真的會成功。對他來說，以太坊獲得大公司的支持，可以為以太坊帶來一些影響力。他推測，如果政府開始打擊加密貨幣，這些《財星》五百大企業將會請遊說團體去施壓。

不過，好消息頻傳的同時也有壞消息。中國開始打壓加密貨幣交易，要求線上交易平台執行「反洗錢」規範，導致OKCoin和火幣網（Huobi）等大型交易所暫停用戶提款。加密貨幣價格幾天之後止跌，因為分析師很快指出，加密貨幣的「全球性」意味著交易量會轉移到其他地方，而且中國人總是可以轉到更不受監管的P2P平台上交易。

三月，比特幣的價格突破一千兩百美元，超過一盎司黃金的價格，掀起新一波的頭條報導，例如：「比特幣比黃金更值錢！」由於大家臆測期待已久的比特幣ETF將獲准，這多多少少推升了這波漲勢。

溫克勒佛斯雙胞胎（因臉書所有權而跟祖克柏對簿公堂的那對雙胞胎）決心成為首家推出比特幣ETF基金的公司。在他們支持查理．史瑞姆（Charlie Shrem）的BitInstant交易所，並買下FBI關閉詐欺性交易所Mt. Gox所沒收的大量比特幣之後，便非常投入加密貨幣圈。他們從二〇一三年首次向證管會提交申請以來，一直在等待他們的ETF基金獲准。

比特幣的投資者也一直在等候佳音。ETF的結構就像股票、債券或大宗商品等一籃子的證券，可以像個股那樣在交易所交易。ETF讓小散戶可以投資類似共同基金的工具。他們的想法是，比特幣ETF將為散戶投資者及大型金融機構開啟進入加密貨幣世界的閘門，並推動比特幣的價格進一步攀升。

三月十日上午，美國證管會即將做出裁決時，比特幣的價格飆升至近一千三百四十美元的新高，但是當天下午公布裁決時，比特幣又跌回一千美元以下。美國證管會否決了該提案，原因是「擔心比特幣交易中可能出現詐欺或操縱行徑」。

證管會擔心市場操縱是對的。多數加密貨幣的交易，是在監管較寬鬆的交易所進行（以前和現在都是如此）。在這些交易所中，交易量膨脹和欺騙其他交易者的做法很常見，例如虛假交易（wash trading）和電子欺騙（spoofing）。

不過，比特幣的價格依然在短短幾天內反彈，而且，有更多的比特幣ＥＴＦ正在籌備中，證管會核准其中一支比特幣ＥＴＦ是遲早的事，至少當時大家是這樣想的。對比特幣ＥＴＦ獲准的翹首盼望，使得「機構投資人即將加入加密貨幣」這個主題變得更熱絡，在二〇一七年成了熱門話題[2]。

標題有「比特幣」，就能衝高點閱率

五月底，整個加密市場成長了四倍多，達到八百億美元。這個新興的資產類別，在短短五個月內增加了六百多億美元。許多加密貨幣圈的名人齊聚在紐約時報廣場的馬奎斯萬豪酒店，參加由CoinDesk 籌辦的第三屆年度共識大會（Consensus）。

CoinDesk 是報導這個新興產業的專業刊物中，歷史最悠久的業者之一。大會邀請了一百多人來演講，兩千七百多人來參加。CoinDesk 在宣傳中指出，與會者有半數是「長」字輩的管理高層，那場大會可說是加密貨幣的超級盃[3]。

大會前夕，比特幣價格上漲，打破了二〇一三年的紀錄，突破兩千美元大關。大的整數特別容易吸引記者與分析人士的關注，比特幣漲破兩千美元就是一例。以太幣也因價格突破大整數而上了頭條，先是突破一百美元，後來又突破兩百美元。

主流金融媒體以前就曾經稍稍接觸過加密貨幣，但這次價格飆升，再加上最近區塊鏈發布的消息鋪天蓋地，給了他們一個深入追蹤的理由。《財星》雜誌在五月二十一日的報導中寫道：「比特幣再次出現驚人漲勢，上個月飆升近六五％，本週首次突破充滿象徵意義的兩千美元大關。比特幣過去也曾出現驚人漲勢，但從來沒有一次像現在這樣。」[4]

我也開始更頻繁地為《彭博》撰寫加密貨幣的報導，只要標題有「比特幣」的文章，幾乎都會衝上當天點閱率最高的榜單。

《彭博》終端機上有一個比特幣價格指數，是用幾家最符合監管規定的交易所資料彙編而成，用戶也一直要求《彭博》為其他加密貨幣提供類似的資料。《彭博》電視台的節目底下有一列指數價格的跑馬燈，二〇一七年的某天，比特幣的價格也開始出現在跑馬燈上了。

在共識大會的舞台上，ＩＢＭ宣布已簽署協議，要協助快桅（Maersk）與沃爾瑪（Walmart）利用區塊鏈技術節省「數百億」美元，顛覆航運和零售業。Ｒ３是一家創造金融區塊鏈與聯貸的新創企業，宣布已從美銀、滙豐、富國銀行等投資者，募集了一．〇七億美元。

當然，還有一些ＩＣＯ紛紛登場，其中最受關注的是溫尼・林厄姆（Vinny Lingham）的 Civic。林厄姆是南非創業家，也是創業真人實境秀《創智贏家》（*Shark Tank*）上的明星。他計畫透過ＩＣＯ為區塊鏈身分系統，募集三千三百萬美元。

企業以太坊聯盟表示，它的規模在成立短短一個月內翻了近三倍，達到八十六個成員，一開始只有三十個成員。三星、默克和豐田是新加入的公司。幾乎每個產業的重要公司都加入了企業以太坊聯盟。美國證券集中保管結算公司（ＤＴＣＣ）可說是最有可能遭到區塊鏈顛覆的公司之一，但是連ＤＴＣＣ也加入了企業以太坊聯盟。

主流媒體報導最多的是富達執行長阿比蓋爾・詹森的專題演講。她宣布富達投資公司將推出富達和加密貨幣交易所 Coinbase 的一個整合系統。不過，她留下的最大影響，是她對區塊鏈技術的熱情支持。《華爾街日報》寫了篇文章報導她的專題演講，標題是「比特幣最意想不到的宣傳大使：富達執行長詹森」。「你們有些人可能會納悶：為什麼我今天會在這裡？」《華爾街日報》引用了她的演講，「我來這裡，是因為我喜歡。」[5]

二〇一七年六月，ＩＣＯ募資首度超越ＩＰＯ

在中本聰向加密龐克的電郵討論群寄出他的白皮書近十年後，區塊鏈技術與加密貨幣終於開始受到大企業重視。

過去，區塊鏈活動只算是比特幣活動，知名贊助商可能只有寥寥幾家，與會者大都是電腦技客和新創企業。二〇一七年，各行各業的大咖都湧入座談會及專題演講會場，把現場擠得水泄不通。最早參與這類大會的電腦技客，對參加共識大會的群眾嗤之以鼻。與會者以美國白人男性居多，穿著西裝、卡其褲或牛仔褲、獵裝外套，到處發送名片，試圖獲得該投資哪個ＩＣＯ的「內幕消息」，想知道現在購買比特幣是否為時已晚。在這種關注的推動下，比特幣與以太幣在六月分別漲至三千美元與四百美元，而且距離它們之前分別漲破兩千美元與三百美元才短短兩週。

隨著比特幣與以太幣價格的攀升，加密貨幣的投資者也跟著有更多錢能花在其他的數位資產上。那其實不是辛苦賺來的血汗錢，所以他們更有動機用賺來的錢繼續押注。許多加密貨幣的投資者覺得自己中了彩券，所以繼續賭博。

這種普遍的興奮感，幫七十家新創企業在六月底透過ＩＣＯ募集了八億美元的資金。這個金額幾乎是之前代幣銷售的三倍，也是區塊鏈公司從傳統創投業者募資的兩倍。新創公司透過出售數位代幣募資的資金，首度超過出售公司股權所募集的資金，而且，絕大多數的ＩＣＯ是在以太坊上發行這些代幣[6]。

第25章

新IPO

以太幣每週上漲一百美元的真正原因只有一個：貪婪

截至二〇一七年年中，莫娜漢的MEW幾乎沒有進展。從一月到六月底，那個數位錢包軟體仍處於散亂的新創模式，由莫娜漢和一個約五人的團隊經營，感覺似乎一直處於混亂之中。

這個團隊建立了輪班制，每天二十四小時輪班追蹤MEW，所以每個人上班時間都不一樣。莫娜漢常通宵工作，每天解決數百個用戶提出的技術支援問題，阻擋攻擊者，確保一切正常上線。

他們不儲存用戶的資金，但駭客總是試圖竊取用戶的資金，方法包括侵入他們的伺服器、架設釣魚網站誘騙用戶發送密鑰。一度，網路上約有一百個假MEW網站，她和團隊逐一寫電子郵件給網域公司及主機託管服務公司，要求他們關閉那些假網站。她上午十點就寢，團隊隨後接手，以確保一切正常運作。萬一出狀況，他們會叫醒莫娜漢。

在三十秒內，賣出三千五百萬美元代幣

一開始，每週約有一個ＩＣＯ，接著變成每兩天一個，後來甚至一天有兩個。每隔一週就會出現一個規模很大的ＩＣＯ，使先前的超大ＩＣＯ相形見絀。這些募資案的目的持續在演變，一開始的募資是為了資助專案，以便打造及推出分散式平台，後來的募資只是在利用熱潮炒作。

五月五日，一個名為TokenCard的專案，在三十分鐘內募集了價值近一千三百萬美元的以太幣，目的是打造一張由智慧型合約支持的Visa簽帳卡（debit card），這樣一來，用戶就可以在接受Visa的任何地方使用加密貨幣支付。

當時推出的多數ＩＣＯ就像TokenCard那樣，似乎都雄心勃勃。例如SingularDTV想成為「分散式Netflix」、Iconomi想成為「基金管理界的Uber」、Chronobank想「顛覆人力資源／招募／金融業，就像Upwork代表自由業的演變」。幾分鐘就募到數百萬美元的專案已是稀鬆平常，但後來出現一家新創企業，只花**幾秒鐘**就募到數百萬美元。

五月三十一日，由Mozilla的共同創辦人及JavaScript的創造者布蘭登・艾克（Brendan Eich）所創立的網路瀏覽器Brave，在三十秒內售出了價值三千五百萬美元的ＢＡＴ代幣，交易者無不使出渾身解數搶購。一位投資者付出超過六千美元的以太坊gas費用，以確保交易完成。

多明尼克・史泰爾（Dominic Steil）是亟欲參與其中的加密貨幣愛好者。他從二〇一三年開始

挖礦及購買比特幣，隨著加密貨幣的獲利飆升，讓他可以從他新創的區塊鏈事業 Dapps 中抽出時間，偕同女友旅行。Brave 推出ICO時，他人正在義大利海岸的五漁村（Cinque Terre）。他已經根據那場ICO的開賣時間安排了當天行程，準備在開賣前衝進一家咖啡館，連線上網搶購。他真的那樣做了，但是當他打開筆電時，ICO已經結束，他簡直不敢相信。最後只有一百三十人搶購成功。

加莉亞·班娜琪（Galia Benartzi）正準備推出規模最大的ICO。她和哥哥蓋伊（Guy）在矽谷成長，從小聽他們從以色列移民來矽谷的工程師父親談論科技和商業。大學畢業後，他們想嘗試經營公司，在二〇〇五至二〇一一年間，他們跟幾位共同創辦人一起創立了兩家做智慧型手機遊戲的新創企業：Mytopia 與 Particle Code，後來他們把那兩家公司都賣了。之後，班娜琪在沙山路上歷史最悠久的創投公司之一「三一創投」（Trinity Ventures）擔任常駐創業者，並成為彼得·提爾「創始人基金」（Founders Fund）的創投合夥人。

二〇一二年，班娜琪搬到以色列的特拉維夫，成為創始人基金與以色列科技界之間的橋梁。她在那裡開始知道比特幣，也發覺開發者已在思考如何以它為基礎，來打造不同的層級和應用程式。那段歷程引導她接觸到經濟學家伯納德·利泰爾（Bernard Lietaer）的研究。利泰爾在比特幣發明之前就開始宣導替代貨幣的概念，他也主張社群可以創造自己的平行、本地貨幣，並從中受益。

班娜琪之前的創業團隊，連同網路創業者艾亞爾·赫佐（Eyal Hertzog），受到加密貨幣及利泰爾的想法所啟發，一起創立了AppCoin（創始人基金與其他公司都投資了這家公司）。他們做了一款（不是以區塊鏈為基礎的）軟體，讓任何人都能為自己的社群創造虛擬貨幣，在社群內使用。例如他們和一群特拉維夫媽媽自創了一種虛擬貨幣，取名為「心」。一年之內，約兩萬名用戶交易了價值約兩千四百萬美元的「心」。

但他們也意識到，除了生活於自己的社群，媽媽們也同時參與別的社群。因此社群貨幣若要成功，就不能只在一個小圈子內使用，應該在用戶有互動及有需要交換價值的任何地方都能使用。問題在於，「心」沒有流動性，亦即交易這種貨幣的人不夠多，因此這種新興經濟是孤立的，就像一個新的國家無法從世界其他地方進出口任何東西一樣。

當他們得出這個結論時已是二〇一五年，他們決定收掉這家公司。

BNT代幣的ICO，設計了新購買規則

二〇一六年，他們看到一個充滿前景的智慧型合約平台：以太坊。這個平台可以讓他們把流動性**設計**到替代貨幣中，即使那些替代貨幣的交易量並不大。他們看到有人已經開始創造自己的替代貨幣，於是他們創設了一個平台，為任何貨幣提供流動性，他們稱那個新專案為Bancor。

任何加入Bancor網路的貨幣，都必須在其智慧型合約中持有少量的儲備貨幣金額，那些儲備

貨幣將用於該貨幣與其他代幣之間的交易。團隊針對他們是否應該把儲備貨幣設成以太幣，或另創特定代幣來當儲備貨幣，做了很多討論。後來他們決定創造一個平台專屬的代幣BNT。如此一來，隨著時間推移，許多區塊鏈（而不光是以太坊）都可以使用Bancor網路。分析了各種選項後，他們決定進行眾籌。

但他們想改進之前的眾籌模式，讓任何人都可以購買BNT代幣，而不是只有那些連線最快或願意支付最高gas價格的人才買得到。他們決定第一個小時不設銷售上限，這樣一來，任何人都可以在這段時間內獲得BNT代幣。

不過，他們能收的以太幣有一個隱藏的上限值。如果他們在那一個小時內就達到上限，銷售就會結束，多出來的部分會放進智慧型合約，讓BNT持有者拿回他們的以太幣。要是那個小時內沒有達到上限，銷售將繼續進行，直到達到上限為止。他們也為投資者可支付的gas費用設定了上限，以免交易者為了插隊搶購而支付數千美元。

才啟動銷售，就馬上停擺

代幣出售前的那幾週，是Bancor團隊最緊張的時期之一，許多人睡在特拉維夫的辦公室裡，每天工作二十小時。這個十二人組成的團隊忙著開發技術、遵循法規（他們依循以太坊模式，在楚格成立一個基金會）、溝通計畫和進度，以及應對那些興趣日增、想要加入或投資這個專案的人，包括身家億萬的創投業者提姆・德雷珀（Tim Draper）。德雷珀常繫著有比特幣B字樣的領帶在電視上現身，他最終購買了BNT代幣。儘管美國投資人有興趣，但是在美國監管機構沒有明確表態下，BNT的銷售不對美國投資者開放，因為團隊希望確保自己一切合法。

銷售那天和開賣前幾天沒有太大的不同，許多團隊成員睡在辦公室，他們都有長椅和床墊，辦公室經理還為每個人都買了牙刷。那天早上當大家就定位開始上班時，班娜琪和其他創辦人先把大家找來精神喊話以鼓舞士氣。這次銷售將幫他們實現過去一年努力的目標——為所有數位資產的互通性，打造一個分散式的自動化協定。創辦人說，他們一直在為這件事做準備，現在一切都已就緒。

但幾週以來，班娜琪感覺自己好像揮著大刀在森林裡砍來砍去，卻完全不知道自己會找到什麼。手上沒有藍圖或路線圖，需要搞定的關鍵點又那麼多：智慧型合約必須收受以太幣並發送代幣；網站必須向全世界顯示即時運作資訊；錢包、辦公室、所有通路上的所有帳戶都必須安全無虞；所有的訊息都需要準確、即時回覆；供電不能斷；以太坊網路必須持續運作。ICO吸引了大量的興趣和資金，但身處核心的人只能盡其所能隨機應變。Bancor團隊圍在兩位技術主管旁邊，看著他們按下按鈕啟動銷售。他們一按下按鈕，以太幣便開始流入。「拜託，順利運作。拜託，順利運作。拜託，順利運作。」班娜琪自言自語道。

接著沒多久，一切都停擺了。

賣出上億美元的代幣，卻無心慶祝

「各位，交易塞住了，過不了。」有人一邊說，一邊盯著筆電螢幕。螢幕顯示ＢＮＴ的買單不斷湧入，但卡了一堆，無法通過。

「該死！我覺得有人在攻擊我們的網站。」另一個團隊成員說。

一位開發者說：「流量暴增，一定是阻斷服務攻擊。」

他們花了點時間才發現，雖然他們的網站確實遭到攻擊，但真正阻礙交易的，是他們的ＩＣＯ阻塞了以太坊網路。有幾千份積壓的買單等待確認，這表示他們原本不設銷售上限的那個小時快結束了，但下單的買家幾乎都沒收到ＢＮＴ。Bancor 團隊只剩幾分鐘可以決定該怎麼做。

班娜琪表示：「我們可以等第一個小時收到的訂單全數處理完後，再停止銷售。」

「但是，在等候那些訂單處理完畢時，第一個小時過後才下單的人該怎麼處理？我們要直接取消那些訂單嗎？」

與此同時，班娜琪的手機不斷收到認識的人傳來的訊息，包括投資者、長期的導師、家人、大學朋友，他們都在詢問怎麼買ＢＮＴ代幣。牆上的鐘不停滴答作響，時間持續流逝。

他們決定延長銷售，讓所有待處理的交易通過，那需要兩個半小時。最後當他們關閉ＩＣＯ時，班娜琪發現還有價值約四億美元的以太幣尚待處理。總計近四十萬個以太幣（折合約一．五三億美元）來自一萬一千名買家。其中，八萬個以太幣將歸入初始儲備池，為那週上線運作的Bancor網路中的ＢＮＴ代幣提供流動性；十二萬個以太幣將用於參與者的回購合約。

當天下午，當以太幣進入Bancor的錢包，ＢＮＴ發給每個參與者，以太坊網路恢復正常運行時，創辦人聚集整個團隊，感謝每個人的努力，並立即回到他們的辦公桌。每個人對於當天經歷的許多狀況仍心有餘悸，沒有心情慶祝[1]。

Status的ＩＣＯ規模，上看兩億美元

這個ＩＣＯ結束不到兩週，又出現另一個熱門的ＩＣＯ，這次是Status的銷售。這家新創企業想為以太坊網路提供Ｐ２Ｐ加密傳訊服務，用戶可以聊天及發送以太幣，就像用戶可以在微信上支付及轉帳一樣。

Bancor的ＩＣＯ再次讓莫娜漢吃足了苦頭，她想確保Status的ＩＣＯ不要再出狀況了。在六月二十日（洛杉磯時間的早上七點）開賣的前一晚，莫娜漢又熬夜工作到很晚。她在開賣前睡了幾小時，並在開賣前幾分鐘醒來，為ＭＥＷ做了以下設定：當用戶向正確的位址發送資金時，ＭＥＷ會顯示訊息，確認用戶即將參與Status的ＩＣＯ；當用戶即將把以太幣發送到冒充為ＩＣＯ錢包的詐騙位址時，ＭＥＷ會發出警訊。

設定完了，她又回去補眠，卻躺在床上睡不著。她索性起來沖澡，並想到最近一次的 Skype 通話。她和幾位以太坊成員談論 Status 的ＩＣＯ規模可能有多大。她說，Status 甚至可能募集到兩億美元。

布特林也是聊天群中的一員，但很少發言。不過這次他說，如果市場知道 Status 的銷售是過度炒作，也許會自我修正，願意參與的人會減少。布特林從未料到分散式融資會在以太坊上以現在的方式興起。眼見以太坊的使用增加，令他備受鼓舞，但是看到這種瘋狂的投機熱潮，也令他越來越擔心。莫娜漢希望布特林的看法是對的，儘管她知道加密市場絕對不像布特林那麼理性。

當她洗完澡出來時，她丈夫正在等她。

「葛林和貝林納想和你談談。」他說。

「哦，不妙，肯定不是什麼好事。」莫娜漢說。

交易壅塞到交易所宣布暫停交易

葛林是 Slock.it 的前社群經理，他和貝林納曾在白帽團隊合作，後來也一起做了好幾個區塊鏈專案。

貝林納協助 Status 做ＩＣＯ，目的是從銷售中記取經驗並設計更好的系統，讓代幣能更廣泛地分發，而不是在開賣的最初幾分鐘落在搶購大戶的手中。為了確保SNT代幣盡可能分發到更多人手上，他們規畫的銷售方式是分階段進行，並對每個位址在每個階段可向銷售合約發送的以太幣數量設定上限，這樣就可以避免單一投資人搶購大部分的代幣。此外，他們也為募資總額設定上限：三十萬個以太幣。

問題是，想大量搶購的投資人改用多筆小額交易來規避投資上限，結果堵塞了以太坊網路。壅塞的網路使其他交易無法進行，導致投資人一再地重新發送這些交易，造成更嚴重的壅塞。

葛林連上Skype通話，莫娜漢的濕髮還在滴水。

「照理講，交易已經結束了。」貝林納說，「從待交易的數量看來，所有交易需要九個小時才能消化完畢。」

「所以大家不斷發送以太幣，以為他們會得到ICO，最終卻看到交易失敗嗎？」她說。

「對……這實在很糟糕！」貝林納哀嘆。

「不！這是你努力追求的目標，你想幫助改善代幣銷售的分發，也許你做到了。」她說，「但現在，我們怎麼辦？」

莫娜漢的解決方案是讓MEW網站跳出一則訊息，說根據待處理的交易數量，ICO可能已經結束。以太坊的平均交易費用，已飆升至一美元以上的新高，區塊的確認時間也增加了。Coinbase和Bitfinex等大型交易所暫停了以太坊交易，直到網路恢復正常再啟動。

Bitfinex 在推特上寫道：「我們將暫停所有以太幣的提領，直到網路中的待處理交易減少，我們能確實地向區塊鏈發布交易為止。」[2]

開發者的貪婪、投資者的貪婪、每個人的貪婪

三小時後，Status 達到融資目標，售出價值近一億美元的ＳＮＴ代幣。這次約有一萬五千人參與銷售，比以前的銷售多。雖然三個小時就結束，卻花了近兩天的時間才消化完所有的待處理交易，使網路恢復正常。儘管如此，還是有很多人沒買到，莫娜漢再次因為交易進展不順而遭到大量指責——許多憤怒的推特發文及電郵都衝著她而來。

她在推特上反嗆那些酸民：「我受夠了，為了讓你們可以用錢砸人，我犧牲了無數睡眠，結果你們買不到，反而來罵我！」

在論壇中，投資者也指責 Status 過於貪婪。他們開發一個聊天 app 真的需要一億美元嗎？以太坊的募資不是只有那個金額的一小部分嗎？微信在種子輪的募資也才獲得三百五十萬美元而已。討論ＩＣＯ時，「貪婪」這個詞出現的頻率越來越高。

數位貨幣狗狗幣（Dogecoin）的創辦人傑克森・帕默（Jackson Palmer），在 Status 推出ＩＣＯ那陣子發布了一支 YouTube 影片，他說：「以太幣的價格一直上漲，這個月以來以太幣每週上漲一

百美元的真正原因只有一個：貪婪。開發者的貪婪、投資者的貪婪、這個投機市場中每個人的貪婪。」他創造的狗狗幣就是一個以迷因為基礎的笑話，但他是少數幾個強烈表達理性的加密圈人物之一。

ＩＣＯ狀況連連，引發許多指責的聲浪。有些人說，這是因為投資者與開發者太貪婪了（這是一種說法）。此外，這些ＩＣＯ的運作越來越快，但承作這些ＩＣＯ的基礎設施根本無法負荷這些龐大的流量。

最終，更棘手的事情發生了。以太坊無法處理它第一個殺手級應用的流量：募資。

第26章

權益證明

足跡遍布台北、上海、新加坡……

二〇一七年六月二日，當區塊鏈的新創企業幾分鐘內就募資數百萬美元、比特幣的價格突破兩千美元、以太幣剛漲破兩百美元之際，布特林走進俄羅斯聖彼得堡一個體育場大小的玻璃帷幕會議中心，去參加一場祕密會議。他即將跟世界上最有權勢的人之一對談。

普丁剛和一群執掌價值好幾十億美元企業的執行長開完會，現在他要接見這位以太坊（價值兩百億美元）的創辦人。這場會議僅持續幾分鐘，沒有紀錄。俄羅斯政府的新聞局表示：「布特林先生陳述在俄羅斯使用其開發技術的機會。總統對於該技術與俄羅斯的潛在夥伴建立關係表示支持。」

布特林一改平日的招牌打扮（身穿印著卡通圖案的T恤），改穿鈕扣襯衫，但還是沒打領帶。他後來表示，他告訴普丁：「區塊鏈很酷。」

為了讓以太坊成為世界電腦，布特林跑遍全球

全球最強大的政府跟財星五百大的許多公司一樣，也在關注區塊鏈技術。俄羅斯官員和加密貨幣的關係忽冷忽熱，有時斥之為龐氏騙局，有時又支持區塊鏈計畫。普丁和布特林會面後，新聞持續報導，俄羅斯日益支持加密貨幣。

一個由該國最大銀行所組成的聯盟開發了Masterchain，一種使用修改過的以太坊協定所設計的分散式帳本。有些新聞標題暗示，俄羅斯想創造自己的國家數位貨幣。最誇張的是俄羅斯的漢堡王連鎖店，開始提供名為「華堡幣」（Whoppercoin）的會員集點代幣。

加密社群普遍傾向自由意志主義，對威權政府沒有多大好感。許多人看到布特林跟普丁會面，隨即提出批評。布特林回應，他和「美國、加拿大、英國、歐盟、瑞士、俄羅斯、新加坡、中國、台灣」的政府官員有「大致上友好的討論」。他也大膽提到，他「會拒絕任何促進獨裁、殺戮或壓迫人民的要求」。

布特林知道，要讓以太坊成為世界電腦，他必須努力打造一個廣大的社群。他經常到世界各地參加大會、社群聚會、駭客松，以及會見執行長和政府官員。他參加了很多小組討論，做了很多場演講，原本面對群眾的青澀感開始消失，原本死板的技術性演講變得更平易近人，生硬的手勢變得平順，自然而然散發出電腦技客的幽默感。站在擠得水泄不通的房間，暢談著他促成的革命性區塊

鏈，他不再是以前那個極度害羞、幾乎不敢在課堂上發言的孩子。他父母有時會去參加他發表演講的大會，坐在前排觀看，為他的進步感到自豪。

二〇一七年的年中，除了聖彼得堡，他也去了上海、巴黎、維也納、新加坡、馬爾他、台北、奧克蘭。陳敏說，那年他每個月要出國四、五次。陳敏常隨同他一起參加會議。怪不得他修改了個人網站上的簡歷，把住所改成「國泰航空公司」。他的簡歷上還列了一些其他資訊，例如他的「政治立場」是「超級矛盾的知識型嬉皮」（intellectual hipster meta-contrarian）、「最愛的飲料／香菸／毒品」是「綠茶」、「宗教信仰」是「加密貨幣」[1]。

在這些旅行中，布特林只帶一個筒狀帆布包，裡頭有兩條褲子、幾件T恤，而且從不託運行李。和許多拜其發明之賜致富的人不同，他依舊搭經濟艙、住廉價旅館，他和陳敏把尋找最便宜的旅館當成一種遊戲。

最極端的一次，是在墨西哥住每晚十九美元的旅店，旅館房間的窗戶一打開，面對的就是公廁。那裡實在太髒了，以致兩人後來都病倒。之後，陳敏開始為住宿價格設定底線。布特林一直很節儉，而且以太坊資金幾乎快耗盡的經驗，讓他用錢更加謹慎。他討厭浪費，覺得花幾百美元住一間只用來洗澡睡覺的房間是不必要的浪費。

權益證明能減少能源浪費

他也專注於研究如何減少他所認為的另一種浪費：為了保護「工作量證明」區塊鏈（例如比特幣與以太坊）的安全所耗費的能源量。

比特幣網路到底消耗多少能源，有幾種不同的估計值。普華永道的資深顧問艾利克斯・德弗里斯（Alex De Vries）在二〇一八年發表了一份報告，是大家經常引用的數據。他指出比特幣的能源消耗量，跟奧地利和愛爾蘭的用電量差不多。

此外，這種能源有多乾淨，也是大家爭論的焦點。二〇一七年劍橋大學的一份報告指出，開採比特幣的電力約有一半來自中國，而中國約有六〇%的能源是燃煤發電。比特幣公司 Coinshares 駁斥了這種說法，它的一項研究顯示，中國比特幣的礦場大都位於四川，那裡使用的是水力發電。

早在以太坊二〇一五年上線以前，布特林就認為有必要找出一種方法，在不耗費那麼多能源下，確保同樣等級的安全性。

工作量證明是一種共識演算法，而共識演算法是分散式系統，在不需要第三方的前提下，決定應該把哪些資料塊納入區塊鏈的方法。一些比較小的區塊鏈實驗了另一種替代法，稱為權益證明（proof of stake，簡稱 PoS），是由礦工投票決定納入哪些區塊，並根據他們持有的貨幣比例獲得報酬，而不是根據他們耗費的能量。在權益證明中，礦工稱為「驗證者」（validators）。這種方法除了更環保，也能確保網路不會集中在少數採礦硬體更優良的參與者身上，雖然網路還是會集中在財力最雄厚的人身上[2]。

「權益證明是未來趨勢。」二〇一四年年初，布特林一再對詹弗這麼說。詹弗是區塊鏈研究員，戴著眼鏡，留著長髮。二〇一三年他開始研究比特幣時，認為那是地下開發者跟央行在比誰的金融體系比較好。二〇一四年，他看到以太坊承諾打造的通用智慧型合約區塊鏈，對以太坊產生更大的興趣。他在多倫多的一場駭客松上認識了布特林，後來被霍斯金森錄用為以太坊基金會合作對象。他曾是比特幣玩家，依然支持工作量證明。布特林認為權益證明是更環保的替代方案，但布特林對權益證明的熱切主張並未說服他。

布特林曾為他說明「無利害關係」（nothing at stake）問題的解決方法。這是權益證明鏈中常見的問題，在分叉的情況下，礦工有動機在新舊兩條鏈上都開採，因為不管哪條鏈勝出，他們都能獲得報酬。權益證明因為有這個問題，而被認為不安全。

為了解決這個問題，布特林想出了 Slasher。這是一種演算法，可以確保礦工要是同時開採不同區塊鏈，會失去區塊報酬。詹弗在倫敦一場以太坊聚會上思考這個問題。聚會結束後，他繼續留在那裡，跟另一位駭客討論 Slasher。

礦工應該提出一筆加密貨幣押金，如果他們是正派運作，只開採一條區塊鏈，就可以從押金中獲得小報酬。如果他們是同時開採兩條區塊鏈，就會失去全部押金。這將提供更強的誘因，並使區塊鏈變得更安全。二〇一四年九月十二日上午，詹弗告訴所有願意傾聽的人，以太坊應該改用權益證明。以 Slasher 和採礦押金的概念為基礎，詹弗與布特林開始合作實現這個目標。

二〇一七年的年中，他們的權益證明版本稱為 Casper，他們的研究分成兩種不同的方法。詹弗是研究 CBC（Casper Correct by Construction），布特林是研究 Casper FFG（Casper the Friendly Finality Gadget）。這兩種方法都需要許多步驟，兩者的差別太技術性了，無法在此詳細介紹，但撰寫本書之際，布特林的 Casper FFG 是先納入以太坊發展計畫的權益驗證版本，而詹弗的版本將在稍後加入。

以太坊二・〇，意在擴展的能力

布特林也在研究如何讓以太坊每秒處理更多的交易，簡單講，就是如何擴張以太坊的規模。為了解決這個問題，區塊鏈開發者發明了不同的機制，目前最有名的機制是分片（Sharding）、等離子體（plasma）、零知識證明（zero-knowledge proofs）、狀態通道（state channels）。這幾種機制中，分片是以太坊區塊鏈打算內建的唯一方案，又稱為「第一層方案」（Layer 1 solution），其他的稱為「第二層方案」（Layer 2 solutions），是建立在主鏈上，不需要改變基層協定。基本上，它們都以同樣複雜的方式來減輕區塊鏈節點上的負載。這樣一來，每個交易就不必由整個網路傳播與驗證了，這往往在分散化或安全性方面需要做一些妥協。

這些方案的目的是提升以太坊的效率，讓它真正支援大眾市場的應用程式。分片將與「寧靜」版的權益證明一起落實。「寧靜」版是以太坊發展計畫的一次重大更新，複雜性不容小覷。這個有更大擴展力的權益證明鏈，將成為一種全新的區塊鏈，名為「以太坊二・〇」，和舊版的工作量證明鏈截然不同。

與此同時，第二層方案可以協助開發者打造更好擴展的應用程式，但它們在二〇一七年仍處於開發的早期階段，ＩＣＯ依然堵塞網路。儘管如此，阻塞現象並未阻止新創企業推出越來越多的眾籌，也擋不了投資者搶購代幣。

有人認為這雖然是個問題，但有這種問題可以煩惱是好事。以太坊吸引了成千上萬想為專案眾籌募資的創業者，以及想接觸尖端科技的投資人。另一方面，它也吸引了想要利用炒作迅速致富的投機者與騙子。另一些人則認為，網路持續壅塞只是凸顯出以太坊還不是真正的世界電腦，因為連ＩＣＯ都無法迅速處理。

「最近的ＩＣＯ基本上就是對整個以太坊網路的分散式阻斷服務攻擊（DDoS），這不是一大問題嗎？」六月十七日正在創立區塊鏈公司的拉迪斯拉夫・斯泰傑斯卡（Ladislav Stejskal）在Reddit上發文寫道。

基本上，最近 Bancor 和 BAT 的 ICO 導致整個區塊鏈在三小時內無法使用，除非你支付極高的費用才能用，這太荒謬了。

〔中略〕

對我來說，這是很大的問題。講真的，我們老早就需要擴展功能了！

但那些功能依然付之闕如，而市場才剛開始升溫。

第27章

竄　升

惡搞的代幣，市值直追上市公司

中本聰始終處於匿名狀態，所以沒人能拿比特幣的誕生對他進行任何偶像崇拜。以太坊的創造者布特林則完全相反，不僅身分廣為人知，也是非常公開的人物，不但持續發表以太坊研究、在大會上演講、在Reddit 上發文，就連在推特上也越來越懂得反嗆酸民。以太幣價格飆升、ＩＣＯ熱潮、全球趴趴走的行程，都把他拱成加密貨幣圈的巨星。當他在台上談論區塊鏈技術時，崇拜他的粉絲聽得如癡如醉。結束後，粉絲列隊等候，只為了跟他一起自拍，而且排隊的人龍越來越長。

布特林對粉絲的要求往往從善如流，所以網路上流傳著無數的照片，照片中的他僵硬地站在人群中間，臉上掛著微笑，每個人脖子上都掛著會議識別證。這些人之中，有些人真的只是粉絲，但有些人則是利用這些合照來沾光，暗示以太坊的共同創辦人支持他們的ＩＣＯ。這些說法不見得牽強，因為布特林有時確實也擔任一些加密新創企業的正式顧問。

不請自來的不速之客

渴望進入加密貨幣圈的年輕創業者，會千里迢迢來到以太坊位於瑞士的辦公室，宣傳他們的理念。陳敏有時開門會看到一些不請自來的不速之客，他們來尋求建議或支持、參觀辦公室，或是應徵基金會的工作。大多數時候陳敏會婉拒他們，有時她實在無法面對那些滿懷希望前來、等了她一整天的程式設計師，只好從大樓後門離開辦公室。

她擔心布特林難以拒絕無數有求於他的人。由於布特林一向好心，陳敏覺得他似乎不太了解別人不見得都跟他一樣。她認為她有責任保護布特林，尤其是他面臨壓力、不曉得別人究竟是真心誠意、還是想利用他的時候。為了保護他跟基金會，她會加入他的會議，仔細檢查他的行程。

大家常要求布特林為ＩＣＯ提供建議及投資ＩＣＯ，他也對此感到厭倦了。六月十三日，亦即Bancor募資一．五三億美元的隔天，他在推特上發文表示未來不再擔任ＩＣＯ專案的顧問，OmiseGo與Kyber Network這兩個案子除外，因為是他早就答應的。他表示，他並未向那些他掛名顧問的多數專案收取酬勞，他幫助大家的最佳方式，是專注於權益證明及系統擴展方案的研究。

耶穌幣、川普幣、普丁幣

人們買以太幣來投資ＩＣＯ，這些需求推高了以太幣的價格，而隨著價格飆升，更多人想做ＩＣＯ。這是一種狂熱的迴圈。而且以太坊還輕鬆超越了所有規模較小的加密貨幣。六月時，以太坊的市值占整個加密貨幣市場的四分之一。

與此同時，比特幣的市值首次跌至加密貨幣總市值的四五％以下。以太坊的市值迅速成長，大家猜它很快就會超過比特幣——這種現象還被取名為「大反轉」（the flippening）。有個網站專門追蹤以太坊的發展，這方面的新聞也助長了這種預期。《紐約時報》的新聞標題寫道：「比特幣靠邊閃，以太幣是時下最夯的數位貨幣」。比特幣的市場主導地位，已經從年初的近九〇％下滑，這反映出小型加密貨幣的竄升幅度[1]。

六月第一週，加密貨幣總市值突破一千億美元，一個月前是四百七十億美元，該年年初是一百八十億美元。這表示加密貨幣市場在三十天內，市值翻了一倍；短短五個多月，就飆升了超過四〇〇％。

二〇一七年，CoinMarketCap 上有近千種不同的加密貨幣上市，該網站根據加密貨幣的市值進行排名，其中一百三十七種加密貨幣價值超過一百億美元。Dropbox、挪威郵輪（Norwegian Cruise Line）、孩之寶（Hasbro）等那斯達克上市公司的市值，跟一些惡搞代幣的市值大致相同，這些惡搞代幣有一些奇怪的名稱，例如 FedoraCoin、PotCoin、SmileyCoin、Foldingcoin、Pepe Cash、Einsteinium 等，它們在可疑的加密交易平台上交易。

「耶穌幣」（Jesus Coin）也是其一，這種代幣承諾代幣持有者與耶穌之間有驚人的交易次數。另外，還有川普幣（TrumpCoin）、普丁幣（PutinCoin）、牙科幣（Dentacoin，「全球牙科業的區塊鏈方案」），以及極其誠實的「無路用以太坊代幣」（Useless Ethereum Token）。

「無路用以太坊代幣」宣稱它的ＩＣＯ是「全球第一個一〇〇%誠實的以太坊ＩＣＯ」，說它「顯然不為投資者提供任何價值」。其商標是一隻豎中指的手，網站寫道：「說真格的，別買這些代幣。」儘管如此，它的ＩＣＯ依然募到近七萬五千美元。

在一九九〇年代末期網路狂潮最嚴重的時候，Pets.com 是非理性炒作的典型代表。但是相較於ＩＣＯ熱潮，Pets.com 根本小巫見大巫。

不是只有小眾的加密貨幣愛好者購買這些貨幣，名人也開始推廣，通常他們是收費推廣這些貨幣，鼓勵粉絲購買那些晦澀難懂的數位代幣。那些發文可能是他們的數百萬粉絲第一次聽說ＩＣＯ。

不敗拳王梅偉瑟常在社群媒體上炫耀他在拳擊場上賺的數百萬美元，他在臉書上對一千三百多萬名粉絲說，他們應該買ＣＴＲ代幣。沒多久，音樂製作人ＤＪ卡利（DJ Khaled）在 Instagram 上發布了一張他坐在白色扶手椅上的照片，背景是藝術家尚—米榭・巴斯奇亞（Jean-Michel Basquiat）的肖像。他面對鏡頭，一隻手拿著一瓶詩洛珂（Ciroc）伏特加，另一隻手拿著一張銀色的信用卡。照片說明寫著：「剛收到我的 centra 鈦金簽帳卡……這是顛覆遊戲規則的東西。現在就去買CTR代幣吧！」

社交名媛芭黎絲・希爾頓則是在推特上寫道，她「期待參與新的」LydianCoin 的ICO。演員傑米・福克斯（Jamie Foxx）也在推特上發了類似的訊息：「期待參與新的 @cobinhood 代幣！零交易費！」

加密貨幣新貴，愛買藍寶堅尼

隨著加密貨幣飆升，早期買家晉升為百萬富翁的新聞鋪天蓋地而來。「商業內幕」（Business Insider）網站報導：「一位瑞典人把畢生積蓄押在比特幣上，如今身家暴漲一三〇〇〇％以上。」「來看『加密街之狼』，俄亥俄州一名少年利用全部積蓄，成為加密貨幣圈的百萬富翁。」《富比士》報導：「這個人靠兩千五百萬美元的比特幣獲利環遊世界。」

在濃厚的炒作氣氛下，類似的報導不勝枚舉。CNBC報導一個荷蘭的五口之家，為了購買比特幣，「幾乎賣掉所有家當——從占地兩千五百平方英尺的房子到鞋子，全都賣光光。」數位媒體 Vice 採訪一群西班牙資工系學生，他們把微薄的積蓄全拿去購買以太幣。一位匿名的 Reddit 用戶說，他抵押自己的房子，貸款三十幾萬美元去買比特幣。

YouTube 上出現一段影片，一個自稱創業家的二十幾歲男子，描述他如何用四十五個比特幣買了一輛白色的藍寶堅尼 Huracán。那四十五個比特幣是他在二〇一一年以一百一十五美元購買的。這段影片迅速累積一百多萬的點閱率。一夕致富的百萬富翁把數位貨幣變現，拿去買跑車的故事，開始如雨後春筍般出現。藍寶堅尼跑車（簡稱 Lambo）成了加密貨幣新貴的終極身分象徵，還演變成一種網路迷因。

精通技術的千禧世代創立加密新創企業並投資代幣，他們生活在網路上。這表示這場發生在網路上的金融泡沫，可能比之前的任何投機狂熱更嚴重。隨著市場的爆炸性成長，迷因和網路話題標籤也開始暴增，Hodl 就是一個經典標籤。那是出自一位可能喝醉的比特幣論壇用戶，他在一篇發文中，熱切主張在市場崩盤時繼續持有比特幣，但拼錯了 hold（持有）。其他熱門標籤還有 #Tothemoon、#whenmoon、#whenlambo。

這些交易中，僅一小部分的交易是按這些貨幣的原始用途進行（以比特幣來說是指 P2P 現金，以以太幣來說，是做為世界電腦的燃料）。有些數位貨幣沒有即時平台可用（本質上只有幾行程式碼），價值卻比有營利及資產的公司還高。這些看似離譜的現象，大家卻不以為意。

諾貝爾經濟學獎得主羅伯・席勒（Robert J. Shiller）在著作《非理性繁榮》（*Irrational Exuberance*）中寫道，「實驗證明，人們願意相信主流觀點或相信權威，即使它們與事實明顯矛盾。」人們往同一方向擠的唯一原因，是他們看到更多人也這麼做。以市場來說，資產基本價值的相關資訊無法傳播時，大家就很容易變得不理性。前面提過，網路上把這種行為歸納稱為ＦＯＭＯ（fear of missing out的縮寫，指「錯失恐懼症」）。

加密貨幣是一大泡沫的警訊，開始到處出現。有人要求企業家馬克・庫班（Mark Cuban）在播客中談比特幣，他在推特上回應：「我認為它正在泡沫中，只是不知道它何時會修正或修正多少。」有人在那則推文底下回應，他發表那則推文後，比特幣下跌了五％。對此，他回應：「波動太大了吧，哈哈！推特上隨便發一則推文就可以影響價格，可見這是泡沫。」

全球最大資產管理公司貝萊德（BlackRock）前首席投資策略師董立文（Richard Turnill）受訪時表示：「從圖表看來，我覺得很可怕。」股市分析師艾略特・普萊切特（Elliott Prechter）在他的電子報中指出：「導致當前價位的價格波動及狂熱氣氛，甚至使近四百年前的鬱金香狂熱相形見絀。」而且，多數的競爭幣不過是「高科技、拉高出貨的詭計」。

身價億萬的投資人及橡樹資本（Oaktree Capital）的共同創辦人霍華・馬克斯（Howard Marks）在一封致投資者的信中寫道：「數位貨幣只是一波毫無根據的炒作熱潮（或者，甚至可能是一種龐式騙局）。」在《經濟學人》的編輯看來，問題不在於加密貨幣「是不是泡沫」，而是「泡沫破了怎麼辦？」

其他分析師的看法比較樂觀。加密貨幣之所以飆升，是因為它們正成為主流。他們認為，目前加密貨幣在投資組合中的滲透率仍低，或商家的接受度仍低，其實是件好事，因為這表示未來的前景更樂觀。Fundstrat 是第一家發布比特幣目標價的華爾街股票研究公司，其分析師湯姆・李（Tom Lee）迅速成為看多比特幣的分析師之一。他預測二〇二二年比特幣價格可能飆至五・五萬美元。

華爾街的大公司雖然比較謹慎，但也發布樂觀的報告。美銀指出，數位資產在多角化方面表現良好，因為它們跟其他資產的相關性接近零。一位摩根士丹利的股票策略師表示，比特幣很像黃金，因為兩者提供類似的保值優點。一位高盛分析師表示，比特幣的市值超過一千億美元後，這個市場已經大到「值得關注」[2]。

傳統投資銀行在泡沫期間發布樂觀的加密貨幣報告，加密貨幣的狂熱者則是宣稱最近的漲勢只是開始，比特幣將繼續攀升至令人驚歎的境界。

價格飆漲是數學，還是泡沫？

其他觀察人士認為，加密貨幣不該像股票或其他證券那樣分析。它們是全新的標的，這是其估值那麼高的原因。「也許這些貨幣真的有那麼高的價值，甚至有更多倍的價值。」TechCrunch 的一篇專欄這麼說，「問題是我們沒有辦法確定其價值。加密貨幣不是有收益、費用支出、每股盈餘的上市公司。」

最極端的例子是約翰・麥卡菲（John McAfee），他最廣為人知的，是創立以他的名字命名的防毒軟體，以及二〇一七年以來一直大力鼓吹ＩＣＯ。他說：「那些認為加密貨幣是泡沫的守舊派人士，只是不懂區塊鏈的新數學罷了，又或者是因為你對它沒興趣，所以不想懂。」[3]

這不是什麼新說法。一九九〇年代末期，在網路泡沫破滅之前，同樣的論點也出現過。當時的股票分析師想盡辦法為網路股的天價自圓其說，他們宣稱網路公司不能跟「一般」公司相比。營收之類的數字不像以前那麼重要了，科技發展促成生產力的增加，降低了經濟衰退的風險。當時，聯準會主席葛林斯潘（Alan Greenspan）向參議院的銀行委員會（Senate Banking Committee）表示，近期的經濟表現實在太「出色」，可能「把全國與全球的生產力趨勢推升到更高的新境界」。

技術發展帶來一種新系統，那是舊標準所無法衡量的。這種理念在一九九〇年代稱為「新經濟」（New Economy）。約翰・卡西迪（John Cassidy）在關於網路狂潮的著作《網路騙局》（*Dot.Con*）中寫道，在「繁華瘋狂的一九二〇年代」，大家針對「新經濟學」（New Economics）也提出類似的觀點。如今，我們對加密貨幣也如法炮製相同的誇張詞彙[4]。

不止加密貨幣升溫，整個股市也再創新高。二〇一七年七月，標普五百指數攀升至新高。大家對科技股的樂觀情緒，推動標普科技指數首次超越二〇〇〇年網路狂潮推動股市的紀錄。隨著各國央行繼續支撐疲軟的經濟，寬鬆的貨幣政策在全球蔓延，推動所有資產類別（尤其是風險較高的證券）價格走高。

事實一再證明，加密貨幣和其他資產（包括股票、黃金、債券）之間沒有相關性。這表示，不管傳統資產是漲是跌，加密貨幣都是依循自己的節奏。儘管如此，隨著投資者以大量現金推升資產的價格，這種樂觀情緒難免會蔓延到加密貨幣上。

以市值衡量，比特幣與以太坊之間的差距持續縮小。截至六月十八日，以太坊占加密貨幣市場的三二%，距離比特幣的三八%只有一步之遙了。這個才出現兩年的貨幣，已經和加密貨幣圈的始祖幾乎一樣值錢了。

停損單和謠言，讓以太幣一度跌到十美分

但以太坊最近首次突破四百美元大關，很難再進一步上漲。接著，五天後，也就是六月二十二日，一筆數百萬美元的賣單觸發了所謂的「停損單」（stop-loss order，亦即價格跌破某個點時，自動賣出的指令），結果又觸發了更多的停損單。這種骨牌效應導致閃電崩盤，使以太幣在幾秒內從三百二十美元跌至十美分。之後，價格回升得一樣快，但兩天後又開始暴跌，因為市場氣氛依然緊張，而且網上有傳言指出，布特林遭逢一場致命事故。

「布特林已經證實死亡，業內人士正在拋售以太幣。致命車禍。」有人在以騷擾及惡作劇出名的匿名網路論壇 4chan 上如此寫道。

現在我們有答案了，他是這個圈子的黏合劑。以太幣難以止跌回升，整個加密貨幣圈麻煩大了。

六月二十五日，以太幣暴跌二二%，從三二五美元（那則訊息發布的前一天）跌至二五三美元。但布特林只是躲在世界某個遙遠的地方，致力研究以太坊的擴展。他注意到這件事情時，在推特上發了一張照片，照片中的他拿著一張紙，紙上印著由數字與字母組成的亂碼。那是以太坊的最新區塊，相當於拿當日報紙拍照以證明自己還活著的加密貨幣版。那則推文寫道：「又一天，又一種區塊鏈的使用案例。」

接下來兩天，以太幣的價格跌至二〇四美元，之後便開始反彈。但這次惡作劇（更有可能是刻意操縱市場）使大家痛苦的意識到，以太坊儘管有分散化的雄心，卻還是非常依賴一個二十三歲的創造者。

加密貨幣圈不久又遭到新的打擊。這次不是來自4chan的謠言，而是來自證管會的聲明。在The DAO事件發生近一年後，監管機構調查了那次銷售，得出的結論是：DAO代幣是證券。那表示The DAO、Slock.it、Slock.it的共同創辦人、銷售的中介者「可能違反了美國證券法」（證管會於七月二十五日發布的聲明中如此寫道）[5]。

經過多年反覆思索後，美國證管會終於為加密貨幣愛好者找到了答案，但卻不是他們想要的答案：是的，數位代幣可視為投資合約。這對加密貨幣圈產生了巨大的影響，意味著那些向有電郵地址的人出售數位貨幣的新創企業，可能都違反了美國證券法。買賣那些代幣的投資者可能也會遭到波及，所有的加密貨幣交易平台也是。那些網站以「交易所」自居，但實際上並未以「交易所」的形式註冊。如果數位代幣真的是證券，它們並沒有在美國交易代幣的執照。

證管會表示，對於「交易是以加密貨幣進行而不是美元」，並非他們關注的重點。他們也不在乎其基礎技術是什麼，或是否有電腦程式碼自動執行某些功能。出售的數位代幣依然可能是證券，所以必須向證管會註冊或是取得豁免資格。但發行人如何得知他們是否在出售證券呢？監管機構並未給出明確的答案，只說「這取決於事實和環境，包括交易的經濟現實」。對那些涉及交易的人來說，好消息是：雖然 The DAO 與 Slock.it 的成員可能違反證券法，但證管會只對他們提出警告，決定不採取執法行動。

隨後，許多傳聞、報導、推文、電視節目分析了這個最新的意外消息。這意味著什麼？ＩＣＯ就此壽終正寢嗎？加密貨幣玩完了嗎？七月二十六日，亦即證管會發布報告的第二天，不止出現一個ＩＣＯ，而是**三個**。而且，當月剩下的那幾天，又出現五個ＩＣＯ。

八月，加密貨幣的銷售額確實從七月份的五．七四億美元降至一．三四億美元，可見加密貨幣的創辦人及投資者可能注意到證管會的警告了，但這種現象並未持續太久。儘管證管會的警告一開始讓加密貨幣的愛好者受到驚嚇，但他們不久就恢復了活力。畢竟，那正是他們一直擔心的事情，既然事情真的發生了，情況還不算太糟。

市場上那麼多明目張膽的騙局，證管會只鎖定 The DAO，而且是在是發生一年後才提起。即使他們確實得出「DAO代幣是證券」的結論，也不會對發行者或投資者造成任何後果。九月，ICO的熱潮捲土重來，募資達七・〇五億美元，創下月度紀錄。

價格甚至更早反彈回升。六月與七月有回檔，但八月起，市場又開始飆升。比特幣在八月五日首次突破三千美元大關，八天後突破四千美元大關。以太坊之前的跌幅已經收復，回升到略低於四百美元。證管會的新聞彷彿遠古的歷史。

菲樂幣大手筆，豪華假期招攬投資客

隨著價格飆升，熱愛風箏衝浪的創業者伯頓正要前往加勒比海。

二〇一七年早些時候，當他回到舊金山，決定研究一下他持有的以太幣和整個加密貨幣市場為什麼都在上漲。他發現，這個圈子是如此有趣、樂觀、充滿活力，來自世界各地的開發者正在建構新的應用程式與協定，大公司正在測試區塊鏈，這讓他也渴望回歸加密貨幣圈。

與此同時，銀行抽走了伯頓金融科技公司 Balance 所使用的資料，導致這個 app 幾乎無法使用。隨著他深入探究分散式的開源系統，他親身體驗到傳統中央管理型的公司可能以出乎意料的方式，片面改變遊戲規則。這促使他和共同創辦人把 Balance 改造成加密貨幣錢包。

他的共同創辦人已經透過協定實驗室（Protocol Labs），參與了加密貨幣。協定實驗室是一家軟體公司，開發分散式的資料儲存網路「星際檔案系統」（InterPlanetary File System, IPFS）和菲樂幣（Filecoin，一譯為文件幣）。星際檔案系統是一種提供P2P檔案共享及儲存的協定。菲樂幣使用星際檔案系統的協定，來打造一個內建代幣的網路，為用戶提供使用動機。

菲樂幣就像二〇一七年的許多加密貨幣專案一樣，正在進行ICO。在ICO開始之前，協定實驗室安排該公司的員工、顧問、潛在投資者到古拉索島（Curacao，位於加勒比海南部）的一個海濱度假勝地度假。伯頓因為持有以太幣，成為參與那場熱門代幣銷售的潛在投資者，他透過創業夥伴獲邀到當地度假。

起初，星際檔案系統和菲樂幣的共同創辦人胡安．貝內特（Juan Benet）的願景，令伯頓感到震撼。貝內特解釋，全球數據資料的創造與共享大幅成長，但監管資料儲存的實體卻很少，構成危險的單點故障問題。這個幫忙分散資料儲存的系統，不僅可以消除風險，也可能為那些提供硬碟空間的人帶來額外收入。他把資料儲存描繪成一種促進社會平等的機制，而不是無聊的後台服務。也就是說，第三世界國家的窮人，也可以把自己的電腦空間出借給世界上任何人，賺取加密貨幣謀生。

但是，在古拉索島度假幾天後，伯頓開始覺得，貝內特口中的願景跟他眼前所見的景象落差實在太大了：菲樂幣的團隊正騎著水上摩托車，馳騁在碧綠的加勒比海上。他們搭機前來這個天堂般的島嶼，住進豪華旅館，在海灘上歡度一週，去無限自助餐廳大快朵頤，在泳池邊暢飲五顏六色的雞尾酒。從加密貨幣對沖基金與創投業者的對話可知，菲樂幣募資數千萬美元沒有問題，他們正在打造史上最大的ＩＣＯ，而他們花錢也一樣不手軟。那一週接近尾聲時，伯頓的胃幾乎再也無法忍受這個混合了天婦羅壽司、萊姆酒、區塊鏈對話的環境。

背叛社群、揮霍無度，都不是好兆頭

協定實驗室在舉行ＩＣＯ之前，先進行了首次私下預售。在預售中，像伯頓這樣的顧問有機會以〇．七五美元的大幅折扣購買代幣。代幣的初始售價是一美元，ＩＣＯ銷售時，價格可能高達六美元左右。

協定實驗室的ＩＣＯ只限合格的投資者購買（年收入逾二十萬美元或淨資產逾一百萬美元的投資者），這讓一些加密貨幣的新創企業開始擔心他們違反證券法。他們透過 CoinList 進行ＩＣＯ，CoinList 是一家專注於符合證管會要求的ＩＣＯ新平台。

為了安全起見，另一項謹慎措施是，協定實驗室在銷售時並未分發菲樂幣，他們是銷售一份「在網路上線後購買代幣」的協議，名叫「未來代幣簡單協議」（Simple Agreement for Future Tokens, SAFT）。這種合約越來越流行，因為律師建議創辦人這是降低監管風險的好方法。

在監管機構加強管制下，對菲樂幣抱持謹慎的態度是可以理解的，但加密貨幣社群中的許多人卻有遭到背叛的感覺，畢竟菲樂幣是最有前景的專案之一，多數人卻無法參與。ICO的目的就是為了讓任何人都能投資，菲樂幣卻走回頭路，回歸以前的做法，為那些接近專案的人提供優惠方案，而且只讓有錢人參與購買。

此外，有些人批評他們吸收了過多的貨幣。協定實驗室與菲樂幣基金會（Filecoin Foundation）將保留該網路第一個區塊創造的約七〇％代幣。隨著礦工開始賺取代幣做為報酬，以及基金會和協定實驗室必須等六年才能出售代幣，那些股份將會縮水，但外界還是有人覺得他們很貪婪。

伯頓認為菲樂幣的銷售條件以及那家公司太過鋪張的開銷，都不是好兆頭。他覺得菲樂幣已經背叛了他們的社群，幾乎所有星際檔案系統的開發者都無法參與銷售。那趟旅行結束時，他告訴貝內特，他不會投資那個專案。

接下來的一個月，總部位於帕羅奧多的協定實驗室在首次私下銷售中，從幾家大型創投公司獲得了五千兩百萬美元的資金，這些公司包括安霍創投（Andreessen Horowitz）、聯合廣場創投（Union Square Ventures）、紅杉資本（Sequoia Capital）。

九月，協定實驗室又在公開銷售中從合格投資者獲得二．〇五億美元的資金。總計二．五七億美元的代幣銷售金額，是有史以來規模最大的，超過了Tezos七月為了打造一個（跟以太坊競爭的）智慧型合約平台而創下的募資紀錄：二．三二億美元。

我撰寫本書之際，菲樂幣的網路尚未推出（編按：菲樂幣網路於二〇二〇年十月十五日上線），只有菲樂幣期貨（用來賭代幣掛牌價格的衍生性商品）。菲樂幣期貨的交易價從二〇一八年一月的二十九美元的高點，跌到四美元左右。菲樂幣做ＩＣＯ時，星際檔案系統已經在運行了[6]。

儘管ＩＣＯ持續吸收數百萬美元的資金，加密貨幣價格持續攀升，全世界都在關注，但以太坊的開發者大都保持沉默。在ＩＣＯ盛行那一年，陳敏繼續要求基金會的合作夥伴與員工不要談論加密貨幣的價格，希望盡可能把以太坊基金會，跟那些看似詐騙的ＩＣＯ及渴求金錢的加密貨幣劃清界限（雖然她絕不會如此形容那些業者）。所以，當加密貨幣的價格成為各地辦公室茶餘飯後的熱門話題時，創造第二大加密貨幣的人卻不談論這件事（儘管那些事情大都在其平台上發生），至少他們不在工作上談論。

他們正準備推出的，是以太坊第三個「上線後」的階段，名為「大都會」（前兩階段是「疆界」、「家園」）。「大都會」將透過硬分叉做兩次獨立的更新。第一次叫「拜占庭」，訂於十月十六日實施；第二次叫「君士坦丁堡」，將於稍後實施。拜占庭將減少礦工的區塊報酬，以逐漸擺脫對工作量證明的依賴，為權益證明奠定基礎。此外，他們也有計畫增加開採難度，以激勵礦工改用權益證明——這就是所謂的難度炸彈（difficulty bomb）。

拜占庭分叉也包含一種名為「零知識證明」（zero-knowledge proofs）的隱私強化功能。該功能讓用戶證明他們滿足特定要求，無需透露更多個資。例如，它可能讓申請貸款的人在不靠第三方下，證明自己符合貸款人的要求，無需披露其他個資。

這些都是網路中的小進步及不錯的改變，但無法幫以太坊擴展。不過，這是毫無爭議的更新，沒有出現重大問題。布特林以一張他跟兩位朋友一起舉起叉子的照片，來慶祝這次分叉，就像九〇年代的卡通中超級英雄舉劍相會一樣。

一場駭客松，誕生了謎戀貓

開發者在布特林的母校所在地滑鐵盧，參加以太坊舉辦的首屆官方駭客松。駭客松通常是在週末舉行，讓小型的開發團隊聚在一起，用幾天的時間打造一個專案以換取資金。

在滑鐵盧的駭客松上，拜占庭分叉並不是唯一會改變以太坊發展的事，雖然現場的開發者並未料到這點。江家俊（Benny Giang）忙著在洗手間張貼貓海報，分發貼著貓貼紙的寶可夢紙牌，還在他的工作台上綁了一些貓形氣球。他是溫哥華軟體孵化器 Axiom Zen 團隊的成員，這個團隊的主要任務是向大眾推廣尖端科技。江家俊是第一批測試谷歌智慧型眼鏡及虛擬實境耳機的人，當加密貨幣成為大家都在談論、卻沒有真正使用的東西時，他們決定試試看。

羅漢・蓋爾格茲魯（Roham Gharegozlou）是 Axiom Zen 的創辦人，他把團隊成員找來，腦力激盪出二十個左右的區塊鏈概念，寫在白板上。接著，技術人員跟設計師開始思考最好的點子。當天結束時，他們再次集合。

技術人員對於打造個人化的代幣感到很興奮，也就是說，那些代幣不是當成加密貨幣使用的，而是用來收藏。設計師得出一個重要的結論：無論他們做什麼東西，一定要跟貓有關。貓咪之所以會在網路上大行其道是有原因的：牠們可愛又有趣，總是可以讓任何與牠們相關的東西爆紅。

於是，他們決定製作值得珍藏的貓，並把它們命名為謎戀貓（CryptoKitties），第一個版本是在滑鐵盧的以太坊駭客松上打造的。這個看似簡單的遊戲背後，是重要的區塊鏈創新。蓋爾格茲魯的團隊並非把圖案連到一般的ERC20代幣（ＩＣＯ的標準），而是決定創造一個全新的以太坊代幣標準，專門用來代表個別的「事物」，而不是貨幣。它們將成為一種全新的貨幣類別。

蓋爾格茲魯與團隊討論這種代幣的合適名稱，最後決定稱為「非同質化代幣」（non-fungible tokens, NFT），意指每個代幣都獨一無二，不像以太幣、比特幣，或ＩＣＯ販售的ERC20代幣是可互換的。除了可收藏的數位貓以外，更廣泛的設想是，在這個名為ERC721的新標準下，代幣可以和稀有的高價值物品（例如藝術品、奢侈品）、其他的收藏品（例如棒球卡）、電玩中使用及交易的物品（例如虛擬武器）連結。

江家俊就是去那場駭客松宣傳ＮＦＴ的。為期三天的駭客松結束時，以太坊駭客對於買賣謎戀貓ＮＦＴ的興趣，幾乎與他們對自己專案的興趣一樣濃厚。這是未來ＮＦＴ發展的一個重要徵兆。

｜第28章｜

期貨與貓

當初投資250美元，現在就變成百萬富翁

隨著二〇一七年年底的到來，加密貨幣即將看到迄今最好的消息，至少從投資的角度來看是如此。

十月三十一日，經營全球最大交易所的「芝加哥商品交易所集團」（CME Group，簡稱芝商所）宣布，計畫在年底前推出比特幣期貨。更早在八月，美國最大的選擇權交易所「芝加哥選擇權交易所」（CBOE，簡稱芝權所）也曾表示要在二〇一八年掛牌交易比特幣期貨，但芝商所宣布上述消息後，芝權所便把推出日期往前移到二〇一七年。

這表示，華爾街交易員將能像交易連結黃金或石油價格的衍生性商品那樣，輕鬆參與比特幣。他們不會實際擁有任何數位貨幣，因為合約是以現金為基礎，沒有實物交付，但加密貨幣圈的多數人都認為這是一大進展——美國兩家頂尖的衍生性商品交易公司希望讓投資者接觸比特幣，他們的華爾街客戶肯定一直想要這種商品！這些工具確實不會增加大家對數位

貨幣本身的需求，但是看多比特幣的人士認為，這是吸引更多人接觸真正加密貨幣的入門商品。

以太坊合約的出現，只是遲早的事，如果有美國商品期貨交易委員會（CFTC）監管的加密貨幣衍生性商品，那表示ETF也即將通過。畢竟，缺乏監管的市場是美國證管會不批准比特幣ETF的原因之一，所以一旦這個問題解決，「機構投資者就來了！」熱中者認為，很快會有大量資金湧入加密貨幣，推動價格持續飆漲。「比特幣不是泡沫，而是靶上的紅心。」這是他們一直掛在嘴邊的信念。

加密龐克想對抗大銀行，高盛卻要為數位貨幣造市

布特林對這些消息並沒有特別興奮。他認為大家太關注ETF，卻忽略了如何讓人更容易在街角商店購買加密貨幣。他在推特上寫道：「前者有利於推高價格，但後者有利於日常使用。」

不過，投資者還是欣喜若狂。十二月底，機構投資者對加密貨幣充滿興致的消息又添一筆。《彭博》引用未具名的消息來源報導，高盛正準備在二〇一八年的上半年，設立一個為數位貨幣造市的交易部門[1]。

雖然機構投資者對加密貨幣的實際興趣仍有待觀察，但加密貨幣的買家顯然已經變了：從抱持無政府主義的加密龐克和駭客透過加密貨幣來對抗金融機構，變成了金融機構也想來參一腳。如今

大家日益把加密貨幣視為一種獨立的資產類別，所以專屬的基金開始湧現。二〇一七年，專注於數位貨幣的避險基金與創投基金數量暴增，該年度就多了兩百多檔基金，是前一年新增數量的四倍多。它們的投資標的包羅萬象，從十大加密貨幣的市場加權投資，到更複雜的演算法交易，應有盡有[2]。

與此同時，陳敏正在墨西哥帶領以太坊舉辦目前為止最大的開發者大會Devcon3。在坎昆（Cancun）的一個會議中心，兩千多人擠滿了占地七萬五千平方英尺的空間，共有三層樓及兩個舞台。她幾乎是夜以繼日地和參與的業者討論設計、布局、小組主題、主講人、贊助商。那是整個以太坊社群共聚一堂的場合，一切都必須完美。

這陣子，陳敏大部分的時間是待在墨西哥、歐洲、美國，布特林的時間則主要花在亞洲。以太坊的早期歷史大都發生在北美和歐洲，所以現在布特林把重心放在中國，並開始支持東方新興的以太坊社群。他在新加坡成立了以太坊亞太有限公司（Ethereum Asia Pacific Ltd.），該公司主要專注於做研究。二〇一六年年底，他招募了其他的研究人員，並花更多的時間深入研究網路擴展及權益證明。他密切接觸過的加密新創企業也設在該區，例如泰國的OmiseGo與新加坡的Kyber Network。

陳敏開始注意到，布特林不像以前那樣經常徵詢她的意見，其他人對他的影響變大了。不久，她就不再參與他的日常行程或他正在處理的問題。與布特林日漸疏遠的工作關係，讓早就令她倍感壓力的工作更加緊繃。她的健康狀況惡化許多，所以她決定在開發者大會結束後離開基金會，並從十二月到一月底，與布特林一起協調工作的交接。陳敏覺得她已經完成了她在以太坊的目標，對這個決定感到平靜，但她也認為妥善交接執行董事的職務很重要，她可以向新任的執行董事提供她累積的基金會知識。

以太坊的價格、ＩＣＯ募集的資金、每秒的交易數量——幾乎所有的可變因素都指向以太坊將會有倍數的成長，但是，以太坊成員走進這場開發者大會時，螢幕上的所有圖表都消失了，只顯示網路真正的核心：一個不斷擴張的社群。

大會現場擠滿了身穿五顏六色T恤、戴著獨角獸髮帶的以太坊程式設計師，有一位主講人甚至穿著恐龍裝上台。看到那麼多開發者出現，比看到價格線圖更有意義。也許以太幣的價格受到市場上反覆無常的交易者影響，從十一月一日大會開始時約三百美元的價位下跌了，但重要的是，現場熱烈高亢的開發者都是為了繼續在以太坊上開發，而到此共聚一堂。

布特林穿著一件印著柴犬迷因圖（Doge）的綠色T恤，在會場中比較安靜的角落跟一小群人聊天。葛林四處走動，跟大夥兒做他招牌式的擁抱。發明 ERC20 標準的弗傑斯戴勒也來討論如何改善募資機制。凡德桑迪、詹弗、貝克茲、斯濟拉奇等早期加入以太坊的成員也在現場，而數百位才剛加入以太坊的人也來了。

技術研討會的現場座無虛席，氣氛熱絡，大家三五成群地聚在一起交流傳聞、討論專案進度，現場擠得水泄不通。大夥兒白天在會議中心交流，夜裡在坎昆的旅館區夜店同樂。四年來，開發者大會從大約三十人聚在柏林的一個房間，發展成一個為期四天、提供餐飲、多個舞台，有兩千多人與會的活動。

許多最早的以太坊團隊成員（亦即最初掛名共同創辦人的八名成員）也在現場，但他們並沒有開發以太坊協定，而是已經把重心轉到自己的專案上，那些專案大都與加密貨幣有關。盧賓創立ConsenSys；伍德創立Parity；威爾克為了多陪伴家人及休養生息，把Geth的管理權交給斯濟拉奇；霍斯金森正在開發自己的區塊鏈，名為卡達諾（Cardano）；迪歐里奧專注於他的Jaxx數位錢包；艾里西正在開發一個名為Akasha的分散式社群網路；卻崔特不改其低調之樂，在場邊交流時，幾乎沒人認出他是以太坊的共同創辦人，他一直默默支持著不同的區塊鏈專案。實際上，當初在邁阿密規畫以太坊的原始團隊中，唯一仍在開發以太坊的人只剩布特林。

夢想夠大，就能活在其中

比特幣在該年年初突破一千美元，象徵性地宣告二〇一七年是加密貨幣年。隨著二〇一七年進入尾聲，它需要以同樣精采的方式畫下句點。在ICO狂潮、比特幣期貨新聞、ETF、機構投資者投機的推動下，整個加密貨幣圈在十一月底開始飆漲，速度甚至比那年的多數時間還快，以太幣飆升至四百美元，比特幣漲破八千美元。

東諾弗里奧不敢相信發生的一切，他反覆檢查他的電子錢包，要確定這是真的——某天他才覺得過得還不錯，應該有足夠的錢在加州再生活一年，但接下來那幾週，他知道他再也不用為下半輩子住在哪裡發愁了。這比喻早就有人用過，但對於二〇一七年年底持有加密貨幣的許多人來說，卻是千真萬確：他覺得自己好像中了頭彩。

當年稍早，他和女友及女兒搬進奧克蘭的公寓時，他們的娛樂之一就是開車到一些高級社區閒逛或看房子。他們沒有財力買下他們參觀的那些房子，但他認為這對他的女兒來說是很好的啟發，而且做做夢也很有趣。他們甚至為夢想中的完美房子做了一個願景板。

有一天他說：「嘿，你們知道有些房子裡有電梯嗎？你們想去看看嗎？」他們上看屋資訊平台Zillow，查奧克蘭有沒有內建電梯的房子要出售，只找到一棟。那棟房子沒有開放參觀，所以他們打電話給房地產經紀人，約了時間去看。

他們走進去時，每個人的臉都亮了起來。那棟房子不但有一部電梯，還有一座可以俯瞰舊金山天際線的游泳池、多人式大型熱水浴缸、蒸氣室、三溫暖，還有足夠的房間讓每個人從事各種嗜好。他們以前看過的房子感覺似乎都缺少了什麼或哪裡不對勁，這座托斯卡尼風的豪宅正是他們願景板上夢想的房子。

女兒在樓梯與電梯上上下下時，東諾弗里奧開始感到不安。他告訴女友：「我們得對這位仲介說實話，她以為我們會買這棟房子，但我們百分之百不會買。」雖然現在錢已經不是問題，但東諾弗里奧覺得那麼大的房子維護起來很難，壓力也大。

回家後，他們依然不停的談論那棟豪宅，於是他又猶豫了。接下來那幾天，他覺得不買的話他會後悔。他已經看過夠多的房子，知道這種完美物件有多難得。他們於十二月搬進那棟房子，當時加密貨幣正快速增值。他在 Instagram 上發文：「只要你的夢想夠大，就可以生活在其中。」一邊從自家陽台眺望遼闊的風景。

ConsenSys 的沃德也是如此。以太幣的價格不斷攀升時，他正看著一棟玻璃摩天大樓，那棟大樓臨海興建，與他布魯克林的公寓在同一條街上。每次以太幣創新高時，他從客廳的窗戶望過去，就可以看到那棟大樓又多了幾層。如果是一年前，在那裡買房根本是無法想像的事，但隨著市場持續攀升，沃德腦中開始出現一個念頭：「等那棟摩天大樓蓋好，我要買下頂層公寓。」

十二月底某天，以太幣的價格漲破七百美元，隔天又漲破八百美元，此時那棟大樓已近完工，他後來在三月買下頂層公寓。當他在四十層的高樓上欣賞曼哈頓的景色時，慶幸自己能夠擺脫他那個世代所經歷的經濟困境。這一切是拜勇氣、真正的信念和以太坊所賜。

被自己的程式碼漏洞凍結了資金

與此同時，儘管 ConsenSys 仍留在布希維克社區，但已迅速成長，最初的共用工作空間已經不敷使用。他們大舉擴張，雇用了數百名新員工，並在舊金山、巴黎、新加坡等十座城市成立辦事處。

伍德也趁勢而起，他的 Parity 科技公司繼續開發大家最常用的以太坊客戶端之一。七月，團隊的多數成員前往伊比薩島（Ibiza）度假時，系統一度遭到駭客攻擊。攻擊者從公司開發的智慧型合約中竊取了約三千萬美元，但他們迅速修復了那些合約。

三個月後，駭客攻擊已成舊聞，伍德創立並擔任總監的網三基金會（Web 3 Foundation），透過ＩＣＯ募集了約一．三億美元以開發波卡（Polkadot）。波卡是一種新的區塊鏈，目的是用來連接其他所有的區塊鏈，以實現伍德的「分散式網路」夢想。

但是，到了十一月，原本順遂的發展再次遭到中斷。網名 devops199 的人在 GitHub 上發文指出，Parity 公司的多簽錢包有漏洞。他們因此得知系統有問題，七月的駭客攻擊，就是鎖定同樣的地方。多簽錢包是一種智慧型合約，允許多人掌控錢包。新創企業常用多簽錢包來持有他們的ＩＣＯ基金。Devops199 指出的漏洞，影響五百多個錢包用戶，他們共持有約五十萬個以太幣，當時折合約一．五億美元。匿名駭客寫道：「任何人都可以終止你的合約。」但更糟的是他隨後說的那句話：「我無意間終止了它。」

那個駭客似乎是意外刪除了合約的函式庫（智慧型合約需要執行任何操作時，會去函式庫取得指令），這表示用戶再也無法與 Parity 開發的多簽錢包互動了。錢包內的資金形同凍結，連駭客也拿不到那筆錢。這些資金中有很大一部分（逾九千萬美元）是來自波卡的ＩＣＯ募資。這表示 Parity 因為自己的程式碼漏洞，損失了數百萬美元。這是伍德那家新創公司面臨的最大障礙，而且是由程式碼中的一個漏洞造成的，偏偏他又覺得自己寫的程式碼比多數人的程式碼好。

Parity的共同創辦人施泰納是公司發言人，他負責善後，跟受創的團隊對話，並決定該如何應對。他們決定關閉多簽錢包，聘請外部單位來審查，並積極要求以太坊改變程式碼，以允許資金返還，而這會需要進行硬分叉。這聽起來很像DAO事件重演，所以以太坊社群對這個議題非常謹慎。此外，由於當時有許多令人振奮的其他消息，資金返還的提議並未出現多大的進展。當時令大家感到振奮的消息之一，是數位貓。

加密貓大受歡迎，塞爆了整個網路

江家俊和其他人從滑鐵盧的駭客松回來後，向團隊說明大家對謎戀貓的反應，蓋爾格茲魯決定把團隊從五人全職投入專案擴增成十二人。在十一月二十八日系統上線之前，這是一項非常緊湊密集的專案，開發者承受著很大的壓力，因為智慧型合約一旦部署就不能更改，而且會攜帶著大家的資金。

系統上線那天，過程順利。在滑鐵盧駭客松測試過那款app的開發者是主要用戶，他們買賣貓，也養貓，那些貓都有一個獨特的數字，以及一個二五六位元的獨特「基因組」，具有不同的屬性（他們稱之為cattributes），那個基因組會遺傳給小貓。遊戲方面也增加了功能，貓開始大量繁殖，最初那批貓的價值增加了。當最初那批貓的價格漲到幾千美元時，開始引起大家的關注。由於加密技術的炒作已達狂熱的程度，加密貓問世的消息迅速吸引數千名新用戶加入這個遊戲。

到了十二月初，謎戀貓占以太坊總交易量的一五％左右，並阻塞了以太坊網路，導致確認時間變慢，要花好幾個小時，也推高了交易費。由於一些貓的售價超過十萬美元，蓋爾格茲魯開始接到一些以太坊成員的憤怒電話，他們對於他造成網路堵塞感到憤怒，但他覺得沒那麼糟，也許他只是阻止某些人參與無用的ＩＣＯ罷了。至少，他展現出一種有價值的應用實例，而不是為不切實際的承諾募資。儘管如此，他還是試著透過提高繁育費用及其他有助於減緩使用的修改，來改善情況。

見證歷史的一刻

十二月的第一週，比特幣在一天內就突破一萬三千美元、一萬四千美元、一萬五千美元、一萬六千美元。比特幣期貨將在那個週末開始交易，市場面臨失控。早期比特幣漲破一千美元是重要里程碑，現在漲個一千美元簡直輕而易舉。許多人懷疑比特幣的價格極其不穩，但他們還是爭先恐後在價格崩盤前試試水溫。

傳統市場也持續走高。二〇一七年年底，美國三大股票指數——標普五百指數、道瓊工業指數、那斯達克指數——屢創新高，有些交易日甚至三者同時創新高。道瓊在八月到十月之間一再地突破大關，先是突破兩萬兩千點，後來又突破兩萬三千點，那年收盤創新高的次數多達七十一次。

以MSCI所有國家世界指數（MSCI All-Country World Index）衡量的全球股市，二〇一七年每個月都上漲，這是一九八八年以來首次出現的現象。推動美國股市上漲的因素包括公司業績超出分析師的預期、市場對科技業的樂觀、美國稅改預期將刺激支出、政府增加支出預期將提振經濟等等。最大的原因依然是全球低利率造成的熱錢亂竄。

十二月十日週日的下午，我走進《彭博》位於第五十九街與列克星敦大道交叉口的紐約總部。在開放式的新聞編輯室裡，擺著彭博終端機的成排長桌空無一人。我去找和我一起報導新聞的編輯，他叫我在大事件發生前，把幾位交易員找來開電話會議。芝加哥選擇權交易所將於下午六點開始提供比特幣期貨。那將是美國主要交易所首次提供比特幣衍生性商品。

我的螢幕顯示著芝權所的比特幣期貨，代號是XBTF。彭博終端機的背景是黑的，上面顯示類似傳真機的橘色字體，看起來很高科技也很醜。隨著時間一分一秒地逼近下午六點，我體驗到即使在Netflix上追劇也比不上的興奮感。時間一到六點，空欄裡的買價、賣價、成交價都填滿了。一月與三月到期的合約出現第一批交易，我見證了歷史。

一週後，規模更大的芝商所也推出了自己的合約。在芝權所推出比特幣期貨之後，比特幣價格繼續攀升，突破了一萬七千美元，並於週六漲破一萬八千和一萬九千美元。短短一年內，比特幣漲了一八〇〇％，這種漲勢看得人眼花撩亂。對那些早期購買加密貨幣的人來說，這些數字實在令人費解。東諾弗里奧說：「這根本徹底顛覆了想像。」週日，芝商所的期貨開始交易的幾個小時前，比特幣的價格在一些交易所漲破了兩萬美元，以太幣的價格攀升至接近八百美元。

一通棘手的電話，宣告以太坊進入新階段

布特林並沒有慶祝，而是準備打一通棘手的電話：他透過 Skype 告訴陳敏，她不需要交接了。他說，陳敏領導基金會走過充滿挑戰的時期，現在需要一種不同的領導風格，一種更適合未來和平時期的領導風格。

布特林決定跳過他們討論過的「知識轉移」，這點令陳敏震驚。過去近三年，她把整個生活都奉獻給以太坊，不僅失眠、冷落了親友，不斷的差旅也把她搞得疲憊不堪，同時還得應付無數微妙的問題和一些難搞的人物。她認為她最適合幫繼任者以最好的方式展開新工作，但現在她連新團隊也見不到了。

布特林解釋：「他們想從頭開始。」陳敏以為布特林指的是基金會的新領導層，但她不確定他所謂的「他們」到底是誰。布特林還是戴著陳敏送他的手錶，那是一支紫粉相間的手錶，錶面上有一隻咧嘴笑的柴郡貓。這讓人想起她給他起的眾多暱稱之一：Vitali-cat（布特林的名字是 Vitalik）。但是再多的暱稱都不重要了，當布特林相信其他人可以為專案提供更好的服務時，陳敏就

得出局。布特林再次證明了他對以太坊的忠誠。

對以太坊這個第二大區塊鏈來說，二〇一七年可說是最好的一年。它已經變成新創企業透過加密貨幣募資的主要平台，透過ICO募集了逾五十億美元，顛覆了傳統的創投資本模式。基於這個原因，以太坊正迅速發展，在以太坊上建構的應用程式大量湧現，而且這個領域有數百名開發者，比比特幣的程式設計師還多。大企業、非營利組織、政府機構都在測試這個網路。

以太坊基金會在二〇一八年一月二日發布一份樂觀的第四季報告，報告中指出：「交易量多了一倍以上，每天新開的帳戶數量超過十萬個，節點數也在增加。我們正進入這個產業發展的新階段——在這個階段，我們終於從實驗與測試，轉向真實即時的應用程式。」

幣值大漲，有助於以太坊資助外部研究方案

同一天，布特林也發文提到以太坊擴展方面的消息。他寫道：「隨著以太坊每日交易量達到一百萬筆，以太坊和其他的區塊鏈專案常達到交易量滿載的狀況，系統擴展的需求變得越來越明顯和迫切。」為此，基金會打算資助外部研究者來研究擴展方案。

該文指出，第一層和第二層方案的研究，將獲得五萬到一百萬美元的研究補助金。之前在日本領導加密貨幣交易所 Kraken 營運的宮口彩（Aya Miyaguchi）接替陳敏擔任執行董事，她負責領導

以太坊的擴展方案。以太幣大漲後，以太坊基金會首度有能力在財務上支援更廣大的以太坊社群，並做好足夠的規畫來實現這個目標。

另外，為 Casper FFG 製作的測試網，也在以太坊的 python 語言實作上推出（或稱 pythereum）。十二月三十一日，pyethereum 的開發者卡爾．弗洛爾施（Karl Floersch）在推特上發布了這個消息，並附上獨角獸和彩虹的表情符號。距離正式上線還有幾步之遙，但是推出測試網，代表以太坊最具雄心的專案之一——改用權益證明——已有具體進展。

以太幣的價位在二〇一七年年底約七百五十美元，在二〇一八年一月二日漲破了九百美元並持續飆升，兩天後突破一千美元，並於一月十二日創下一千四百多美元的紀錄，近兩週內飆升了七〇%以上。

一年前，一個以太幣價值還不到十美元，此時已暴漲一百三十幾倍。當初以三十美分的價格買到以太幣並持有至今的人，報酬率是四千倍以上。當初如果投資兩百五十美元，在不到四年的時間裡，就可以變成百萬富翁。布特林公開的以太幣錢包顯示，他在以太幣價格的顛峰期，持有約三十七萬五千個以太幣，折合約為五億多美金[3]。

以太坊如今的價值超過一千億美元。交易者迅速湧入市場，導致一些大型加密貨幣交易所（例如 Coinbase）瞬間擠爆，以太幣的買單與賣單凍結了兩個小時。當CNBC的新聞主播指著他頭頂上方誇張的以太幣價位圖時，螢幕下方的新聞跑馬燈以全大寫寫道：「**以太坊時代**」。

所有加密貨幣社群都該注意的警訊

但加密貨幣的飆漲，始終讓布特林及其他長期的加密貨幣愛好者感到不安，塔吉就是其一。他幫比特幣寫程式時，比特幣的價格還不到十美元。十二月二十六日，他在推特上寫道：「比特幣正變成一個失敗的專案。它毀滅的種子就埋在社群的殘破碎片中，價格的飆漲蒙蔽了社群。」

布特林回應：「**所有**的加密貨幣社群，包括以太坊在內，都應該注意這些警訊。沉浸在價值數千億美元的數位紙上富貴，與實際為社會創造有意義的東西，是截然不同的。」

對他來說，驚人的價格飆漲以及數位錢包裡數億美元的財富，如果只是投機炒作，沒有實際運用，是毫無價值的。

「如果我們創造的只是藍寶堅尼迷因，以及有關sharting的幼稚雙關語，我**將會**離開。不過，我仍然對社群朝著正確方向發展寄予厚望。」

第6部 回歸現實

第29章

崩　　盤

證管會像寄聖誕卡般，向ICO團隊發出傳票

布特林原本希望加密貨幣圈避開炒作，但很快的就發現事與願違。二〇一七年十一月，當帕羅奧多的行銷人員雀兒喜・林（Chelsea Lam）收到證管會的電郵，加密貨幣市場吹起來的巨大熱氣球，開始出現小裂縫。

證管會出手了

林的故事要從二〇一五年年底講起。當時她追隨舊金山灣區許多千禧世代共同的夢想，創立自己的公司。她想做一款像Yelp的餐飲評價app，但只專注評餐飲，不涉及其他如氣氛或停車位等條件的評價。每筆評論一定要附實際的餐飲照片（有助於排除假評論）。在軟體公司VMware和谷歌有近兩年行銷經驗的她找了另外兩人一起創立Munchee，一位是工程師，另一位是電腦專家。

二〇一七年中，他們為蘋果裝置推出 Munchee 的 app，並且認為 Munchee 應該「上區塊鏈」，在以太坊上擁有一種數位代幣，以便在餐廳及其光顧者的生態系統中使用。二〇一七年十月初，他們宣布銷售代幣的計畫，預計募資一千五百萬美元。

他們的概念很簡單：餐廳可支付代幣給用餐者，請用餐者寫用餐評論；用餐者可以用代幣在合作餐廳裡買餐點；餐廳也可以用代幣買 app 上的廣告。他們認為代幣沒有違法，因為他們的代幣是在 Munchee的app 上使用，不能用來投資。他們甚至在白皮書中這麼寫：「按照目前的設計，ＭＵＮ代幣的銷售，沒有涉及聯邦證券法的重大風險。」

他們在世界各地推廣 Munchee 代幣，找上一些鎖定代幣交易者的 YouTube 網紅，以代幣交換 YouTube 頻道上的宣傳。其中一位 YouTuber 在影片中說：「Munchee 是一種瘋狂的ＩＣＯ……，只要你投資得夠早，你很可能會賺到錢。」他推測一千美元的投資，可以創造九萬四千美元的報酬。十月三十日 Munchee 發布一篇部落格文章，標題是「你需要加入 Munchee 代幣活動的七個理由」，其中第四個理由是「越多人加入這個平台，你的ＭＵＮ代幣會變得越有價值」。

代幣銷售一開跑，資金就開始流入。但一天後，也就是十一月一日，林就收到證管會來信。林和團隊嚇壞了，趕緊關閉整個募資活動，並返還了當時從約四十人募到的六萬美元。

十二月十一日，證管會針對 Munchee 發出一份禁令，並發布一篇新聞稿，稱其「行為構成未註冊證券的發行與銷售」。證管會判定 Munchee 代幣是證券，關鍵在於當時已有七十年歷史的豪威測試。該測試認為，當買家預期從「他人在創業和管理上的努力中獲利」時，就是簽訂一種「投資合約」。證管會官員認為，Munchee 是將代幣賣給「投資者」，「投資者」購買是因為想從中獲利，而獲利高低直接取決於 Munchee 管理團隊或第三方的努力。

比特幣在加密貨幣年的年底，開始暴跌

自前一次發表DAO聲明後，證管會處理過兩起ICO案件，Munchee 是第二起。第一起是發生在兩個月前，當時監管單位指控麥克辛・柴斯拉夫斯基（Maksim Zaslavskiy）及其公司 REcoin Group Foundation 和鑽石儲備俱樂部（Diamond Reserve Club）詐騙投資者。證管會指出，關於柴斯拉夫斯基的「事業」，一切都是謊言。那個案子根本沒有代幣，更遑論用來支持代幣的房地產與鑽石投資。但是 Munchee 不同，這個案子顯示，即使公司沒有詐騙意圖，也可能因為銷售數位資產而遭到指控，這可說是ICO有史以來第一例[1]。

證管會新聞稿是在芝權所推出比特幣期貨的第二天發布的，市場交易者彷彿視而未見，照樣趁著漲勢瘋狂進場。直到十二月二十六日，比特幣創下近兩萬美元的紀錄後，價格開始反轉暴跌。

其實當時並沒有哪條大新聞引發跌勢，在創新高紀錄的隔天，比特幣的價格回落至一萬八千美元。僅僅一天後，又跌至一萬七千美元，第二天又跌至一萬六千美元。在後續幾天裡，價格一直在

一萬三千六百和一萬七千美元之間徘徊。至於以太幣，則是在二〇一八年一月漲到一千四百美元新高的四天後，跌至七六五美元。

這場暴跌，就像二〇一七年初的暴漲一樣，預示著即將發生的大事。加密貨幣的「敵人」就像嗅到血腥味的掠食者，開始猛烈攻擊這個新興產業。南韓警方與稅務機構突擊搜查兩家最大的加密貨幣交易所，已在二〇一七年禁了加密貨幣交易所的中國強調政府將加強整治，印度政府要禁止支付系統中使用加密貨幣，日本交易所 Coincheck 遭駭客入侵損失五億美元。另外，臉書禁止加密貨幣刊登廣告，美國銀行禁止用信用卡購買加密貨幣。光是一月份，就發生了那麼多事情。

騙局露餡，紛紛淪為廢幣

一月底，美國監管機構表示，二〇一七年追查的兩起ＩＣＯ案件只是開始。一月二十六日一早，聯邦調查局的特務衝進詐騙慣犯傑瑞德·萊斯（Jared Rice）位於達拉斯東部的住家。萊斯謊稱自己收購了一家銀行，說那家銀行擁有「數百個銀行合夥關係」，還有美國聯邦存款保險公司（ＦＤＩＣ）擔保存款。事實上，他根本沒有銀行執照。他說 AriseBank 的客戶可以用 Visa 簽帳卡及信用卡消費「七百多種加密貨幣」，實際上他跟 Visa 毫無合作關係。

他還隱瞞了一個重要的事實：他正因重罪及竄改政府紀錄被判刑，目前仍在緩刑期間。他甚至謊稱，他透過正在進行的ＩＣＯ募集了六億美元，但實際上根本募資不到五百萬美元。後來法庭文件顯示，那些募來的錢都被花在旅館、Uber 叫車、買衣服上。證管會曾聲明不得找名人代言，他仍向前重量級拳王依凡德・何利菲德（Evander Holyfield）承諾，只要何利菲德在推特上幫他宣傳ＩＣＯ，就可以獲得 AriseCoin。二〇一八年，證管會要求萊斯與共同創辦人史坦利・福特（Stanley Ford）支付近兩百七十萬美元，並禁止他們領導任何上市公司或參與其他的數位證券發行。

對於ＩＣＯ變成惡徒詐騙的便利工具，布特林深惡痛絕。於是二〇一八年一月，他提出一種改進模式。在現有ＩＣＯ運作模式下，開發團隊可以拿了數百萬美元資金後拍拍屁股落跑，因此布特林提議把ＩＣＯ和分散式自治組織（ＤＡＯ）結合起來，變成 DAICO。DAICO 有一個機制，讓代幣持有者可以直接掌控發送給開發團隊的資金，當開發團隊達到里程碑，持有者就會發放資金，如果不滿意開發團隊的表現，他們可以關閉 DAICO，把錢拿回來。後來有些團隊採用這種方式，但先前的傷害已經無法彌補了。

二〇一七年暴增的許多騙局，在二〇一八年紛紛露餡。Plexcoin 是眾多龐氏騙局之一，發起人保證每月一三〇〇%的報酬。證管會於一月關閉了該公司的運作。CentraTech 公司推出、拳王梅偉瑟與ＤＪ卡利代言的ＩＣＯ，兩位創辦人因證券詐欺遭到逮捕。越南的現代科技公司（Modern Tech）透過兩次ＩＣＯ募集六・六億美元後，便捲款潛逃。也許最惡名昭彰的詐騙案是 Bitconnect，這場龐氏騙局以邪教般的聚會聞名，其發言人卡洛斯・馬托斯（Carlos Matos）在台上一邊跳舞一邊瘋狂地扯著嗓門尖叫：「我愛 Bit-Co-Neeeeect！」該公司是二〇一七年表現最好的ＩＣＯ之一，市值達二十六億美元。二〇一八年初，兩位創辦人帶著投資者的錢潛逃了。

雖然在以太坊上發行的許多代幣，最後成了廢幣或淪為騙局一場，但有些代幣有實際用途。其一是 MakerDAO 的穩定幣 Dai。The DAO 遭駭客攻擊後，MakerDAO 創辦人克里斯滕森一度放棄加密貨幣，到東南亞沉潛自省。二〇一六年底，聽說 MakerDAO 的ＭＫＲ代幣陷入困境，克里斯滕森決定回歸團隊，最後帶領 MakerDAO 在矽谷的安霍創投公司及著名的加密基金多鏈資本（Polychain Capital）所領導的募資中，銷售了價值一千兩百萬美元的ＭＫＲ代幣。有了足夠資金後，二〇一七年十二月，他們推出了第一版的 Dai。

康蒂用「抵押債務頭寸」買車

阿根廷的程式設計師馬里亞諾．康蒂（Mariano Conti），在 The DAO 遭到駭客攻擊幾週後加入了 Maker 團隊。在此之前，他的工作是為外國客戶設計網站，那正是他投入加密貨幣圈的原因。因為客戶付給他的美元，會讓他幾乎損失一半的收入。當時的阿根廷實行貨幣管制，他透過國際銀行轉帳收到的錢，只能以官方匯率兌換成披索（官方匯率比黑市匯率低了三〇％到五〇％）。而他兌換來的披索，如果不馬上轉換成別的貨幣，每年高達四〇％的通貨膨脹率會耗盡他的積蓄。

於是，他轉而要客戶付給他比特幣。他會在月初把部分比特幣變現成披索，用來支付租金及其他生活費用，其餘收入以數位貨幣的形式存起來。二〇一五年，他開始接觸以太坊，喜歡這種更靈活的加密貨幣概念，於是要求顧客改付他以太幣。

沒多久，老闆邀請康蒂一起投入一個 MakerDAO 的新專案。康蒂本來就是加密貨幣的支持者，但他認為加密貨幣的最大缺點之一就是價格波動太大。在他看來，與美元掛鉤的加密貨幣（例如 MakerDAO 的 Dai）保留了他喜歡的比特幣和以太幣特質（容易跨境轉移、政府難以掌控），也更適合保值。而且，跟有法幣支持的熱門穩定幣泰達幣（Tether）不同，Dai 讓持有者驗證，而且該社群一切貨幣政策都是公開投票決定的，具備穩定、透明、分散等優點。他深受這個概念的吸引，於是全職加入 Maker 團隊。

二〇一八年二月，康蒂決定用MakerDAO平台去買他看中的二〇一五年款福特汽車 Focus。MakerDAO 平台讓用戶把以太幣放在智慧型合約之後，可以借出 Dai 來使用。而當時康蒂認為以太幣的長期價格會繼續攀升，不想把以太幣變現。於是他把以太幣放入智慧型合約中，獲得一筆 Dai 貸款，然後用 Dai 換取阿根廷披索，用披索買了車。三個月後，他還清貸款，外加年利率〇・五%，把以太幣拿了回來。這是利用 Maker 的「抵押債務頭寸」（Collateralized Debt Positions, CDP，又稱 Vaults），在現實世界中進行的最早案例之一。

但 Maker 團隊在二〇一八年的進展，卻淹沒在鋪天蓋地的壞消息中。四月，報導指出，美國監管機構正在調查Bitfinex（全球最大的加密貨幣交易所之一）和泰達幣（發行廣泛使用的穩定幣），美國商品期貨交易委員會（ＣＦＴＣ）已於十二月六日，向那兩家公司發出傳票。

泰達幣對外宣稱每發行一枚泰達幣（又名ＵＳＤＴ），都有一美元準備金，因此能鎖住以一個泰達幣兌換一美元的固定匯率。但該公司一直無法提供證據（例如銀行帳戶的審查報告）來證明其美元準備金確實跟在外流通的ＵＳＤＴ相當，越來越多人開始懷疑ＵＳＤＴ是否有充分的美元支撐，並且懷疑該公司操縱加密貨幣市場。

翌年，泰達幣承認沒有充分的美元準備金，實際上僅有四分之三的穩定幣有等值的法幣支撐（包括現金和短期證券）。不過，該公司否認外界指控它使用ＵＳＤＴ操縱加密貨幣市場的說法[2]。

透明度協會，查出交易量灌水

六月中旬，比特幣跌至七千美元以下，以太幣跌至六百美元以下，兩者的價值都只剩最近高點的一半。越來越多報告顯示，加密貨幣交易所的交易量浮報，加劇了大家對泰達幣可能一直在市場灌水的懷疑。區塊鏈透明度協會（Blockchain Transparency Institute）在八月發表的報告中指出，CoinMarketCap 排名前一百三十名的平台中，近七〇%可能從事虛假交易，把交易量誇大至少三倍。加密貨幣投資者西爾萬・瑞貝斯（Sylvain Ribes）表示，他的研究顯示，一些交易所誇大了交易量高達九五%[3]。

加密貨幣開始看起來像一種神奇的網路貨幣，在一些可疑的網站上偽造交易量，使用的穩定幣可能有、也可能沒有實際的美元支撐。最重要的是，ＩＣＯ出售的代幣在美國可能是未註冊的證券，其背後的團隊可能最終會坐牢。證管會在打擊了 Munchee 跟 AriseBank 後，開始像寄聖誕卡般，向ＩＣＯ團隊發出傳票[4]。

不過，有些人可能會問，真實、非投機的使用案例，應該能夠支撐數位資產吧？但是他們很難找到這種用戶。ＦＢＩ網路調查工作小組的莉莉塔・英凡特（Lilita Infante）在接受《彭博》訪問時告訴我，二〇一七年約有九〇%的加密貨幣交易是投機交易，實際上很少人用比特幣付款或做跨境轉帳，更少人使用以太坊上那些分散式應用程式的代幣。

比特幣與以太坊使用的分散式帳本技術，每秒只能處理幾筆交易，即使它能做更多的交易，應用程式與錢包依然太笨重，無法吸引主流採用。隨著加密貨幣價格下跌，過去一年數位資產價格上漲的主要動力，顯然來自人們相信價格會走高。由於加密貨幣的真正使用者還沒趕上突破性技術的承諾，投資者就已經全數買進，所以加密貨幣的定價一直是錯的[5]。

此外，機構投資人的聲譽也不保。一月，至少有九家等候主管機關核准掛牌交易比特幣ＥＴＦ的公司，應證管會的要求撤回了申請。監管機構給鼓吹比特幣投資工具的交易團體發了一封信，信中質疑，既然基金在每個交易日結束時都要計算投資組合的公平市價，也要讓投資人輕易贖回持股，比特幣的波動性那麼大又缺乏流動性，怎麼適合發行基金？證管會認為，在那些問題獲得回應之前，加密貨幣ＥＴＦ並不「適合」註冊。

匿名的消息來源原本聲稱，高盛正在設立加密貨幣交易部門，現在有不具名消息來源指出，該計畫已經取消。「商業內幕」網站報導，隨著監管機構加強監管，高盛大舉投入區塊鏈的計畫臨陣退縮。芝權所和芝商所上的比特幣期貨交易量，也少得可憐。

怎樣算是未註冊的證券？證管會說看情況

五月中旬，當紐約的「區塊鏈週」召開共識大會並舉辦數十項活動時，人潮依舊，但脫衣舞俱樂部裡的雞尾酒派對、乏味的企業區塊鏈新聞發布會、租來的藍寶堅尼等等，都散發著絕望的氣息。在加密貨幣的價格小幅上漲後（樂觀的熱中者稱之為「共識反彈」），數位貨幣在二〇一八年的下半年仍繼續下滑。

那些在榮景期透過ＩＣＯ募資的區塊鏈新創企業紛紛陷入困境。許多二十幾歲的電腦技客沒有任何財務管理的經驗，把大部分的資金放在以太幣上，沒有把一些資金變現成比較穩定的資產，他們認為加密貨幣會持續上漲，或至少不會跌得那麼慘。現在，他們必須決定，他們究竟要守著熊市期待價格回升，還是用比募資時還低的價格變現。

多數人別無選擇，只能出售，又進一步壓低了以太幣的價格。七月以太幣跌破五百美元時，大家提領資金的速度再次加快。隨著加密貨幣進一步下滑，這個趨勢在二〇一八年延續不止。研究公司 Diar 的資料顯示，截至二〇一八年底，約二五%的以太幣已從一百家新創企業的錢包中提領變現。ＩＣＯ曾是把以太幣價格推升到天價的燃料，現在以太幣價格又跌回了人間[6]。

二〇一八年的年初，ＩＣＯ繼續飆漲，一月與二月分別創下十八億美元與二十四億美元的新紀錄，但隨後的銷售額開始下降。美國監管機構仍然沒有明確釐清，數位代幣銷售何時算是未註冊的證券發行，只說看情況而定，那麼所有的ＩＣＯ就都可能是未註冊的證券發行。

二〇一八年二月，證管會主席傑．克萊頓（Jay Clayton）在參議院聽證會上表示：「我認為我見過的每一個ＩＣＯ都是一種證券。」加密貨幣新創企業聽到那句話時，肯定惴惴不安。他們開始逐漸轉向傳統的創投募資。

基金會的透明度，受到質疑

隨著ＩＣＯ不再是一種非常可行的募資管道，再加上許多投資者不看好加密貨幣的新創企業，許多團隊發現他們很難開發專案，連開發以太坊的程式設計師也這麼想。以太坊基金會約聘的工作人員不到五十位，以太坊付費請他們開發技術，研究讓以太坊網路變得更強大及大幅擴展的方案，以及做行政管理工作，但以太坊付的費用比市價還低。剩下數千位從事以太坊開發工作的人是隸屬於獨立的公司，他們必須自己取得資金。

基金會扮演的主要角色之一，是透過研究補助金來資助這個生態系統。但是補助金計畫啟用以來，資金配置一直缺乏透明度。目前還不清楚申請標準和步驟是什麼、誰在做決定，以及哪些專案已經獲得資助、又獲得多少資助。

對一個建立在區塊鏈上的網路與社群來說（區塊鏈技術很大程度上是以提高透明度為目標），以太坊基金會本身極不透明是很奇怪的現象。基金會沒有揭露財務報表，大家對其內部結構也一無所知，甚至連一個簡單的官方組織結構圖也找不到。雖然社群中很多人批評基金會，但很少人願意批評布特林，儘管他擁有最終的決定權。

不過，以太坊基金會與ConsenSys透過補助金及活動的舉辦，仍是以太坊生態系統的最大支持者。二〇一八年三月，以太坊基金會公布第一波資助的錄取名單。資助的範圍不再局限於「網路擴展」領域，也包括打造更好的用戶體驗及改善安全性的團隊。

柚子幣：二〇一八年全美第二大IPO

二〇一八年ICO募資的金額持續下滑，唯一例外是六月突然暴增，因為一場史上最大的IC

Ｏ——開曼群島的Block.one——為其區塊鏈專案柚子幣（ＥＯＳ）募集了四十二億美元。BitShares的共同創辦人拉里默是該公司的技術長，這場眾籌銷售持續了整整一年，直到六月一日結束。那是為了募資打造一個分散式應用程式的平台，跟以太坊競爭。柚子幣的例子顯示，大家依然有興趣透過ＩＣＯ為區塊鏈公司提供資金，但銷售方式的設計以及這家公司跟一位顧問的關係，導致大家對加密貨幣更加懷疑。當然，這次募資的規模再次引起大家指控加密新創企業過於貪婪、只是為了快速致富。這次募資的金額使柚子幣成為二〇一八年美國第二大ＩＰＯ，僅次於Spotify的九十二億美元。

Block.one跟其他大型的ＩＣＯ不同，它可以在銷售結束前提領募集的資金，而且柚子幣在發行開始後，幾乎立即可以在交易所交易。這也意味著另一個警訊：根據ConsenSys支持的資料分析公司Alethio指出，由於Block.one可能一再地提領募集到的以太幣，它可以把那些以太幣重新投入ＩＣＯ銷售以擴大銷量，吸引更多的買家。

此外，當柚子幣的持有者仍比較集中時，開放柚子幣在次級市場上交易，可能會導致市場操縱。據報導，Block.one在代幣銷售期間，提領了九十三次資金。其他人也批評該專案，因為十個位址擁有五〇％的代幣。除了代幣持有者過於集中以外，該專案本身的設計就是只讓二十一個區塊生產者掌控，那使得柚子幣的流通量（throughput）比以太坊高得多（它宣稱每秒可處理數百萬筆交易），但也增加了節點之間的串通風險。Block.one否認它參與代幣的價格操縱，並表示它也未察覺任何實體操縱價格。

另一個問題，來自專案背後的主導者。脫口秀節目主持人約翰・奧利佛（John Oliver）在《上週今夜秀》（*Last Week Tonight*）的比特幣單元中特別提到這點，他無情地嘲笑了一段影片。影片中是一位戴著牛仔帽的人，他是Block.one的早期顧問布洛克・皮爾斯（Brock Pierce）：「今天存在的一切，將不再像今天這樣存在，世界上的一切都會變得更好。」奧利佛形容他是「來自未來、睡眼惺忪又令人毛骨悚然的牛仔」，並建議大家上網搜尋「布洛克・皮爾斯醜聞」（Brock Pierce scandal）。如果觀眾真的搜尋了，他們會看到二〇〇〇年皮爾斯的第一家公司有三名員工對他提出訴訟。那家公司是做網路影片事業，名為數位娛樂網路（Digital Entertainment Network）。三名員工指控他跟兩名同事在他們未成年時逼他們發生性行為。皮爾斯否認那些指控，但路透社一篇報導指出，皮爾斯為一位員工的提告支付了兩萬一千美元和解金，其他案件則是撤銷了[7]。

想幹掉以太坊的殺手們……

柚子幣不是唯一想成為「以太坊殺手」的新區塊鏈。許多智慧型合約平台紛紛湧現，聲稱他們擁有更先進的技術，可以每秒進行數百筆、甚至數千筆交易。相較之下，以太坊每秒只能做十五筆交易。

霍斯金森正在打造卡達諾，其代幣是艾達幣（ＡＤＡ）。打造以太坊的開發者與自願者，以及在以太坊上開發應用程式的人，形成了一個龐大、難以控制的網絡，霍斯金森不希望那樣，他想要經營結構化的組織。有三個實體為他打造所謂的「第三代區塊鏈」：位於瑞士的非營利機構「卡達諾基金會」（Cardano Foundation）、位於日本的工程公司ＩＯＨＫ、位於日本的創投公司兼新創企業孵化器 Emurgo。卡達諾基金會是協助監督卡達諾區塊鏈的開發。ＩＯＨＫ是約聘來打造卡達諾的公司。Emurgo 是支持卡達諾及一般的區塊鏈生態系統。為了降低監管風險，卡達諾的眾籌銷售把美國公民排除在外，艾達幣主要是賣給日本投資者。卡達諾不像以太坊那樣採用分散式且無組織的研究方法，而是緩慢且謹慎地使用同行評審的開源碼。

有些人也認為，伍德的 Parity 科技公司所打造的 Polkadot 將跟以太坊競爭，但伍德強烈否認這種說法，因為 Polkadot 不是智慧型合約平台，而是連接所有不同區塊鏈並讓他們互相操作的協定。不過，儘管伍德認為他才是以太坊最初實作背後的技術主角，但由於布特林獲得了以太坊的一切讚譽，如果 Polkadot 最終打敗以太坊，對伍德來說，那可能也不是糟糕的事情。

此外，還有 Dfinity、Stellar、波場（Tron）、NEO、Steem、Loom、Waves、Tezos 等公司，它們都搶著成為主流的分散式應用平台，或至少成為特定使用案例的首選平台。以太坊的開發者和粉絲大都把這些平台當成笑柄，指出他們為了增加流通量而犧牲安全性、分散化或兩者皆犧牲。但重點是用戶是否在意那些問題。

這些新平台有一個優勢，他們一開始就有比較快速的區塊鏈，不需要像以太坊那樣一邊運作一邊升級，並冒險遷移到第二條鏈。當然，這個優勢是在他們真正上線的情況下才成立，目前許多平台都尚未上線。

以太坊就是不願意中央化

羅馬尼亞的以太坊礦工奧雷爾認為，這是以太坊的一大劣勢，他現在看好其他的競爭對手。其實，他多少是被迫做出這樣的決定。他的房東提高了電費，隨著以太幣價格下跌，繼續開採以太幣已經不划算了，所以他關閉了採礦裝置。這也促使他決定變賣所有的以太幣，用賺來的錢去投資權益證明鏈。他現在明白，權益證明才是未來趨勢。他會從持有量獲得收益，不必再設立採礦裝置。

奧雷爾不是唯一失去耐心的人。聯合廣場創投公司的共同創辦人以及加密貨幣的早期投資者弗雷德·威爾遜（Fred Wilson），在二〇一八年十月的一次大會上表示，以太坊的領先地位岌岌可危。若要保持領先，它應該要以有組織的結構及專業的公司管理來運作。

「要是每個擁有以太幣的人都可以告訴布特林『你在瑞士做的東西行不通，開除那些不知道自己在做什麼的笨蛋，找個可以幫你把以太坊打造成強大組織的卓越人才』就好了，但我們沒有機制那樣做。我們坐在這裡，掌握資產，看著他們浪費價值，實在很痛苦。你不禁想說：『天啊，我知道該怎麼做，你看看吧，每家卓越的公司都這麼做了，就這樣做吧。』但他們就是不做！」

「以太坊殺手」是少數幾個可以馬上激怒布特林的議題。他在一次大會上表示，柚子幣之流的專案是「中央化的垃圾堆」。波場的創辦人孫宇晨（Justin Sun）在推特上發了一則訊息，列出他的區塊鏈比以太坊更好的理由，布特林開玩笑說孫宇晨抄襲以太坊的白皮書。

理由八，更好的白皮書書寫能力（複製＋貼上比鍵盤輸入新內容有效率多了）。

謝天謝地，以太幣不是證券

跟所有的新創企業相比，以太坊享有一大優勢。二〇一八年六月，證管會的企業融資部主管威廉．辛曼（William Hinman）表示，他認為以太幣不是證券。他在一次大會上表示，數位代幣本身不是證券，但它們出售的方式可以是證券，而且通常是證券發行。

證管會的官員已經多次這麼說了，但辛曼的這段話之所以不同，是因為他說用來打造數位代幣的網路基礎，可能隨著時間的推移而變得夠分散，使那個數位資產不再是證券，即使它當初出售時是證券。他說，以比特幣為例，它運行的網路「是作業系統，似乎已經分散一段時間，或許從一開始就是這樣」。撇開眾籌銷售不談，他說，「在以太幣、以太坊網路、分散式結構的當前狀態下，目前的以太坊發行和銷售代幣，都不是證券交易。」

辛曼澄清，在他看來，比特幣跟以太幣不是證券，交易這些加密貨幣不會違反任何法律。他的說法中並沒有提到其他的加密貨幣。目前還不清楚證管會的官員是否認為以太坊的眾籌銷售不是未註冊的證券發行，只知道以太坊的平台和生態系統有足夠的分散化，不必依賴第三方。

內拉約夫當初幫忙想出「功能型代幣」這個詞，並從普凱律師事務所獲得意見信。當辛曼提出上述見解時，內拉約夫跟他的加密基金 Alchemist 的員工和投資者，正在以色列度假。當時他們在馬薩達（Masada）廢墟的附近搭乘一輛巴士，內拉約夫的姪子（也是 Alchemist 的員工）看到了那則新聞。

「內拉約夫！以太幣不是證券！」他邊說邊抓住內拉約夫的胳膊，把手機推到他眼前。

「謝天謝地！」他說。在參訪聖地時這麼說很貼切。

二〇一八年下半年，加密圈迎接跌掉八成的熊市

不過，對加密貨幣來說，這一年最好的消息是，擁有紐約證券交易所的交易巨擘「洲際交易所集團」（Intercontinental Exchange, ICE）表示，它將推出一個加密貨幣交易平台，名為 Bakkt。那裡有每天結算的實物交割比特幣期貨合約，讓商家更容易接受。為了證明這點，八月初宣布推出該交

易所的同時，有消息也指出星巴克將透過 Bakkt 系統接受比特幣支付。那份新聞稿中也提到微軟、波士頓顧問集團、堡壘投資集團等其他知名企業。這消息讓加密貨幣圈振奮了一下，但十一月的推出日期到來時，仍然沒看到 Bakkt 上線。有傳言指出，連ＩＣＥ這樣的巨擘也無法獲得監管機構的批准。

二〇一八年七月開始到年底，證管會加強打擊ＩＣＯ的程序，提出十二起訴訟，並掃蕩加密貨幣眾籌機制的發行者、交易場所、宣傳者。證管會的行動大都是在十一月宣布，那時以太幣跌破一百五十美元並繼續下滑。

隨著比特幣從高點暴跌近八〇%，以太幣下跌近九〇%，絕大多數規模較小的加密貨幣的價值縮水逾九〇%，加密貨幣避險基金因報酬慘澹而關閉。當新創企業放棄專案，把剩下的錢都拿走時，ＩＣＯ投資者只剩下無用的貨幣。主流財經媒體轉而報導其他引人注目的新聞，例如大麻公司的ＩＰＯ。比特幣的代碼也從《彭博》電視和ＣＮＢＣ的跑馬燈上悄然消失。

連 ConsenSys 也無法安然面對殘酷的熊市，不得不縮編。二〇一八年底，它把營運模式轉變為所謂的 ConsenSys 二．〇，比較關注公司內部建立的五十幾個以太坊事業的獲利與問責。在這個新方向下，該公司最早做出的一個新決定，是裁掉一千兩百名員工中的一三%。

價格變低，以太坊更容易受攻擊

熱愛風箏衝浪的伯頓早期為以太坊做過一些前端設計，並在以太幣接近高點時變賣了部分的以太幣，但他依然為以太幣的反轉感到痛苦。他為了菲樂幣的ＩＣＯ去庫拉索島旅行後，對ＩＣＯ模式感到厭惡，開始不信任那些募得數千萬美元的團隊，他覺得整個加密貨幣圈開始感覺像一片黏稠的沼澤。他看著自己賺的錢時，無可否認那感覺很棒，但心底還是有一股揮之不去的不安。有一天，他終於明白那是什麼感覺了，是內疚。他很富有，卻覺得自己不配擁有那樣的財富。他認為，加密貨幣圈的任何人，都不配擁有那些資金。

儘管如此，他依然相信在垃圾底下，仍有一些有價值的東西。他繼續打造一個加密貨幣錢包，但決定不透過出售代幣來募資。二〇一七年八月，他和團隊使用一個傳統的眾籌網站，募得約一百三十萬美元，讓他繼續打造Balance。伯頓也獲得投資者的非正式承諾，他們說資金耗光時，他們會繼續支持那個專案。

二〇一八年，伯頓確實耗光了資金，但那些投資者都消失了。在市場崩盤後，他們沒有任何資金，也沒有興趣再投入加密貨幣領域。伯頓別無選擇，只能把他的收益重新投資到他的專案以維持營運。他不再像以前那麼有錢了，但至少內疚感消失了。

接著，在二〇一八年的最後一個月，以太幣的價格自二〇一七年五月以來，首次跌破一百美元。

以太坊的開發者想要假裝價格不重要，避免談論它，但問題是較低的價格使得以太坊更容易受到攻擊。對許多人來說，即使他們不願意承認，價格暴跌也是一種心理打擊。MakerDAO 的康蒂在以太幣的價格達到八百美元時，獲得了一筆拿以太幣做抵押的貸款，他估計他拿回以太幣時，以太幣的價位會更高。不幸的是，他拿回以太幣時，價格已經暴跌——早知道當初就把以太幣變現拿去買車。

不過，他還是很訝異，他竟然能夠以自己的錢貸款，只使用自己的數位錢包和數位貨幣，只透過在以太坊的分散式網路上運作的電腦程式碼就辦到了。在聊天室及 Skype 上與其他的開發者通話時，他努力保持樂觀。但是在十二月中旬那漫長的兩週裡，以太幣的價格跌到二位數，變成八十二美元。他在阿根廷炎熱潮濕的夏夜裡，躺在床上，試圖讓腦子清醒，但悲觀的思緒不斷回到腦中。他應該開始找另一份工作嗎？這是以太坊的末日嗎？

第30章

派　對

V神發送了一千個以太幣

康蒂只要回想起幾週前在布拉格的經歷，就可以消除他對以太坊未來的失落和疑慮。

二〇一八年十月三十至十一月二日，他和許多以太坊的夥伴一樣，到捷克參加第五屆以太坊開發者大會Devcon4（第一屆是Devcon0）。他走出地鐵站，直接前往大會現場。那是一棟寬敞的四到五層灰色水泥與玻璃建築，坐落在一個距離布拉格老城約三十分鐘的安靜街區。建築的一側環繞著一排螢幕，閃爍著彩虹的顏色，上面寫著「歡迎來到Devcon4」，與周遭一九七〇年代的乏味設計，形成了強烈的對比。

他一走到門口，跟著大夥兒一起排隊時，就遇到他在其他的以太坊大會及駭客松上認識的人。現場完全看不出熊市的跡象。門票早已售罄，現在約有三千名程式設計師、設計師、其他「建構者」（這是「開發者大會」的網站對出席者的稱呼）擠滿了十四萬平方英尺的大會場地。

大會主題是「建構」（building），但既然這是加密貨幣的大會，他們把那個字改成更容易變成迷因的 buidl。buidl 是針對牛市口號 hodl 玩文字遊戲（參見第二十七章）。加密貨幣的市場已經崩盤，但相較於一年前泡沫達到頂峰時在坎昆舉行的開發者大會，參加二〇一八年開發者大會的人數，是前一年的兩倍。

寧靜版將使以太坊成為世界電腦

布特林積極縮小他在以太坊社群中的角色，他不想被視為有魅力的傳奇領導者，希望逐漸融入背景，成為關注權益證明及擴展方案的眾多研究員之一，這樣一來，以太坊網路的生存就不需要依賴他了。十月初，他在推特上說：「我認為即使我明天自燃消失，以太坊也可以存活下來。」當月晚些時候，當以太坊準備進行另一個名為「伊斯坦堡」的升級時，布特林指出，硬分叉的程式碼更改，「**沒有**大獨裁者介入。」

儘管如此，布特林報告以太坊發展的最新消息，仍是大夥兒對本次大會最期待的演講之一。他的演講訂在二〇一八年十月三十一日，那天正好是中本聰發表《比特幣白皮書》十週年。布特林在演講一開始就提到這個時間巧合：「十及二進位！」接著，他繼續描述「寧靜」版（亦即以太坊二·〇）的優點。他喊道：「Casper（權益證明的版本名稱）！擴展！EWASM！」EWASM 是指

Ethereum WebAssembly，那是一套在更廣泛的開發空間中執行電腦程式的標準，目的是用來取代以太坊虛擬機。

布特林說，寧靜版將使以太坊如願成為「世界電腦」，「而不是類似一九九九年的手機，每秒只能處理十五筆交易，可能只能玩貪吃蛇遊戲。」「寧靜版會比目前的網路更分散。」「希望擴展性大一千倍。」他並未確定寧靜版的上線日期，但他向所有人保證，上線日期「真的不會再遙遙無期」。他身後的投影片寫著「必定搭配可愛動物照」，還有一張看似微笑海狸正要擁抱鏡頭的照片。

在開發者大會的最後，布特林與以太坊基金會的其他成員（包括一個穿著印滿南瓜圖連身衣的人）上台演唱：「B-U-I、B-U-I、B-U-I-D-L，激進市場朝你而來，有事該做時別做ＩＣＯ。」他們把歌詞投射在螢幕上，會場中的其他人跟著拍手合唱[1]。這段表演的影片立刻被分享到網路上，導致比特幣的愛好者批評以太坊有點像邪教，說布特林是邪教領袖。像這樣有點怪的歡樂時刻，對以太坊的成員來說並不罕見，他們常穿著怪異的服裝上台舞蹈。他們喜歡他們的表情符號、迷因，以及彩虹、獨角獸、羊駝的圖片，就像加密投機者喜歡他們的藍寶堅尼跑車一樣。

基金會淡出，魔法師協會成立

但布拉格大會上不止充滿了樂觀和可愛動物。在開發者大會的前兩天，兩百多位以太坊成員聚在一間老劇院裡，他們隸屬於以太坊魔法師協會（Fellowship of Ethereum Magicians），那是一個自我組織的實體，成立於該年早些時候，目的是在大型以太坊會議之前，讓大家共聚一堂，討論平台和社群的問題，並採取具體的行動以解決那些問題。

在每次聚會中，他們會分成小組，討論不同的議題，從網路擴展到教育與安全等等。這是必要的做法，因為基金會刻意縮小其角色，好讓更廣泛的社群能夠發揮領導作用。以太坊基金會的新任執行董事宮口彩在布拉格的演講中，稱這種理念為「減法之美」。

在那場聚會中，最熱門的小組是商業模式小組，約有五十人參與，現場椅子不夠坐。他們大都是二十幾歲、不修邊幅、面色蒼白、身材瘦削的開發者與工程師，可能剛從大學畢業沒幾年，還有點生澀。創業已經夠難了，他們又是在一個新領域、使用開源碼做這件事。而且，開源碼要變現是出了名的困難，他們大都沒有商業經驗。他們之中有許多人做過ＩＣＯ，並在熊市損失了大部分資金，另一些人想為專案募資，卻發現投資者對投資加密貨幣專案不再感興趣。他們面臨的主要問題是，如何找到一個更永續的模式來支援開源開發？

他們開始腦力激盪，從其他人在傳統的網路二．〇中做過的事情汲取靈感。不久，大家開始提出幾種不同的想法：訂閱、電子商務、廣告、補助款。感覺他們好像在一場暴風雨後聚在一起，試圖找一塊溫暖的土地，烘乾濕透的身子，以便繼續前進。

ＩＣＯ的盛況已經結束了

ＩＣＯ是以太坊的第一個殺手級應用，但二〇一八年底及二〇一九年初，ＩＣＯ已不再熱門。ＩＣＯ從二〇一七年的逐月倍數成長，至二〇一八年一月達到創紀錄的二十一億美元，此後代幣銷售的募資逐漸減少，並在二〇一九年縮水到約兩億美元。

這種新穎的募資機制並未消亡，但必須加以控制。美國參與者往往被排除在外，銷售變成私下進行，有時只向合格的投資者銷售，而且發行方開始要求代幣買家提供更多的資訊。投資人變得更挑剔，ＩＣＯ一詞變成詐騙專案的同義詞——有些新創企業在（有時虛假的）業務中加入代幣，以欺騙容易上當的投資者。

新的募資模式開始出現，成效不一，許多模式只比二〇一七年激增的代幣銷售略好一些，首次交易所發行（Initial Exchange Offering, IEO）就是一例。ＩＥＯ是指加密貨幣的交易所收取費用，代表新創企業管理代幣銷售，並在其交易平台上掛牌交易代幣。

證券型代幣發行（Security Token Offering）也出現了，那是指新創企業向合格的投資者出售數位代幣，並申請監管機關的核准。證管會甚至開始核准傳統的ＩＰＯ，讓散戶投資者購買符合ERC20標準的代幣。這些新的募資模式中，有些是可行（但規模比較小）的替代方案。

整體來說，世界各地的匿名用戶在幾分鐘內就把數億美元資金投入數位錢包的時代，已經結束了。

布特林為什麼開始發送以太幣？

對許多打造以太坊的開發者來說，以太坊基金會仍是一個重要的資金來源，這導致許多團隊依然覺得他們的處境很不穩定。普瑞斯頓・凡倫（Preston Van Loon）是在Prysmatic實驗室（Prysmatic Labs）開發以太坊二・〇最先進實作的開發者，他在二〇一八年底在推特上發文表示，使他的團隊分心的最大因素是，他們都必須保有其他的全職工作（例如凡倫是谷歌的程式設計師）。布特林出乎意料地加入那則推文的討論，他發推文寫道：「剛剛發送了一千個以太幣，Yolo*。」並提供交易連結。

布特林的推特名稱是「布特林不給以太幣」（Vitalik Non-giver of Ether），他之所以取那個名稱，是因為許多冒充他的騙子在平台上試圖騙人交換加密貨幣。許多推特用戶看出了這則推文的諷刺性。「不給以太幣的布特林剛剛發送一千個以太幣。**我再也不知道該信什麼了**。」是吸引最多人按讚的回應之一[2]。

燈塔（Lighthouse）是另一個正在開發以太坊二・〇實作的團隊，它的一位開發者表示，他們也可以「把一千個以太幣變成更多的開發者！」布特林回應：「我想我必須這麼做。」並把以太幣發送給他們。接著，區塊鏈設計及顧問公司 ChainSafe 的一位開發者表示：「如果我們能獲得價值十萬美元的以太幣，我真的會休學。」布特林反覆跟那個帳號聯繫，確認那不是「假冒 ChainSafe 的邪惡駭客」後，也把資金發送過去並說：「我期待結果！」

社群慶祝布特林的大放送時，這些交易進一步證明了創投業者威爾遜所發出的警語：以太坊的基礎設施專案缺乏資金，無論布特林一時心血來潮以自己的錢資助多少專案，都無法彌補以太坊欠缺穩定的資金跟結構，把以太坊提升到另一個層次的事實。二〇一九年三月，記者羅拉·申（Laura Shin）在她的《Unchain》播客直播中，請布特林直接回應威爾遜的批評。

布特林說：「有時確實有人說：『是啊，我們需要拿著槍去掃射，開除那些混蛋，然後找四十個人進來，把他們安置在矽谷，讓他們支付每月一萬美元的租金，要求他們每天工作十六個小時，連續做六個月，這樣我們就能得到以太坊三·〇了！』」他的話引起觀眾哈哈大笑及鼓掌。「可是……不，我們不會那樣做。」[3]

以太坊沒有一個單一的中央化實體掌控開發，而是由許多公司和基金會自願地組織起來，打造需要的東西。布特林對於以太坊的這種結構很滿意。他知道有人會失敗，有人會成功。外人或許覺得這種局面很混亂，但這將會促成打造一條更穩健的路，幫他們打造出以太坊二·〇。

---

* Yolo：「你只會活一次」（You Only Live Once）的縮寫，意指人生苦短，及時行樂。

如何永續資助社群專案？DAO再度出現

與此同時，許多開發者並沒有等待寧靜版的到來*。他們使用已經存在的變通方法及擴展工具來繼續打造程式。

阿米恩・索萊馬尼（Ameen Soleimani）領導的公司就是一例。他開發的SpankChain在二〇一七年進行ＩＣＯ一年後，已經有工作平台、實際用戶與營收。那是為成人影片表演者打造的平台，他們可以在直播影片上表演以換取加密貨幣，確保交易可以在不受干擾下進行（銀行與監管機構常對色情業進行干預）。

情色產業透過SpankChain推動加密貨幣的採用，就像他們透過網路接受電子支付一樣。截至二〇一八年底，SpankChain有近六千名活躍用戶。自該網站四月上線以來，已經向三十幾個直播藝人支付了約七萬美元的加密貨幣。他們使用的是狀態通道，那是一種第二層技術，讓用戶以加密貨幣做即時支付。

以太坊成員也開始為治理打造新方案，因為傳統型管理團隊在一般新創企業中不構成問題，但是在分散式系統中會變成潛在的單點故障。在此情境下，ＤＡＯ這個字又再度出現了。最早用來處理專案治理的ＤＡＯ之一是MakerDAO的系統，但後來其他的組織開始出現，變成一種尋找更持久地資助社群專案的方式，因為以太坊基金會的資金最終會用完。

SpankChain的索萊馬尼也是MolochDAO的主導者，MolochDAO是一個自治的分散式組織，目的是為以太坊專案募資。它的成員可以投票決定要資助哪個專案，就像最初的DAO一樣。布特林、以太坊基金會、盧賓、ConsenSys都捐了錢。有跡象顯示，以太坊社群已經從最嚴重的事件中完全恢復過來，已經不怕探索智慧型合約如何協助經營更透明、更有效率的組織，所以一些其他的DAO開始出現。

當虛擬貨幣錢包多了「貸款」按鈕

以太坊中也出現另一大趨勢，二十年前經歷過阿根廷危機的銀行櫃員葉馬克，這回再度可從中受惠，就像他先前從比特幣上受惠一樣。

二〇一八年九月，也就是葉馬克買下第一筆比特幣五年後，他帶著妻小去巴西的海灘小鎮納塔爾（Natal）度假。他們為那次旅行存了好幾個月的錢，在三月就敲定好假期。女兒艾瑪從三月就一直倒數著假期的來臨。某天，去海灘之前，他在飯店的大廳查看電子郵件。艾瑪拉著他們的T

---

*寧靜版又稱為以太坊二・〇，預計分成三次分叉：柏林、倫敦，以及未命名的第三次分叉。「柏林」於二〇二〇年十一月進行，柏林程式分叉在二〇二一年四月上線。

恤，要他們快點。

他們正要出發時，葉馬克想到先查一下比特幣錢包的餘額。那年加密貨幣市場不景氣，但他只要手上有一些披索，還是會繼續買少量的比特幣。就像二〇〇一年危機時期一樣，葉馬克在銀行的工作讓他有機會目睹經濟狀況。阿根廷總統毛里西奧・馬克里（Mauricio Macri）在德基西納執政十年後上台，目的是把國家從民粹和腐敗的魔掌中解救出來，但阿根廷還是無法避免落入同樣的陷阱：美元債務不斷攀升，預算赤字不斷擴大。到了二〇一八年，披索再次暴跌，通膨率飆升五〇%。

如果經濟中流通的紙鈔可以比喻成體內流通的血液，葉馬克用手指就能掌握經濟的脈動。這幾年，公司把葉馬克調升去管理圖庫曼省的自動提款機，他可以看到在這個多數交易仍使用現金、紙鈔面值又跟不上通膨的國家，現金易手的速度有多快。民眾很快就把自動提款機內的現金領光，工資跟不上通膨速度，民眾收支難以平衡。貸款，尤其是像房貸之類的長期貸款，對多數人來說是不可能的，因為利率飆升。

因此，葉馬克在巴西的飯店大廳查看他的 Ripio 數位錢包（那是他購買及儲存比特幣的地方）時，驚訝地看到一個新的「貸款」按鈕。妻女已經拿起沙灘毛巾，在大廳的旋轉門旁等他了。

「等一下，我想我剛剛發現了一個機會。」他說。

葉馬克貸款了四千五百披索（當時的價值略高於一百美元），只是為了測試貸款如何運作。幾個月前，那個應用程式曾經用他的身分證影本及薪資單驗證了帳戶，因此這次貸款沒再要求其他證明。兩天後，他的電子錢包裡多了四千五百披索，他必須在月底還錢，外加六％利息。

他簡直不敢相信，他可以在海灘度假期間獲得貸款，不必坐在銀行跟乏味的經理閒聊，並在貸款文件的虛線上簽名。只需要在螢幕上點幾下，以及等兩天時間。最重要的是，他支付的貸款利息遠低於市場利率。

回到家幾天後，他又申請了一筆七．五萬披索的貸款，兩天內，這筆錢又出現在他的帳戶上。他馬上用那筆錢來做他慣常的投資：買更多比特幣。比特幣在九月下跌了近六％，但葉馬克並不擔心，他本來就是要做長期投資。同期間，披索下跌了八％。

葉馬克不知道的是，貸款給他的並非Ripio，而是另一個投資者，他或許在世界上的任何地方——例如韓國，許多Ripio的狂熱者就集中在那裡。葉馬克申請的貸款把他的以太幣拿去交換Ripio信用網路（Ripio Credit Network）的代幣RCN，並把RCN轉換為披索，等貸款償還後再換回來，貸方則以以太幣的形式回收他的放款與利息。這筆貸款本身，就是一個自動執行交易的智慧型合約。

這個在以太坊平台上打造的數位代幣和網路，使阿根廷某個偏遠省分的勞工，可以從一位遠在世界另一端的匿名投資者那裡借錢。借貸雙方都不知道彼此是誰。與傳統銀行貸款相比，這個流程涉及的中介者少很多，所以葉馬克可以獲得更好的利率，而全球網路讓他接觸到更多的潛在貸款人，借貸另一端的投資者則獲得了可觀的報酬。

葉馬克有銀行帳戶，但沒有銀行帳戶的人（阿根廷約一半人口沒有，拉丁美洲約六〇%的人口沒有）也可以獲得信貸。他們只需要有電腦或手機連線上網就行了。他們本來就使用街角雜貨店及地鐵站的支付收款服務，來繳帳單及為手機儲值。現在他們可以用同樣的服務，以現金為數位錢包儲值。二〇一八年，Ripio 約有三十萬個錢包用戶沒有信用卡[4]。

開放金融：沒有銀行的金融業

一種以以太坊為基礎的新現象正在出現，和之前的ICO一樣，它是區塊鏈創新的主要驅動力之一。MakerDAO、Ripio 這種加密新創企業，正從零開始打造全新的金融系統。他們拋棄了舊有的銀行模式（亦即金融公司掌控用戶資訊、保管用戶資金，並在交易過程中收取佣金），現在傳統上由銀行與經紀人提供的所有服務（從貸款到交易與博彩），都建立在以太坊區塊鏈上。

雖然中央化的程度不一，這些平台通常是P2P應用程式，增加用戶對個人資金及個資的掌控，不需要第三方就能交易。而且，不會遭到勞師動眾的持久性攻擊（例如超過五〇%的礦工勾結或用垃圾交易來堵塞網路），第三方也不會審查或停止交易。

因為這些應用程式是在公開的以太坊區塊鏈上運作，這表示資金的流動是透明的，任何人都可以檢閱開源碼。他們甚至可以把一個專案分叉，對它進行修改。這個風潮就是所謂的「去中心化金融」（decentralized finance），簡稱 DeFi，或稱「開放金融」（open finance）。這就像沒有銀行的銀行業[5]。

雖然ＩＣＯ顛覆了募資，但開放金融又更進一步。它不僅攸關募資，也攸關整個金融系統。這些專案更善加利用以太坊「可編寫程式」的特質，探索如何以一種分散式的方式，重新創造金融中更複雜的面向，例如貸款、衍生性商品。網路三．〇的願景是以太坊將成為世界電腦，執行一個以區塊鏈為基礎的網際網路。這個願景尚未實現，但以太坊這個最大的智慧型合約平台正在金融的重要領域中大步邁進。

抵押品變成平台提供貸款的一種熱門方式，無需審查每個用戶的信用評分。例如，交易者把一百五十個以太幣存入智慧型合約，以獲得一百個 Dai 代幣，他們常用那些代幣來買更多的加密貨幣。在某些方面，這種貸款的便利性比不上不用資產抵押的貸款，但這麼做也免去了提供個資或與人打交道的麻煩。整個流程是在幾分鐘內自動完成，可以從任何地方進行。

二〇二〇年初，用來支持「去中心化金融」中的貸款及其他交易的抵押品金額超過十億美元，相較之下，一年前只有一千萬美元。這種交易涉及真正的價值，雖然它主要是用於投機，但它的支持者認為這種交易才剛開始發展，最終會有更廣大的民眾避開銀行，在 DeFi 平台上獲得貸款。

開放金融，也有個「央」行

MakerDAO 是這個新興金融生態系統的支柱，因為拿來抵押貸款的大部分資產都存放在這個平台上。用戶在 MakerDAO 上拿以太幣做抵押，得到 Dai 代幣（釘住美元的穩定幣）。這個平台開始變成類似這個新興金融系統中的中央銀行，不同的是，它不是由一小群舊式的經濟學家所掌控，世界各地的用戶都可以抵押以太幣以發送 Dai，並投票決定控制 Dai 價格的利率，使其維持在一美元。MakerDAO 只是這個新興金融系統的一部分，這個系統中還有貸款、支付、交易、保險、身分認證、發行衍生性商品等應用程式。

班娜琪跟人共同創立的分散式流動池 Bancor 就是其一。這個她幫忙打造的協定就像 Uniswap、Kyber Network、0x、其他分散式交易所一樣，讓大家在沒有中介者之下交易。在二〇一七年和一八年的大部分時間裡，Bancor 在多數人眼中是一家在ＩＣＯ熱潮期間，於三小時內募資一．五三億美元的公司，很多人把它和當時激增的投機主義者混為一談。如今，兩年後，它終於成為這個不斷成長的區塊鏈金融系統的一部分，聲譽開始恢復。二〇一九年的年中，已有四萬人在該平台上交易了二十億美元。

不是只有基層金融運動使用以太坊，大公司也比以往更常在分散式網路上打造系統。在摩根大通執行長傑米．戴蒙給比特幣貼上「詐騙」標籤約兩年後，這家美國銀行在 Quorum（鎖定企業的以太坊版本，字面意思是會議的法定人數）上推出自己的加密貨幣。微軟與亞馬遜把以太坊用於他們的「企業級區塊鏈平台服務」（blockchain-as-a-service platform），目的是幫用戶落實分散式帳本技術。安永會計師事務所（ＥＹ）打造工具，讓公司在以太坊上私下創造、交易、銷毀代幣，那個專案名為日暮（Nightfall）。

二〇一九年中，紐約再次舉辦「區塊鏈週」時，已經看不到藍寶堅尼或奧斯頓馬丁跑車，新聞也沒有報導脫衣舞俱樂部的派對了，但以太坊上的統計數據比以往更健康。

電力資本公司（Electric Capital）的一份報告顯示，以太坊網路的交易量比比特幣還高，開發者的數量是比特幣的四倍。gas 消耗量達到二〇一七年十二月以來的最高水準，用戶數量持續攀升。快速獲得ＩＣＯ資金的動機消失了，但開發者繼續在以太坊上打造專案，這次大家是為了更永續的目標：為用戶提供價值。隨著開放金融和ＤＡＯ在以太坊上蓬勃發展，比特幣的價格再次突破一萬美元大關。雖然以太幣的漲幅落後，但它也從二〇一八年的低點反彈，突破了兩位數的價位區間。

加密貨幣不受審查的價值主張仍在，但有一個額外的宏觀趨勢變得重要。大家越來越清楚，很久以前鬥志旺盛的新創企業臉書和谷歌，如今已搖身變成網路上的巨獸，而且有很大的「作惡」能力。例如劍橋分析公司（Cambridge Analytica）醜聞（這家顧問公司在未經同意下，使用數千萬人的臉書資料來影響英國脫歐及美國大選等政治事件），就把大家長久以來忽略的議題變成熱門話題。今天，我們把生活中的大小細節——包括每分每秒的ＧＰＳ定位、私人聊天和私密對話等等——無條件奉送給那些網路巨獸。區塊鏈技術為這樣的暗黑未來提供了另一種選擇，讓大家不僅可以掌控自己的錢，也可以掌控自己的個資。

二〇一九年紐約駭客松的大家

紐約的區塊鏈週結束時，在布魯克林一個採光充足、頗具產業規模的共用工作空間裡，以太坊的成員為駭客松齊聚一堂。他們從週五晚上開始魚貫而入，擠在空桌邊，設置筆電，然後開始寫程式，直到週日。

他們之中約有四百人在製作以太坊的 dapp。也許有人會在那個週末開發出新的謎戀貓，甚至可能是 CryptoKitties 團隊自己開發的。Dapper 實驗室去那裡宣傳他們的新遊戲 Cheeze Wizards。他們並沒有離開以太坊，也依然有擴展問題。已經退出 ConsenSys 的沃德也在那裡，他正在思考接下來要做什麼。SpankChain 和 MolochDAO 的索萊馬尼，以及 MakerDAO 的康蒂也在那裡。

伯頓沒有參與以太坊的駭客松，但仍然參與以太坊。他打造 Balance 錢包，強調更好的用戶體驗。不過，他的努力並未吸引足夠的回響，他不得不在年底關閉公司。在美國西岸，莫娜漢的錢包（現在改名為 MyCrypto）仍舊是以太坊最多人使用的錢包之一，莫娜漢正想把她的應用跟不斷湧現的分散式新平台整合在一起。詹弗繼續研究 Casper CBC 和區塊鏈的治理。東諾弗里奧在奧克蘭的豪宅中打造高科技音樂工作室，那裡成了他的樂園，他大多數時候都待在那裡，但他依然密切關注以太坊，並主張建立一個更加開放的以太坊基金會。陳敏現在比較脫離以太坊，持續休養生息，從比較安全的距離觀察以太坊的發展。艾里西與羅珊娜回到了羅馬尼亞，離家人很近，並打造區塊鏈社群網路 Akasha。威爾克也在荷蘭享受與家人共處的時光，設計電玩。卻崔特仍在幕後支持不同的區塊鏈專案。

二〇一九年，內拉約夫繼續資助及支持區塊鏈公司，投資一些區塊鏈領域最熱門的專案，包括 tZERO、ZCash、Algorand 等。他也致力把這個產業導入監管。不過，他的日子並沒有過得很順遂，因為他與他擔任顧問的某家新創企業有法律糾紛。

伍德的網三基金會做了第二次波卡幣（DOT）的代幣銷售，價值十二億美元，並準備在新的一年推出波卡的區塊鏈網路。同樣的，盧賓也為 ConsenSys 募資，據傳 ConsenSys 的估值也在十億美元左右，目前是一個成熟的以太坊創業工廠。

霍斯金森正苦心打造卡達諾，好讓每一行程式碼都堅不可摧。他也利用加密財富買了一輛嶄新的藍寶堅尼，還有一座在科羅拉多州波德附近的大牧場，裡面養了馬和山羊。迪歐里奧辭去了 Decentral 公司（Jaxx 加密貨幣錢包的製造商）的執行長一職，但仍擔任董事長。他透過自己的顧問公司，把重心轉移到健康領域。他也用加密貨幣變現了兩千八百萬美元，在多倫多瑞吉飯店（St. Regis）的五十幾層大樓上，買了一間一萬六千平方英尺的頂層公寓。各地的駭客繼續打造其他的以太坊殺手級應用程式。

又回到相遇的地方，沒人急著離開派對

在布魯克林舉辦的駭客松現場，那些網友變成了現實生活中的朋友。他們都在打造可跟彼此的專案合作的程式。他們一起熬過了市場崩盤的低點，如今他們可以親眼看到浴火重生後的加密貨幣圈會出現什麼。他們在鍵盤上不停地打字，不斷地**建構**（building）。沒錯，他們依然覺得潛力無限。這不是工作，而是一場慶祝活動。**我們還在，而且變得更強大了**。沒人急著離開這場派對，無論是布魯克林這場駭客松派對，或是仍在半廢棄的倉庫、擁擠公寓改造的辦公室、世界各地臨時搭建的駭客中心裡進行的以太坊派對。

布特林跟兩個朋友一起來到紐約的駭客松，兩位朋友很快就各自散開去寫程式，讓他自己走去茶水間泡茶。沒錯，他仍然掌控著基金會，這個基金會大致上不對外開放，也許這樣做是為了保護基金會，避免它受到早期混亂的影響。也可能是為了避免無限機器的夢想遭到貪婪世界的染指。沒錯，大家仍普遍推崇他是以太坊的創造者，即使他試圖讓社群擺脫他的影響。

最重要的是，在關於協定的技術決策中，布特林只是眾多核心開發者和研究者中的一個聲音。他看上去就只是一個年輕技客，只是一個抱持理想主義的加密貨幣無政府主義者，穿著一件滑稽的

T恤，上面很可能印著獨角獸與彩虹的圖案。他周圍的多數人正忙著寫程式，其他人則是沉浸在興奮的對談中。他環顧四周，加入其中一個小團體。他只是以太坊的成員而已，幾乎可以這麼說了。

以太坊在第一次舉行的駭客松中，開發者在泡沫達到頂峰之前，聚在一起開發dapp。在那次駭客松之後，類似的活動在全球各地的城市舉行。兩年後的二〇一九年十一月，這群人又回到最初開始的地方：加拿大的滑鐵盧。週五晚上，約兩百位年輕的開發者聚集在開幕式的禮堂中，一些人把筆電放在大腿上，另一些人脫掉禦寒的層層外衣。外面天色已黑，不久就要下雪了。

我跟布特林坐在台上談論以太坊過去兩年的情況。早在二〇一七年，他就直言不諱地表示，他擔心市場估值高估了加密貨幣創造的實際價值。我問他，在以太幣低於兩百美元、比特幣低於一萬美元時，也是如此嗎？

他說：「兩年前，大家的期望確實遠遠脫離了現實。現在，一方面炒作少了，一方面現實狀況變得更好。我認為這兩方面都很好，我們已經進步很多。」

他指出，具體來說，以太坊的開發者在擴展性、權益證明、去中心化金融、其他應用方面都有斬獲。

儘管如此，以太坊不再像以前那樣經常出現在新聞頭條了，瘋狂的投資者已經離去，這可能會讓局外人認為，這個第二大加密貨幣的瘋狂之旅已經結束。對布特林來說，情況恰恰相反。以太坊比以往更強大，並創造了具體的價值。他說：「我們期待看到以太坊開始在更大的規模上做到這樣。」

他會覺得以太幣被低估了嗎？

這些全神貫注聽著布特林講話的開發者，在週末這場駭客松中，會把他們打造的應用程式推升到一千個，他們私底下含蓄地回答了這個問題，但布特林不願透露他的答案，他回應：「……不予置評。」以太坊的成員都笑了。

不久之後，他們就迅速離開現場。他們已經準備好繼續打造應用程式。

致謝

非常感謝許多人給予我的支持、信任、鼓勵與幫助，沒有他們，這本書不可能存在。

我要感謝哈潑柯林斯出版社（HarperCollins）的編輯 Hollis Heimbouch，感謝她的卓越見解與貼心指導這個故事的書寫方式，讓我自由地決定寫作方向，以及對我展現的信心與耐心。我也要感謝整個哈潑柯林斯的出版團隊，是他們給了我這個新手作者寫作的機會，謝謝編輯、設計師、律師，以及參與本書製作的每個人。

我很感激經紀人 Dan Mandel，他幫我把一個粗略的想法變成出版提案，並幫我到全球最卓越的出版商面前推銷。對於初次涉足出版界的我來說，他的建議非常寶貴。他的持續鼓勵幫我度過了寫書期間難免會出現的焦慮期。

同樣重要的是我的消息來源，他們從百忙中撥冗與我分享他們的故事，耐心地為我解釋複雜的術語，大方分享研究素材，並介紹我認識他們的人脈圈，而且很多人卸下心房對我吐露心聲。我非常珍惜大家對我的信任，為了準確傳達我們的對話，我孜孜不倦地研究與書寫了兩年。這些人太多了，無法再次一一唱名感謝，有些人也希望保持匿名。

我想在此特別感謝 Alan Krassowski 與 Alex Van de Sande 的幫助。他們幫我徹底檢查了手稿，並仔細檢查手稿中是否有技術上不精確的地方。Alan Krassowski 看了整本書，Alex Van de Sande 看了其中一部分。本書最終的版本中若有任何錯誤，皆由我獨自負責。

二〇一八年六月，我正式開始寫這本書。當時我還是《彭博》新聞社的記者，主管自始至終都很支持及鼓勵我，即使後來我決定離開編輯部，他們依然支持我。過去八年來，我一直是《彭博》的快樂成員。我想在此特別感謝 Madeleine Lim 與 Michael Regan。Madeleine Lim 看到我對加密貨幣的興趣後，建議我寫一篇ＩＣＯ的報導，促使我開始涉足加密貨幣圈的報導，並且幫我在那個領域裡扎根。Michael Regan 包容我把身為「市場即時報導」部落客的時間拿來寫加密貨幣，讓我暫時離開小團隊去寫書，並在我決定離職後依然持續包容我。

我也想感謝一些《彭博》的同事，雖然他們並未直接參與這本書的撰寫流程。Rodrigo Orihuela 早在二〇一三年就建議我關注比特幣，我對加密貨幣的第一篇報導要感謝他的建議。我也想感謝 David Papadopoulos 和 Laura Zelenko，我在《彭博》實習結束後，他們推薦公司錄用我為正職員工。

我還想向 Nick Tomaino 致謝。在我告訴他我有意寫一本加密貨幣的相關書籍時，那還只是腦中的一個念頭而已。二〇一七年年底，他幫我想到我可以寫一本書談以太坊的創建過程。

最後，我要感謝的是打從一開始就在我身邊無條件支持我的人：我的家人。感謝我的丈夫Chris，當我感到壓力、沒有安全感、焦慮擔心，以及身為新手作者的種種情緒時，他總是安慰與包容我。當我以我所知最好的方式完成畢生的夢想時，他也分享了我的驕傲、快樂與滿足。他是我最重要的參謀、校對與編輯。我也非常感謝我的母親，她從第一次讀到我在童年日記中寫下的小故事，就一直鼓勵我成為作家。感謝她一直是我最忠實的粉絲。

註

第1章　改變世界的魔法師

1. "Funds Raised in 2018," ICO Data, 2018, https://www.icodata.io/stats/2018.
2. Ey, *Big vs. Agile? Global IPO Trends*: Q4 2018, 2018, https://www.ey.com/Publication/vwLUAssets/ey-global-ipo-trends-q4-2018/$FILE/ey-global-ipo-trends-q4-2018.pdf.

第2章　加密龐克的狂想

1. David Chaum, "An Anonymous Digital Currency: Blind Signatures for Untraceable Payments," in David Chaum, Ronald L. Rivest, and Alan T. Sherman, eds., *Advances in Cryptology: Proceedings of CRYPTO 82* (New York : Plenum Press, 1983), http://www.hit.bme.hu/~buttyan/courses/BMEVIHIM219/2009/Chaum.BlindSigForPayment.1982.PDF.
2. Timothy May, "The Crypto Anarchist Manifesto," November 22, 1992, https://activism.net/cypherpunk/crypto-anarchy.html.
3. Satoshi Nakamoto,"Bitcoin P2P E-cash Paper,"Cryptography Mailing List, October 31, 2008, https://satoshi.nakamotoinstitute.org/emails/cryptography/1/#selection-75.18-83.27.18.
4. Satoshi Nakamoto, "Bitcoin: A Peer-to-Peer Electronic Cash System," 2008, https://bitcoin.org/bitcoin.pdf.
5. Vitalik Buterin, reply to"Bitcoin Weekly Looking for Writers,"BitcoinTalk, March 25, 2011, https://bitcointalk.org/index.php?topic=4916.msg72174#msg72174.

第3章　數位貨幣，始於一本實體雜誌

1. Vitalik Buterin,"Causes Behind the Bitcoin Price Rally,"*Bitcoin Weekly*, May 15, 2011, https://web.archive.org/web/20130916232908/http://bitcoinweekly.com:80/articles/causes-behind-the-Bitcoin-price-rally.
2. "The First Issue of Bitcoin Magazine Goes to Print,"Matthew N. Wright, PRWeb, May 2, 2012, http://www.prweb.com/

releases/2012/5/prweb9463303.htm.
3. "Bittalk Media Ltd Announcement, September 9, 2012," *Bitcoin Magazine*, September 9, 2012, https://web.archive.org/web/20120913060903/http://bitcoinmagazine.net/announcement/.

第4章 兔子洞

1. Carrie Kirby, "Bitcoin 2013 to Draw 1,000, and the Winklevii, to San Jose This Weekend," CoinDesk, May 17, 2013, https://www.coindesk.com/bitcoin-2013-to-draw-1000-and-the-winklevii-to-san-jose-this-weekend/.
2. Enric Duran, "I Have 'Robbed' 492000 Euros Whom Most Rob Us in Order to Denounce Them and Build Some Alternatives Society," *Enric Duran* (blog), 2008, https://enricduran.cat/en/i-have-robbed-492000-euros-whom-most-rob-us-order-denounce-them-and-build-some-alternatives-society-0/.

第5章 瑞士刀

1. Vitalik Buterin, "Bitcoin at Porcfest, Part 0: Exploring Boston and New Hampshire," *Bitcoin Magazine*, June 15, 2013, https://bitcoinmagazine.com/articles/Bitcoin-at-porcfest-part-0-exploring-boston-and-new-hampshire-1371335040/.
2. Vitalik Buterin, "Bitcoiners from Around the World Meet in Amsterdam," *Bitcoin Magazine*, September 29, 2013, https://bitcoinmagazine.com/articles/bitcoiners-from-around-the-world-meet-in-amsterdam-1380482873/.
3. J. R. Willett, "It's here: The Second Bitcoin Whitepaper," BitcoinTalk, January 6, 2012, https://bitcointalk.org/index.php?topic=56901.0.
4. Digital Magus,"Bitcoin 2013 - Day 2 - Bitcoin in the Future, part 4 of 5,"YouTube, uploaded May 22, 2013, https://www.youtube.com/watch?v=4bMf4xZg_4U&feature=youtu.be&t=4m19s.
5. Nick Szabo, "Formalizing and Securing Relationships on Public Networks," *First Monday* 2, no. 9, (September 1997), https://ojphi.org/ojs/index.php/fm/article/view/548/469.
6. Nick Szabo, "Smart Contracts: Building Blocks for Digital Markets," 1996, http://www.fon.hum.uva.nl/rob/Courses/InformationInSpeech/CDROM/Literature/LOTwinterschool2006/szabo.best.vwh.net/smart_contracts_2.html.

7. Vitalik Buterin,"Ultimate Scripting: A Platform for Generalized Financial Contracts on Mastercoin,"2014, https://web.archive.org/web/20150527194453/http://vbuterin.com/ultimatescripting.html.
8. Colored Coins Google Groups, https://groups.google.com/forum/#!forum/bitcoinx.

第6章　白皮書

1. Centre for Education in Mathematics and Computing, "International Olympiad in Informatics," University of Waterloo, 2010, https://cemc.math.uwaterloo.ca/contests/computing/canada_ioi.html.
2. "Testimonials from Alumni," Abelard School, https://www.abelardschool.org/students-testimonials.
3. "Bitcoin Core Version 0.9.0 Released," Bitcoin.org, March 19, 2014, https://Bitcoin.org/en/release/v0.9.0#how-to-upgrade.
4. Jeff Garzik, reply to"[ANN][XCP] Counterparty Protocol, Client and Coin (built on Bitcoin) —Official,"BitcoinTalk, March 21, 2014, https://bitcointalk.org/index.php?topic=395761.msg5815887#msg5815887.

第7章　第一批回覆者

1. Flora Sun, "UTXO vs Account/Balance Model," Medium, April 14, 2018, https://medium.com/@sunflora98/utxo-vs-account-balance-model-5e6470f4e0cf.
2. Charles Hoskinson and Brian Göss,"Bitcoin or How I Learned to Stop Worrying and Love Crypto,"Udemy, October 2013, https://www.udemy.com/bitcoin-or-how-i-learned-to-stop-worrying-and-love-crypto/.
3. Charles Hoskinson, "Announcing Project Invictus: a P2P Exchange Collaboration," BitcoinTalk, June 8, 2013, https://bitcointalk.org/index.php? topic=229315.msg2412906#msg2412906.
4. Daniel Larimer,"0.5 BTC Bounty—Creating a Fiat/Bitcoin Exchange without Fiat Deposits," BitcoinTalk, June 2, 2013, https://bitcointalk.org/index.php? topic=223747.0.
5. Stan Larimer, "Bitcoin and the Three Laws of Robotics," Let's Talk Bitcoin! Network, September 14, 2013, https://letstalkbitcoin.com/bitcoin-and-the-three-laws-of- robotics.
6. Daniel Larimer, "Introducing Keyhotee—Next Generation Identity, DNS, Messaging, and Wallet," BitcoinTalk, October 24,

2013, https://bitcointalk.org/index.php?topic=317462.0.

7. sumantso, reply to"BitShares and Mastercoin—a Comparison,"BitcoinTalk, January 2, 2014, https://bitcointalk.org/index.php?topic=325425.60.
8. Nermin Hajdarbegovic,"Ethereum Launches 'Cryptocurrency 2.0' Network," CoinDesk, January 23, 2013, https://www.coindesk.com/ethererum-launches-cryptocurrency-2-0-network.

第8章　邁阿密豪宅

1. Guy Grandjean and James Ball, "Bitcoin: The Fastest Growing Currency in the World—Video," *Guardian*, March 22, 2013, https://www.theguardian.com/technology/video/2013/mar/22/bitcoin-currency-video.
2. Vitalik Buterin (@VitalikButerin), "The earliest emails from @gavofyork reaching out to me in Dec 2013. Thanks a lot for Gav's crucial contributions to ethereum!," Twitter, August 10, 2017, https://twitter.com/VitalikButerin/status/895518902817480708.
3. Vitalik Buterin, "Mastercoin: A Second-Generation Protocol on the Bitcoin Blockchain," *Bitcoin Magazine*, November 4, 2013, https://bitcoinmagazine.com/articles/mastercoin-a-second-generation-protocol-on-the-bitcoin-blockchain-1383603310/.

第9章　宣布

1. "North American Bitcoin Conference Coming to Miami," Marketwired, January 8, 2014, https://globenewswire.com/news-release/2014/01/08/1061356/0/en/North-American-Bitcoin-Conference-Coming-to-Miami.html.
2. BitShares, "Dan Larimer and Vitalik Buterin at the North American Bitcoin Conference in Miami," YouTube, uploaded April 17, 2014, https://www.youtube.com/watch? v=mP82XmUNgNM.

第10章　楚格

1. KPMG, *Clarity on Swiss Taxes*, 2018, https://assets.kpmg.com/content/dam/kpmg/ch/pdf/clarity-on-swiss-taxes-2018-en.pdf.

第11章　太空船

1. Satoshi Nakamoto, March 7, 2014, reply to Satoshi Nakamoto, "Bitcoin Open Source Implementation of P2P Currency," P2P Foundation, February 11, 2009, http://p2pfoundation.ning.com/forum/topics/bitcoin-open-source?commentId=2003008%3Comment%3A52186.

第12章　頂級律師

1. US Securities and Exchange Commission, "SEC Issues Proposal on Crowdfunding," news release no. 2013-227, October 23, 2013, https://www.sec.gov/news/press-release/2013-227.
2. Jeff Wilcke, "Homestead Release," *Ethereum Foundation Blog*, February 29, 2016, https://blog.ethereum.org/2016/02/29/homestead-release/.
3. Andreas M. Antonopoulos and Gavin Wood, *Mastering Ethereum: Building Smart Contracts and Dapps* (Sebastopol, CA: O'Reilly Media, 2018), https://www.oreilly.com/library/view/mastering-ethereum/9781491971932/ch01.html.

第14章　「投資」或「騙局」？

1. John Scianna, "Texas Bitcoin Conference," *Bitcoin Magazine*, April 2, 2014, https://bitcoinmagazine.com/articles/texas-bitcoin-conference-1396465256/.
2. Kanton Zug, Commercial Register, https://zg.chregister.ch/cr-portal/auszug/auszug.xhtml?uid=CHE-292.124.800#.
3. Pete Dushenski, "A Guide to Buying 5000 Ether/Bitcoin, 2.5x More Than Ethereum's Genesis Sale Offers," *Contravex* (blog), July 23, 2014, http://www.contravex.com/2014/07/23/a-guide-to-buying-5000-ether-bitcoin-2-5x-more-than-ethereums-genesis-sale/.

第15章　以太幣開賣囉

1. Vitalik Buterin, "Launching the Ether Sale," *Ethereum Foundation Blog*, July 22, 2014, https://blog.ethereum.org/2014/07/22/launching-the-ether-sale/.
2. EtherCasts,"Ethereum Pre-Sale,"YouTube, uploaded July 23, 2014, https://www.youtube.com/watch?feature=player_

embedded&v=2PAHMxQCDAQ#t=216.
3. Mihai Alisie, "Mihai's Ethereum Project Update. The First Year," *Ethereum Foundation Blog*, March 14, 2015, https://blog.ethereum.org/2015/03/14/ethereum-the-first-year/.
4. Preston Byrne, "Whether Ether Is a Security," *Preston Byrne* (blog), April 23, 2018, https://prestonbyrne.com/2018/04/23/on-ethereum-security/.
5. "The Economic Impact of Ether Whales on the Market," Chainalysis, May 15, 2019, https://blog.chainalysis.com/reports/the-economic-impact-of-ether-whales.
6. Hasu,"Ethereum Presale Dynamics Revisited,"Medium, April 27, 2018, https://medium.com/@hasufly/ethereum-presale-dynamics-revisited-c1b70ac38448.

第16章　啟動

1. Paul 是假名。
2. Vitalik Buterin, "Olympic: Frontier Pre-Release," *Ethereum Foundation Blog*, May 9, 2015, https://blog.ethereum.org/2015/05/09/olympic-frontier-pre-release/.
3. Etherscan, Block #1, https://etherscan.io/block/1.
4. Ethereum/go-Ethereum chat archives, Gitter, 2015, https://gitter.im/ethereum/go-ethereum/archives/2015/07/30.

第17章　縮減跑道

1. "We just went from $530 to sub $500 in under a minute," Reddit thread, 2014, https://www.reddit.com/r/Bitcoin/comments/2diqyy/we_just_went_from_530_to_sub_500_in_under_a/cjpxgln/.
2. Vitalik Buterin,"The Evolution of Ethereum,"*Ethereum Foundation Blog*, September 28, 2015, https://blog.ethereum.org/2015/09/28/the-evolution-of-ethereum/.
3. Gavin Wood, "The Last Blog Post," *Ethereum Foundation Blog*, January 11, 2016, https://blog.ethereum.org/2016/01/11/last-blog-post/.

第18章　Dapps初登場

1. Jack Peterson, Joseph Krug, Micah Zoltu, Austin K. Williams, and Stephanie Alexander, "Augur: A Decentralized Oracle and Prediction Market Platform (v2.0)," November 1, 2019, https://www.augur.net/whitepaper.pdf.
2. Vitalik Buterin, "Standardized_Contract_APIs," GitHub, June 23, 2015, https://github.com/ethereum/wiki/wiki/Standardized_Contract_APIs/499c882f3ec123537fc2fccd57eaa29e6032fe4a.
3. Alex Van de Sande, "Let's talk about the coin standard," Reddit, 2015, https://www.reddit.com/r/ethereum/comments/3n8fkn/lets_talk_about_the_coin_standard/.
4. Fabian Vogelsteller, "ERC: Token standard #20," GitHub, November 19, 2015, https://github.com/ethereum/EIPs/issues/20.
5. Rune Christensen, "Introducing eDollar, the ultimate stablecoin built on Ethereum," Reddit, 2015, https://www.reddit.com/r/ethereum/comments/30f98i/introducing_edollar_the_ultimate_stablecoin_built/.
6. Jeff Wilcke, "Homestead Release," *Ethereum Foundation Blog*, February 29, 2016, https://blog.ethereum.org/2016/02/29/homestead-release/.
7. Gavin Andresen, "Bit-thereum," *GavinTech* (blog), June 9, 2014, http://gavintech.blogspot.com/2014/06/bit-thereum.html.

第19章　神奇鎖

1. Slock.it, "Decentralizing the Emerging Sharing Economy," Medium, *Slock.it Blog*, December 2, 2015, https://blog.slock.it/slock-it-decentralizing-the-emerging-sharing- economy-cf19ce09b957?c=20150901_vision%22%20%5Cl%20%220_blog.
2. Christoph Jentzsch, "Decentralized Autonomous Organization to Automate Governance, Final Draft—Under Review," 2016, https://web.archive.org/web/20180913233456/https://download.slock.it/public/DAO/WhitePaper.pdf.

第20章　DAO大戰

1. Peter Vessenes, "More Ethereum Attacks: Race-to-Empty Is the Real Deal," *Vessenes* (blog), June 9, 2016, https://vessenes.com/more-ethereum-attacks-race-to-empty-is-the- real-deal/.
2. eththrowa,"Bug discovered in MKR token contract also affects the DAO,"The DAO website, June 12, 2016, https://web.archive.

org/web/20160702202124/https://forum.daohub.org/t/bug-discovered-in-mkr-token-contract-also-affects-thedao-would-allow-users-to-steal-rewards-from-thedao-by-calling-recursively/4947.

3. Stephan Tual,"No DAO Funds at Risk Following the Ethereum Smart Contract 'Recursive Call' Bug Discovery,"Medium, *Slock.it Blog*, June 12, 2016, https://blog.slock.it/no-dao-funds-at-risk-following-the-ethereum-smart-contract-recursive-call- bug-discovery-29f482d348b.
4. Dino Mark, Vlad Zamfir, and Emin Gun Sirer, "A Call for a Temporary Moratorium on The DAO," Hacking, Distributed, May 27, 2016, http://hackingdistributed.com/2016/05/27/dao-call-for-moratorium/.
5. Phil Daian,"Analysis of the DAO Exploit,"Hacking, Distributed, June 18, 2016, http://hackingdistributed.com/2016/06/18/analysis-of-the-dao-exploit/.
6. Phil Daian, "Chasing the DAO Attacker's Wake," Phil Does Security, June 19, 2016, https://pdaian.com/blog/chasing-the-dao-attackers-wake/.
7. pigeons, "Conversation between Vitalik and Exchanges," Steemit, 2016.
8. Anonymous,"An Open Letter,"Pastebin, June 18, 2016, https://pastebin.com/CcGUBgDG.
9. Alex Van de Sande (@avsa), "DAO IS BEING SECURELY DRAINED. DO NOT PANIC," Twitter, June 21, 2016, https://twitter.com/avsa/status/745313647514226688?lang=en.

第21章　分叉

1. Peter Szilagyi,"DAO Wars: Your Voice on the Soft-Fork Dilemma,"*Ethereum Foundation Blog*, June 24, 2016, https://blog.ethereum.org/2016/06/24/dao-wars-youre-voice-soft-fork-dilemma/.
2. Tjaden Hess, River Keefer, and Emin Gun Sirer, "Ethereum's DAO Wars Soft Fork Is a Potential DoS Vector," Hacking, Distributed, June 28, 2016, http://hackingdistributed.com/2016/06/28/ethereum-soft-fork-dos-vector/.
3. Peter Szilagyi, "The Network Strikes Back (1.4.9)," GitHub, June 29, 2016, https://github.com/ethereum/go-ethereum/releases/tag/v1.4.9.
4. Andreas M. Antonopoulos,"Ethereum Fork History,"Ethereum Book, GitHub, 2016, https://github.com/ethereumbook/

ethereumbook/blob/3a21b603899e27427ca64fc5d3fd57af96a3cbhistory.asciidoc.

5. Alex Van de Sande (@avsa), "Watching the successful hard fork. Congratulations to the team for another smooth transition!," Twitter, July 20, 2016, https://twitter.com/avsa/status/755764078098915328.
6. Initiative for CryptoCurrencies and Contracts (@initc3org), "Heady days in Ithaca: Vitalik Buterin + IC3 Co-Directors celebrate Ethereum Hard Fork with champagne and forks," Twitter, July 26, 2016, https://twitter.com/initc3org/status/758000698881613824/photo/1.
7. "Keep the Original Censorship Resistant Ethereum Going," Ethereum Classic website, 2016, https://web.archive.org/web/20160802024753/https://ethereumclassic.github.io/.
8. Ptelepathetique Movies,"The DAO Explained (with Grifi Green) Burning Man 2016," YouTube, uploaded October 7, 2016, https://www.youtube.com/watch? v=mmVkpfivr8Q.

第22章　上海攻擊

1. Vitalik Buterin, "Geth 1.4.12: From Shanghai with Love, hotfix for recent DoS issues. Please update!" Reddit, 2016, https://www.reddit.com/r/ethereum/comments/53fbi0/geth_1412_from_shanghai_with_love_hotfix_for/.
2. "New Dapps per Month," State of the Dapps, https://www.stateofthedapps.com/stats/platform/ethereum#new.

第23章　點燃的引線

1. giatrosgiatros, "Stop Bashing MEW," Reddit, 2016, https://www.reddit.com/r/ethereum/comments/5cfap3/stop_bashing_mew/d9w12vd/.

第24章　以太幣暴富

1. Nathaniel Popper, "Bitcoin Price Soars, Fueled by Speculation and Global Currency Turmoil," *New York Times*, January 3, 2017, https://www.nytimes.com/2017/01/03/business/dealbook/bitcoin-price-soars-fueled-by-speculation-and-global-currency-turmoil.html.

2. US Securities and Exchange Commission, "Self-Regulatory Organizations; Bats BZX Exchange, Inc.; Order Disapproving a Proposed Rule Change, as Modified by Amendments No. 1 and 2, to BZX Rule 14.11(e)(4), Commodity-Based Trust Shares, to List and Trade Shares Issued by the Winklevoss Bitcoin Trust," news release no. 34-80206, March 10, 2017, https://www.sec.gov/rules/sro/batsbzx/2017/34-80206.pdf.
3. Stan Higgins, "Consensus 2017 Recap: The Biggest Main Stage Moments," CoinDesk, May 27, 2017, updated May 29, 2017, https://www.coindesk.com/consensus-2017-recap-biggest-main-stage-moments.
4. Jeff John Roberts,"3 Reasons Why Bitcoin Broke $2,000,"*Fortune*, May 21, 2017, http://fortune.com/2017/05/21/bitcoin-2000/.
5. Sarah Krouse,"Bitcoin's Unlikely Evangelist: Fidelity CEO Abigail Johnson,"*Wall Street Journal*, May 23, 2017, https://www.wsj.com/articles/fidelity-ceo-bringing-blockchain-to-the-masses-harder-than-it-seemed-1495548000.
6. "Blockchain Venture Capital," CoinDesk, May 16, 2014, updated November 14, 2018, https://www.coindesk.com/bitcoin-venture-capital.

第25章　新ＩＰＯ

1. Bancor, "Bancor Network Token (BNT) Contribution & Token Allocation Terms," Medium, June 5, 2017, https://medium.com/@bancor/bancor-network-token-bnt- contribution-token-creation-terms-48cc85a63812.
2. Bitfinex (@bitfinex), "We are suspending all ETH withdrawal until the network backlog subsides and we are able to reliably post transactions to blockchain," Twitter, June 21, 2017, https://twitter.com/bitfinex/status/877539782678786051.

第26章　權益證明

1. Vitalik Buterin,"About Me,"personal website, https://about.me/vitalik_buterin.
2. Vitalik Buterin, "Slasher: A Punitive Proof-of-Stake Algorithm," *Ethereum Foundation Blog*, January 15, 2014, https://blog.ethereum.org/2014/01/15/slasher-a-punitive-proof-of-stake-algorithm/.

第27章 竄升

1. Nathaniel Popper, "Move Over, Bitcoin. Ether Is the Digital Currency of the Moment," *New York Times*, June 19, 2017, https://www.nytimes.com/2017/06/19/business/dealbook/ethereum-bitcoin-digital-currency.html.
2. Evelyn Cheng,"Top Wall Street Strategist Sees Bitcoin 'Cannibalizing' Gold, Worth as Much as $55,000," CNBC, July 7, 2017, https://www.cnbc.com/2017/07/07/strategist-tom-lee-weighs-sees-bitcoin-going-as-high-as-55000.html.
3. John McAfee (@officialmcafee),"Bitcoin now at $16,600.00. Those of you in the old school who believe this is a bubble simply have not understood the new mathematics of the Blockchain, or you did not cared enough to try. Bubbles are mathematically impossible in this new paradigm. So are corrections and all else," Twitter, December 7, 2017, https://twitter.com/officialmcafee/status/938938539282190337?lang=en.
4. Fitz Tepper, "What the Hell Is Happening to Cryptocurrency Valuations?," TechCrunch, June 7, 2017, https://techcrunch.com/2017/06/07/what-the-hell-is-happening-to-cryptocurrency-valuations/.
5. US Securities and Exchange Commission, "Report of Investigation Pursuant to Section 21(a) of the Securities Exchange Act of 1934: The DAO," news release no. 81207, July 25, 2017, https://www.sec.gov/litigation/investreport/34-81207.pdf.
6. Stan Higgins, "$257 Million: Filecoin Breaks All-Time Record for ICO Funding," CoinDesk, September 7, 2017, updated September 8, 2017, https://www.coindesk.com/257-million-filecoin-breaks-time-record-ico-funding.

第28章 期貨與貓

1. Hugh Son, Dakin Campbell, and Sonali Basak, "Goldman Is Setting Up a Cryptocurrency Trading Desk," Bloomberg News, December 21, 2017, https://www.bloomberg.com/news/articles/2017-12-21/goldman-is-said-to-be-building-a-cryptocurrency-trading-desk.
2. "Cryptocurrency Investment Fund Industry Graphs and Charts," Crypto Fund Research, https://cryptofundresearch.com/cryptocurrency-funds-overview-infographic/.
3. 布特林的以太坊位址：https://etherscan.io/address/0xab5801a7d398351b8be11c439e05c5b3259aec9b#analytics。

第29章 崩盤

1. "SEC Cyber Enforcement Actions," US Securities and Exchange Commission, https://www.sec.gov/spotlight/cybersecurity-enforcement-actions.
2. "Tether Response to Flawed Paper by Griffin and Shams," Tether, November 7, 2019, https://tether.to/tether-response-to-flawed-paper-by-griffin-and-shams/.
3. "Market Surveillance Report—August 2018," Blockchain Transparency Institute, https://www.bti.live/report-august2018/.
4. Matt Robinson, "SEC Issues Subpoenas in Hunt for Fraudulent ICOs," Bloomberg News, February 28, 2018, updated March 1, 2018, https://www.bloomberg.com/news/articles/2018-03-01/sec-is-said-to-issue-subpoenas-in-hunt-for-fraudulent-icos.
5. Camila Russo, "Bitcoin Speculators, Not Drug Dealers, Dominate Crypto Use Now," Bloomberg News, August 7, 2018, https://www.bloomberg.com/news/articles/2018-08-07/bitcoin-speculators-not-drug-dealers-dominate-crypto-use-now.
6. "ICO Treasury Balances,"Diar, https://diar.co/ethereum-ico-treasury- balances/.
7. Joseph Menn, "Bitcoin Foundation Hit by Resignations over New Director," Reuters, May 16, 2014, https://www.reuters.com/article/us-bitcoin-foundation- resignations/bitcoin-foundation-hit-by-resignations-over-new-director-idUSBREA4F02B20140516.

第30章 派對

1. CoinDesk, "Devcon 4—Ethereum's Big Sing-a-long," YouTube, uploaded October 31, 2018, https://www.youtube.com/watch?v=xC8DrG5KSLU.
2. Vitalik Buterin (@VitalikButerin), "Just sent 1000 eth. Yolo," Twitter, December 18, 2018, https://twitter.com/VitalikButerin/status/1075181710730506240.
3. Fred Wilson,"Video of the Week: Vitalik Buterin—The Unchained Podcast Interview,"*AVC* (blog), March 30, 2019, https://avc.com/2019/03/video-of-the-week-vitalik-buterin-the-unchained-podcast-interview/.
4. Cash Essentials, *World Cash Report 2018*, https://cashessentials.org/app/uploads/2018/07/2018-world-cash-report.pdf.
5. Delphi Digital, *Thematic Insights: Decentralized Finance*, March 2019, https://www.delphidigital.io/defi.

國家圖書館出版品預行編目（CIP）資料

以太奇襲：一位 19 歲天才，一場數位與金融革命 / 卡蜜拉．盧索 (Camila Russo) 著；洪慧芳譯．-- 初版．-- [臺北市]：早安財經文化有限公司，2021.10
面；　公分．--（早安財經講堂；97）
譯自：The infinite machine : how an army of crypto-hackers is building the next internet with Ethereum.
ISBN 978-986-99329-7-4(平裝)

1. 電子貨幣　2. 電子商務　3. 通俗作品

563.146　　110014058

早安財經講堂 97

以太奇襲

一位 19 歲天才，一場數位與金融革命

The Infinite Machine

How an Army of Crypto-hackers Is Building the Next Internet with Ethereum

作　　者：卡蜜拉・盧索 Camila Russo
譯　　者：洪慧芳
特約編輯：周詩婷
校　　對：呂佳真
封面設計：Bert.design
責任編輯：沈博思、劉詢
行銷企畫：楊佩珍、游荏涵

發 行 人：沈雲驄
發行人特助：戴志靜、黃靜怡
出版發行：早安財經文化有限公司
電話：(02) 2368-6840　傳真：(02) 2368-7115
早安財經網站：www.goodmorningnet.com
早安財經粉絲專頁：www.facebook.com/gmpress

郵撥帳號：19708033　戶名：早安財經文化有限公司
讀者服務專線：(02)2368-6840　服務時間：週一至週五 10:00~18:00
24 小時傳真服務：(02)2368-7115
讀者服務信箱：service@morningnet.com.tw

總 經 銷：大和書報圖書股份有限公司
電話：(02)8990-2588
製版印刷：中原造像股份有限公司
初版 1 刷：2021 年 10 月
初版 10 刷：2022 年 1 月

定　　價：480 元
I S B N：978-986-99329-7-4（平裝）

THE INFINITE MACHINE: How an Army of Crypto-hackers Is Building the Next Internet with Ethereum by Camila Russo
Copyright © 2020 by Camila Russo
Complex Chinese translation copyright © 2021 by Good Morning Press
Published by arrangement with HarperCollins Publishers, USA
through Bardon-Chinese Media Agency
博達著作權代理有限公司
ALL RIGHTS RESERVED

版權所有・翻印必究
缺頁或破損請寄回更換